DOCUMENTS SUR LA PROVINCE DU PERCHE

4ᵉ Série. — N° 2.

BIBLIOGRAPHIE

ET

ICONOGRAPHIE

DE LA MAISON-DIEU

NOTRE-DAME DE LA TRAPPE

AU DIOCÈSE DE SÉES

PAR

Henri TOURNOUER

Ancien Élève de l'École des Chartes

DEUXIÈME PARTIE

LIVRES LITURGIQUES
DOCUMENTS MANUSCRITS

MORTAGNE

Georges MEAUX, Imprimeur-Éditeur

—

M. DCCC. XCVI.

LIVRES LITURGIQUES

EN USAGE ET CONSERVÉS

A L'ABBAYE DE LA GRANDE-TRAPPE [1]

Antiphonale.

488. — **Antiphonarium** *de festis et de sanctis per totum anni circulum, secundum usum Cisterciensis ordinis, impressum ordinatione Reverendissimi Patris et Domini Domini Johannis abbatis Cistercii sacre Theologie professoris et solicitudine Domni Edmundi abbatis Clarevallis*, per magistrum Nicolaum Paris, impressorem Trecensem, anno Domini millesim quingentesimo quadragesimo quinto [1545], mense aprili in-fol.

Impression en caractères gothiques ; majuscules ornées de

---

[1] Cette bibliographie serait incomplète si nous ne réservions une place aux livres de prières qui sont en usage à l'abbaye de la Grande-Trappe ou que l'on y conserve. En les mentionnant, nous n'avons pas l'intention de rechercher toutes les productions de la liturgie cistercienne ; ce serait entreprendre une étude spéciale qui nous entrainerait fort loin, ce serait d'ailleurs dépasser notre but. Nous ne voulons qu'indiquer les principales éditions dont se servent chaque jour les religieux, soit au chœur, soit aux champs, dans les exercices en commun ou dans leur particulier, qui règlent les offices et les cérémonies, qui marquent les heures de la vie monastique comme l'aiguille qui évolue sans cesse autour du cadran. Parmi ces ouvrages il se trouve de précieux souvenirs, entre autres un merveilleux graduel du XVIe siècle (n° 528) conservé depuis fort longtemps à la Bibliothèque du monastère. Ce manuscrit mériterait à lui seul une longue description et une étude attentive ; ses miniatures finement traitées, sa conservation parfaite en font une œuvre de premier ordre. La Trappe possède aussi le bréviaire de l'abbé de Rancé (n° 500), de 1689, véritable relique dont le saint réformateur se servit jusqu'à sa mort. On peut dire que ce sont là toutes les richesses bibliographiques de la Maison-Dieu avec quelques autres volumes et des lettres autographes. Nous devons avec d'autant plus de soin les signaler.

figures grotesques. Est conservé à la Bibliothèque de la Grande-Trappe et ne sert pas au chœur.

489. — **Antiphonale** *diurnum dispositum juxta breviarium monasticum pro omnibus sub regula sanctissimi Patris Benedicti militantibus.* Parisiis, typis Lud. Sevestre, 1699. in-fol.

La plupart des antiennes sont à la main pour être accommodées au rite cistercien.

490. — **Antiphonale** *ad usum monasterii Domus Dei B. V. Mariæ de Trappa Cisterciensis Ordinis, tempore R. R. P. abbatis Jacobi de la Cour,* anno domini 1702. in-fol.

Ecrit tout entier à la main.

491. — **Antiphonale** *Cisterciense juxta Ordinis breviarium dispositum ad cujus calcem addita sunt responsoria Vigiliarum sine cantu et antiphonæ pro minoribus festis. Nova editio priore longe accuratior auctoritate Reverendissimi Abbatis Generalis.* Parisiis excudebat Petrus Johannes Mariette, Cisterciensis Ordinis monotypographus, via San-Jacobæa sub signo Columnarum Herculis, 1737. in-fol.

492. — **Antiphonale** *editum in monasterio de Trappâ-Majori, sub regimine R. R. D. D. Josephi Mariæ Hercelin, abbatis ejusdem monasterii, Vicarii Generalis totius congregationis.* Anno Domini 1852. in-fol.

Ecrit à la main.

493. — **Antiphonale** *Cisterciense ad Ordinis breviarium dispositum Secunda editio juxta nostram anteriorem etillam R. D. D. Fr. Andochii Pernot, abbatis Generalis Cistercii anni 1737 cunctis anterioribus emendatiorem auctoritate et prœlo R D. D. Fr. Martini Dom, abbatis vicarii generalis Ordinis Cisterciensis, strictioris observantiæ etc. etc. in Belgio.* Excudebant fratres abbatiæ Westmallensis (1), ordini Cisterciensis in Belgio, 1858. in-fol.

On y a ajouté le

Supplément à l'Antiphonaire. Excudebant fratres abbatiæ Westmallensis, ordinis Cisterciensis in Belgio, 1872. in-fol.
138-20 pp.

Ce supplément contient les messes, antiennes et hymnes des nouveaux offices.

---

(1) Abbaye de Westmalle en Belgique (dioc. de Malines); elle possède une imprimerie qui fournit encore actuellement tous les livres liturgiques de l'Ordre.

LIVRES LITURGIQUES. 121

494. — **Antiphonaire** écrit à la main, sans date, avec ce titre :
*VLUgt In UW offICI aL onaKsıc MnYDt Dhe MeLs gLorIe
sULt gY hebbe Voor aL UWen arbYt*. in-fol.

Breviarium (1)

495. — **Breviarium** *Cisterciense juxta Romanum authoritate superiorum* [sous le général Claude Vaussin]. Parisiis, sumptibus sebastiani et Gabrielis Cramoisy. 1649. petit in-12.

496. — *Même titre* [sous Claude Vaussin], 1654. in-16.

Ces petits bréviaires servent à dire l'office aux champs ainsi que les diurnaux.

497. — **Breviarium** *Cisterciense authoritate R. R. D. D. abbatis generalis editum*. Parisiis, sumptibus Sebastiani Mabre-Cramoisy, Regis typographi, via Jacob sub Ciconiis, 1672. in-8°.

498. — **Breviarium** *Cisterciense auctoritate R. R. D. D. abbatis Generalis editum* [Jean Petit]. Parisiis, excudebat..... [le titre manque]. 1682 ou 1683. in-8°.

499. — **Breviarium** *ad usum sacri Ordinis Cisterciensis, authoritate Reverendissimi Domini D. abbatis Cisterciensis Generalis* [Jean Petit] *editum*. Coloniæ sumptibus Johannis Leonard bibliopolæ Bruxellensis, 1687. in-12.

500. — **Breviarium** *Ordinis Cisterciensis authoritate Reverendissimi abbatis Generalis* [Jean Petit] *editum*. Parisiis. Excudebat Fred. Leonard, Regis, Cleri, Gallic. et Cisterciensis Ordinis typographus unicus, via san Jacobæa sub scuto Veneto [1689]. in-8°.

Un exemplaire, ayant servi à l'abbé de Rancé jusqu'à sa mort, est conservé à la Grande-Trappe. Il est très gros et n'a qu'un seul volume.

501. — **Bréviaire** *de l'Ordre de Citeaux avec les rubriques en françois, imprimé de l'autorité de M*gr *le R. R. abbé et Général de Citeaux* [Nicolas Larcher], chez Frédéric Léonard, 1703. in-8°.

Les éditions françaises des bréviaires de Citeaux sont faites pour les religieuses de l'Ordre.

502. — **Breviarium** *Cisterciense authoritate R. R. D. D. abbatis Generalis* [Edmond Perrot] *editum*. Parisiis apud Diony-

---

(1) Les plus anciens bréviaires sont presque toujours en deux volumes, quelquefois en quatre, rarement en un seul ; les nouveaux ont toujours quatre parties.

sium Mariette Ordinis Cisterciensis monobibliopolam, via Jacobæa sub signo s. Augustini et scuti veneti, 1713. in-8°.

503. — **Bréviaire** *de l'Ordre de Citeaux, avec les rubriques en françois, imprimé de l'autorité de M*gr *le Révérendissime abbé et général* [Edme Perrot]. Paris, chez Denis Mariette, libraire de l'Ordre de Citeaux, rue S.-Jac., à l'enseigne de s. Augustin et de l'écu de Venise, 1717. in-8°.

504. — **Breviarium** *Cisterciense authoritate R. R. D. D. abbatis Cisterciensis* [Edme Perrot] *editum.* Parisiis, apud Dionysium Mariette sub signo s. Augustini et scuti Veneti, 1723. pet. in-12.

505. — **Breviarium** *Cisterciense authoritate R. R. D. D. abbatis Generalis editum.* Parisiis, apud Dionysium Mariette, Ordinis Cisterciensis monobibliopolam, via Jacobæa sub signo s. Augustini et scuti Veneti, 1727. in-8°.

Même édition en français, 1727.

506. — **Breviarium** *Cisterciense authoritate R. R. D. D. abbatis Generalis editum.* Parisiis, apud P. J. Mariette, ordinis Cisterciensis monotypographum, via s. Jacobæa, ad column. Herculis, 1739. in-8°.

507. — **Breviarium** *Cisterciense authoritate R. R. D. D. abbatis Cisterciensis* [François Trouvé] *editum.* Parisiis, sumptibus Mich. Ant. David Ordinis Cisterciensis monobibliopola, via s. Jac. ad insigne Calami aurei, 1752. pet. in-12.

508. — **Breviarium** *Cisterciense autoritate R. R. D. D. abbatis Generalis editum.* Parisiis apud Michaelem Antonium David Ordinis Cisterciencis monobibliopolam via s. Jac. ad insigne calami aurei. 1754. in-8°.

Même édition en français, 1754.

509. — **Breviarium** *Cisterciense authoritate R. R. D. D. abbatis generalis editum.* Parisiis, sumptibus Michaelis Antonii David Ordinis Cisterciensis monobibliopola via Mathurinensium, 1762. in-8°.

510. — **Breviarium** *Cisterciense, auctoritate R. R. D. D. abbatis, generalis editum.* Parisiis. Excudebat Michael Lambert Ordinis Cisterciencis monotypographus et bibliopola, via Citharea, 1771. in-8°.

Même édition en français, 1771.

511. — **Breviarium** *Cisterciense authoritate Rev. D. D. abbatis Cisterciensis Generalis editum.* Vindobonæ, impensis Josephi Stahel, 1785. in-8°.

512. — **Breviarium** *Cisterciense, auctoritate R. R. D. D. abbatis generalis Cisterciencis editum, correctius, emendatius et ad faciliorem recitantium methodum editum.* Bruxellis excudebat Hubertus Franciscus T' Serstevens Ordinis Cisterciencis in Belgio monotypographus. 1784. in-12.

513. — **Breviarium** *Cisterciense auctoritate et prælo Rmi DDmi Fratris Martini Dom abbatis, vic. generalis Ordinis Cisterciensis strictioris observantiæ in Belgio editum.* Excudebant Fratres abbatiæ S. S. Cordis Jesu in Westmalle, 1854. 4 in-8º.

Il existe une édition de la même année, in-12.

514. — *Officia nova* breviario *Cisterciensi apponenda ex decreto sacrorum Rituum Congregationis, diei 3 julii 1869, confirmato SSmi Dni Pie IX litteris apostolicis in forma brevis diei 7 februarii 1871.* Excudebant Fratres abbatiæ Westmallensis Ordinis Cisterciensis in Belgio. in-12.

Partie supplémentaire ajoutée aux anciens bréviaires.

515. — **Breviarium** *Cisterciense reformatum, juxta Decretum Sacrorum Rituum congregationis diei 3 julii 1869 confirmatum a S. S. D. D Pio IX, auctoritate R. D. D. Benedicti Wuyts abbatis, vicarii generalis ordinis cisterciencis antiquioris reformationis de Trappa in Belgio editum.* Excudebant Fratres abbatiæ Westmallensis Ord. Cisterciensis in Belgio, 1878. 4 in-8º.

516. — *Même titre.* 1885. 4 in-12.

517. — *Les rubriques du bréviaire Cistercien commentées par un religieux de la Congrégation cistercienne de la Grande-Trappe* [aujourd'hui le prieur d'Igny]. Maison-Dieu, imp. de la Grande-Trappe, 1882. in-12.

Ouvrage approuvé par le R. D. Etienne, abbé de la Grande-Trappe.

Calendarium.

518. — **Calendarium** *Cisterciense seu martyrologium sacri ordinis Cisterciencis Romanis rubricis accomodatum* apud P. J. Mariette totius ordinis Cisterciensis monotypographus, via san Jac. sub Columnis Herculis, 1726. in-12.

519. — **Calendrier** *perpétuel à l'usage des Cisterciens.* Imp. de la Grande-Trappe, oct. 1877. 1 feuille in-fol. carrée.

520. — **Kalendarium** *Cisterciense seu martyrologium sacri ordinis cisterciensis a S. R. congregatione approbatum, auctoritate et prælo Rmi D. Dni Benedicti Wuyts abbatis vic. gen*lis

Ordinis Cisterciensis antiquioris reformationis de Trappa in Belgio editum. Excudebant Fratres abbatiæ Westmallensis Ordinis Cisterciensis in Belgio, 1880. in-8°.

Ceremoniale.

521. — **Cérémonial** *Cistercien, extrait du rituel, du missel, des us de notre saint ordre et des rubricaires les plus autorisés* [par le Frère Samuel, religieux de la Grande-Trappe]. La Grande-Trappe, 1893. in-4°, 887 p. plus la table.

Manuscrit exécuté par la mère Bathilde, bénédictine de N.-D. de Jouarre, fait spécialement pour la Grande-Trappe.

Diurnale.

522. — **Horæ diurnæ** *breviarii Cisterciensis reformati juxta Decretum Sacrorum Rituum Congregationis diei 3 julii 1869 editio novissima cum approbatione ejusdem sac. Rituum Cong.* Mechliniæ sumptibus H. Dessain, summi Pontificis, S. Congregationis de propaganda fide et archiepiscopatus Mechliniensis typographus, 1874. in-16.

Le diurnal, qui sert à dire l'office aux champs, ne contient que les heures du jour. Les deux plus petits ont été imprimés à Cologne, 1685, et à Paris, 1690.

523. — **Diurnale** *Cisterciense auctoritate R. R. D. D. vicarii generalis S. ordinis Cisterciencis reformati editum.* Mechliniæ sumptibus Hub. Dessain, 1878. in-16.

Graduale.

524. — **Graduale** *juxta missalis Cistercii novissimam editionem authoritate Superiorum dispositum in quo continentur omnia quæ in choro pro missarum celebratione decantari debent, cum Hymnis, Antiphonis et Psalmis ad tertiam spectantibus.* Lutetiæ Parisiorum sumptibus Sebastiani Mabre-Cramoisy, regis typographi, via Jacobœa, sub Ciconiis, 1658. in-fol.

525. — **Graduale** *Cisterciense ad usum Domus Dei de Trappa. Hoc opus sub regimine R. admodum P. D. D. Malachiæ abbatis confectum fuit* anno Domini 1748.

Ecrit à la main.

526. — **Graduale** *Cisterciense autoritate Reverendissimi Domini abbatis Generalis editum quo continentur omnia quæ in choro pro missarum celebratione decantari debent cum Hymnis, Antiphonis et Psalmis ad Tertiam spectantibus.* Parisiis apud Petrum Joannem Mariette Ordinis Cisterciensis

monotypographum, via san Jacobœa ad columnas Herculis, 1750. in-fol.

Sur le titre on lit :

« *Ex libris R. D. Antonii Chantan ultimi abbatis abbatiæ Morimundi, unius ex quatuor primariis Patribus ordinis Cisterciensis, nati anno 1738, religiosi anno 1760, electi abbas anno 1778, ex abbatia suppressa in exilium missi qui de commendat precibus...... anno 1811.* »

527. — **Graduale** *Cisterciense auctoritate et prælo R. D. D. Fr. Martini Dom abbatis, vicarii generalis Ordinis Cistercii strictioris observantiæ in Belgio, nova editio juxta anteriorem sed multis mendis emendata. In quâ continentur omnia quæ in choro pro missarum celebratione decantari debent, cum hymnis, antiphonis et psalmis ad Tertiam et nonam spectantibus.* Excudebant Fratres abbatiæ Westmallensis Ordini Cisterciensis in Belgio, 1860. in-fol.

A la suite est un *supplément* de Westmalle, 1872. 35-12 pp.

528. — L'abbaye de la Grande-Trappe conserve un **graduel** des plus remarquables, écrit à la main en 1528 à Vito Verden par Martin Poilspulter, originaire de Valem, par l'ordre de dame Marthe de Baësrode, abbesse de la Maison-Dieu de la Vallée des Roses (Rosendael au diocèse de Malines ou Rosendal au diocèse de Trèves), in-fol. orné de miniatures.

Ce manuscrit que la Trappe possède depuis fort longtemps a été signalé par M. de la Sicotière dans l'*Orne archéologique et pittoresque*, où l'une des miniatures a été reproduite, p. 233.

Lectionarium.

529. — **Lectionarium** *Cistercience, depromptum de breviario Cisterciensi reformato, juxta Decretum Sacrorum Rituum Congregationis diei III julii 1869 confirmatum a Pio IX Pontifice Maximo auctoritate R. R. D. D. Benedicti Wuyts, abbatis, vic. gen. ord. Cist. antiquioris reformationis de Trappa in Belgio editum.* Excudebant fratres abbatiæ Westmallensis ordinis Cisterciensis in Belgio, 1881. in-fol.

Liber.....

530. — **Liber** *Epistolarum juxta Missale Cisterciense, autoritate Superiorum in Valle-Sancta*, 1804. in-4°.

On y lit « Souvenir de la Val sainte ».

531. — **Liber** *Evangeliorum juxta Missale Cisterciense, autoritate Superiorum in Valle-Sancta*, 1804. in-4°.

Ces deux livres servent au diacre et au sous-diacre pour la lecture à la messe des Epitres et des Evangiles.

532. — **Liber** *Invitatoriorum et psalmi Venite cum diversis cantibus in Ordine Cisterciensi usitatis confectus in monasterio B. Mariæ de Trappa-Majori, sub regimine Rev. D. D. Josephi Mariæ Hercelin, abbatis,* 1854. in-fol.

    Livre qui sert à chanter l'invitatoire pendant l'office de nuit au degré du sanctuaire, les dimanches et les jours de fête, comme le lectionnaire sert pour les leçons dites ou chantées la nuit à l'ambon.

Missale.

533. — **Missale** *Cistercience juxta Romani recogniti correctionem primo editum, authoritate superiorum.* Lutetiæ Parisiorum, sumptibus Sebastiani Cramoisy architypographi regis et reginæ et Gabrielis Cramoisy, viâ Jacobæa sub Ciconiis, 1657. in-4°.

    Edition publiée par le général de Citeaux, Claude Vaussin, qui fit dans l'Ordre une sorte de réforme liturgique. Elle servit de type à celles qui ont paru depuis.

534. — **Missale** *Cisterciense juxta novissimam Romani recogniti correctionem, authoritate Reverendissimi D. D. abbatis Cisterciensis Generalis editum.* Parisiis sumptibus M. A. David Ordinis Cisterciencis monobibliopolæ, via San-Jacobæa ad calamum aureum, 1751. in-fol.

535. — **Missale** *Cisterciense juxta novissimam Romani recogniti editionem, auctoritate et cura Reverendissimi Martini Dom, abbatis, vicarii generalis Ordinis Cisterciensis strictioris observantiæ in Belgio.* Excudebant fratres abbatiæ Westmallensis ord. Cisterciencis in Belgio, 1850. in-fol.

    Suivi d'un supplément :

    Missæ novæ missali Cisterciensi apponendæ ex decreto sacræ rituum congregationis diei III julii 1869, confirmato a sanctissimo domino Pio IX litteris apostolicis in forma brevis, diei 7 februarii 1871. Excudebant..... 1871. 40 p.

536. — **Missale** *Cistercience reformatum juxta decretum sacrorum rituum congregationis diei 3 julii 1869 confirmatum a S. S. D. D. Pio IX, auctoritate et prælo R. D. D. Benedicti Wuyts, abbatis vic. gen. ordinis Cisterciensis antiquioris reformationis de Trappa in Belgio.* Excudebant fratres abbatiæ Westmallensis ord. Cist. in Belgio, 1877. in-fol.

537. — *Même titre.* Excudebant..... 1890. in-4°.

538. — *Missæ defunctorum ex missali Cistercienci desumptæ cum ordinario et canone ut in ipsis servatur, authoritate capituli generalis.* Lutetiæ Parisiorum sumptibus Sebastiani

Mabre-Cramoisy. Cisterciensis Ordinis typographi unici. 1782. in-fol.

539. — *Missæ defunctorum ex missali Cisterciensi desumptæ cum ordine et canone ut in ipsis servatur auctoritate et cura R. R. D. D. Benedicti Wuyts abbatis. vic. gen. ord. Cist. strictioris observantiæ in Belgio.* In Westmalle, ex typographia abbatiæ SS. Cordis Jesu ord. Cist. strictioris observantiæ, 1874. in-fol.

540. — *Même titre*. Excudebant..... 1890. in-4°.

Officium B. M. V.

541. — **Officium** *parvum B. Mariæ Virginis ad usum Ord. Cist. auctoritate R. R. abbatis B. M. de Trappa Majori vicarii generalis congregationis B. M. de Trappa editum.* Parisiis excudebat Paulus Renouard, 1841. in-16.

542. — **Officium** *parvum B. Mariæ Virginis, ad usum Ord. Cist. auctoritate R. D. Fr Martin Dom abbatis vic. gen. Ord. Cist. strictioris observantiæ in Belgio.* Excudebant fratres abbatiæ Westmallensis ord. Cist. in Belgio. 1859. in-16.

543. — **Officium** *parvum B. Mariæ Virginis et officium defunctorum ad usum S. Ordinis Cisterciensis.* Mechliniæ A. Dessain, 1876. in-16.

Ordo.

544. — **Ordo** *divini officii recitandi, missasque celebrandi juxta ritum Cisterciensem pro anno Domini 1742. Pascha occurente 25 Martii, auctoritate et mandato R. R. D. D. abbatis Generalis Cisterciensis.* Parisiis apud Petrum Joannem Mariette Cisterciensis ordinis monotypographum, via San-Jacobœa, ad columnas Herculis. in-16.

545. — **Directorium** *divini officii secundum ritus S. Ord. Cisterciensis pro anno 1848. Pascha occurente..... Reverendissimi et amplissimi Domini Domini Benedicti II exempti ac consistorialis monasterii B. V. M. de Maris Stella, vulgo Wettingen (1), abbatis jussu et auctoritate editum.* Badæ, apud Hæred. Jos. Heinr. Kayser.

> Tant que les religieux de la Trappe demeurèrent à la Val-Sainte il est probable qu'ils n'eurent pas d'Ordo propre et qu'ils l'empruntaient à quelque autre abbaye cistercienne.

(1) Grand monastère cistercien, près de Bade, dans le canton d'Argovie, converti en séminaire.

546. — **Ordo** *cistercien de la congrégation de N.-D. de la Trappe pour l'année 1838, Pâques tombant le 15 avril, imprimé par ordre du RR. père Joseph-Marie, abbé de la Grande-Trappe et vic. général de la Congrégation en France.* Paris, imprimerie de Béthune et Plon. in-12.

547. — **Ordo** *cistercien de la Congrégation de N.-Dame de la Trappe pour l'année bissextile 1844, Pâques tombant le 7 avril, imprimé par ordre du RR. dom Joseph-Marie, abbé de la Grande-Trappe, vicaire-général de la Congrégation en France..... S. E. Lambruschini, cardinal, protecteur de la Congrégation, le R. Père dom Marie-Joseph, abbé, procureur général près la Cour de Rome.* Séez, Jules Valin, imp. de Mgr l'Evêque et du RR. abbé. in-12.

548. — **Ordo** *cistercien de Notre-Dame de la Trappe pour l'année 1847 (Pâques tombant le 4 avril), imp. par ordre du RR D. Joseph-Marie, abbé de la Grande-Trappe, vicaire-général de la Congrégation qui suit la primitive observance.* Laigle, imp. de P.-E. Brédif. in-12.

Même titre pour 1848 et 1849.

549. — **Ordo** *de la Congrégation cistercienne de N.-D. de la Trappe, primitive observance pour l'année 1850, imprimé par ordre du RR. D. Joseph-Marie, abbé de la Grande-Trappe, vicaire-général de la Congrégation, et de Mgr l'Evêque de Séez.* L'Aigle, imp. de P.-E. Brédif. in-12.

Même titre de 1851 à 1857.

550. — **Ordo** *divini officii recitandi missasque celebrandi juxta ritum sacri ordinis Cisterciensis ad usum antiquioris reformationis beatæ Mariæ de Trappa, pro anno bissextili 1856, pascha occurente 23 Martii, auctoritate et mandato capituli generalis supradictæ observantiæ.* Claromontis Arvernorum, typis Hubler et Dubos, 1855. in-12.

Même titre pour 1857.

551 — **Ordo** *de la Congrégation cistercienne de Notre-Dame de la Trappe, primitive observance, pour l'année 1858, Pâques tombant le 4 avril, imprimé par ordre du RR. D. Timothée, abbé de la Grande-Trappe et vicaire-général de la Congrégation. Son E. Marini protecteur de la Congrégation. Le R. P. François Régis, abbé, procureur-général près la Cour de Rome.* L'Aigle, imprimerie de P.-F. Ginoux. in-12.

Même titre pour les années suivantes avec quelques variantes.

552. — **Ordo** *Cisterciensium reformatorum ad usum Congregationis de Trappa Majori, pro anno 1873, pascha occurrente..... auctoritate et mandato capituli generalis editus. Protector Congregationis, E. cardinalis Antonelli. Vicarius generalis Congregationis R. R. Pater D. Timotheus, abbas de Trappa Majori. Procurator generalis, R. P. D. Franciscus Regis, abbas.* Aquilæ, ex typis Montauzé, via Coriariorum.

Même titre jusqu'en 1877. in-12.

553. — **Ordo**..... *juxta ritum Cisterciensem a monachis et monialibus Congregationis B. Mariæ de Trappa Majori, jussu et auctoritate capituli generalis, editus pro anno 1878. Protector Congregationis E. E. R. R. D. D. card. Monaco La Valetta, vic. in Urbe. Procurator generalis prope Curiam R. R. D. Franciscus Regis.* Typis Cistercii. in-12.

Même titre jusqu'en 1891, sauf les changements de lieu d'impression :
1880, à L'Aigle, chez Montauzé. — 1881, Typis Aquæbellæ. — 1882, Aquæbellæ, imp. à Mortagne. — 1883, Mortaniæ, Daupeley. — 1885, typis domus Dei de Trappa Majori.

554. — **Ordo** *divini operis persolvendi sacrique peragendi ad usum Ordinis Cisterciensis recentioris reformationis B. Mariæ de Trappa, auctoritate et mandato capituli generalis editus pro anno M D CCC XCII [1892].....* Citeaux, imp. de S. Joseph. in-12.

Au bas du titre on lit : *Igniaci* (ce mot existe depuis 1886). Cela veut dire que le père qui a rédigé l'ordo est un religieux du monastère d'Igny.

555. — **Ordo** *divini operis persolvendi sacrique peragendi ad usum Ordinis Cisterciensis reformati B. Mariæ de Trappa auctoritate et mandato capituli generalis editus pro anno M D CCC XCIII [1893]. Pascha occurrente die 2 aprilis.* Imp. à Reims, chez Dubois-Paplimont.

Même titre pour 1894 et 1895.

Passiones.

556. — **Passiones** *ad usum sacri ordinis Cisterciensis de mandato Reverendissimi D. D. Claude Vaussin, abbatis Cistercii et Ordinis Generalis. 1647. — Jussu R. D. D. Gabrielis Aquæbellæ abbatis.* 1860. in-fol.

Ces livres servent à chanter la Passion à trois voix pendant la semaine sainte.

557. — **Passiones** *ad usum sacri orainis Cisterciencis de novo impressæ juxta exemplar anni 1647, editum de mandato R^mi DD^ni Claudii Vaussin, abbatis Cistercii et Ordinis generalis cura R^mi DD^ni Benedicti Wuyts, vicarii generalis Ordinis Cisterciensis antiquioris reformationis de Trappa in Belgio.* 1877. in-fol.

Processionale.

558. — **Processionale** *sacri ordinis Cisterciensis, recens a mendis quam plurimis repurgatum. De mandato Reverendissimi abbatis Cistercii et ordinis Generalis.* Parisiis apud Sebastianum Cramoisy regis et reginæ regentis architypographum et Gabrielem Cramoisy, via Jacobæa sub ciconiis. 1645. in-8°.

559. — **Processionale** *ordinis Cisterciensis authoritate D. abbatis generalis* [Jean Petit] *editum.* Parisiis apud Sebast. Mabre Cramoisy Cisterciensis ordinis typographum unicum, via san Jacobæa sub ciconiis, 1673. in-8°.

560. — **Processionale** *ordinis Cisterciensis authoritate D. abbatis generalis editum.* Parisiis excudebat Fredericus Leonard Regis, cleri gallicani, cisterciensis ordinis typographum, via san Jac. sub scuto veneto, 1689. in-8°.

561. — **Processionale** *Ordinis Cisterciensis D. abbatis generalis* [Nicolas Larcher] *editum.* Parisiis, apud Petrum Joannem Mariette, Cisterciensis ordinis monotypographum via san Jacobæa, Columnis Herculis, 1737. in-8°.

562. — **Processionale** *Cisterciense ad usum Beatæ Mariæ de Trappa,* 1768. in-8°.

. Ecrit à la main.

563. — **Processional** *Cistercien à l'usage de la Congrégation de N.-D. de la Trappe avec les augmentations et les corrections faites par le Chapitre général de 1842.* Nantes, imprimerie Merson, 1845. in-8°.

564. — **Processionale** *Cisterciense juxta veteres codices Ordinis editum, 1883.* Tornaci, typis soc. S. Joannis Evang. Desclée, Lefèvre et soc. in-8°.

Edité par Dom Etienne, abbé de la Grande-Trappe.

Psalterium.

565. — **Psalterium** *Davidicum ad usum sacri ordinis Cisterciensis per hebdomadam dispositum cum canticis, hymnis et suffragiis, juxta novum ordinis breviarium, autoritate R. D. D. abbatis generalis* [Nicolaï Larcher]. Lutetiæ Parisiorum, sumptibus Frederici Leonard Cisterciensis Ordinis typographi, via Jacobæa, sub suto veneto, 1698. in-fol.

566. — **Psalterium** *Davidicum ad usum sacri Ordinis Cisterciensis per hebdomadam dispositum cum canticis, hymnis et suffragiis juxta novum ordinis breviarium, autoritate R. D. D. abbatis generalis. Nova editio priore longe accuratior.* Parisiis excudebat P. J. Mariette, Cisterciensis ordinis monotypographus, via san Jacobæa, sub signo columnarum Herculis, 1747. in-fol.

567. — *Supplementum ad* **psalterium** *Cisterciense confectum sub regimine R. et D. P. Josephi Mariæ superioris Domus Dei de Trappa-Majori strictioris observantiæ.* Anno Domini 1840. in-fol.

Ecrit à la main.

568. — **Psalterium** *Davidicum ad usum sacri ordinis Cisterciensis per hebdomadam dispositum cum canticis, hymnis et suffragiis juxta ejusdem ordinis breviarium cum supplemento ad antiphonalia, auctoritate et prælo R. D. D. Fr. Martini Dom, abbatis vicarii generalis ordinis Cisterciencis strictioris observantiæ in Belgio. Nova editio anterioribus emendatior.* Excudebant fratres abbatiæ Westmallensis Ordinis Cisterciensis in Belgio, 1855. in-fol.

569. — **Psalterium** *Davidicum ad usum sacri ordinis Cisterciensis per hebdomadam dispositum cum canticis, hymnis et suffragiis juxta ejusdem ordinis breviarium, cum supplemento ad antiphonalia, auctoritate et prælo R. D. D. Fratris Benedicti Wuyts abbatis vicarii generalis ordinis Cisterciensis strictioris observantiæ in Belgio. Editio novissima anterioribus emendatior juxta breviarium, aucta hymnis..... suo ordine ex decreto S. R. C. diei 3 julii 1869, Confirmato a SS^{mo} D. D. Pie IX, litteris apostolicis in forma brevis diei 7 februarii 1871.* Excudebant fratres abbatiæ Westmallensis Ordinis Cisterciensis in Belgio, 1875. in-fol.

Responsorium.

570. — **Responsorium** *Cisterciense. Hoc opus sub reginime R. R. D. Joseph Mariæ abbatis Domus Dei B. M. de Trappa Majori et vicarii generalis congregationis confectum fuit* anno Domini 1843. in-fol.

> Un autre, à peu près du même format, porte le titre de *Responsaria sine cantu*, mais il ne sert pas, car dans les offices où les Répons ne sont pas chantés, les religieux préfèrent leur bréviaire.

Rituale.

571. — **Rituale** *Cisterciense ex libro Usuum Definitionibus Ordinis et ceremoniali Episcoporum collectum*. Parisiis, typographia Frederici Leonard, Regis, serenissimi Delphini, cleri gallicani et totius Ordinis Cisterciensis typographus, 1689. in-12.

572. — **Rituel** *françois pour les religieuses de l'ordre de Citeaux, par Monseigneur le Révérendissime abbé et général et* imprimé 1715. in-12.

573. — **Rituale** *Cisterciense ex libro usuum definitionibus ordinis et cæremoniali episcoporum collectum*. Lirinæ [Lérins] e_x typographia M. Bernardi, 1892. in-8°.

DOCUMENTS MANUSCRITS

DOCUMENTS MANUSCRITS

Les documents manuscrits constituent la partie la plus importante de la bibliographie de la Grande-Trappe et présentent un intérêt tout particulier. Ils sont dispersés dans nombre de dépôts publics ou collections particulières et nous tenons à exprimer notre vive reconnaissance à tous ceux qui nous ont aidé à les rassembler. Non seulement à Paris, soit aux Bibliothèques nationale, Mazarine, de l'Arsenal, Sainte-Geneviève, de l'Institut ou aux Archives nationales et des Affaires étrangères, mais aussi en province, à Abbeville, Aix, Alençon, Amiens, Avignon, Cambrai, Carpentras, Chartres, Clermont-Ferrand, Grenoble, Lyon, Marseille, Orléans, Poitiers, Rouen, Toulouse, Troyes, même à l'étranger, à Bruxelles, à Munich, à Metz, nous avons toujours trouvé l'accueil le plus obligeant et la collaboration la plus précieuse.

Ainsi par toute la France le souvenir de la Trappe semble s'être conservé précieusement et surtout la mémoire de l'abbé de Rancé, car si le saint moine veillait avec diligence et sollicitude au relèvement et au développement de son monastère, il entretenait avec le dehors une correspondance des plus actives. « Il n'est pas croyable, écrit Le Nain, combien étoit grand le nombre de ceux qui le consultaient ou de vive voix ou par écrit, tant pour les affaires de leur propre conscience que pour une infinité d'autres très importantes pour la gloire de Dieu, et on peut dire qu'à peine s'est-il fait de son temps quelque bien considérable où il n'ait eu part par ses conseils » (1). On accourait en foule auprès de lui ; grands seigneurs, prélats, cénobites, humbles particuliers, chacun venait à cette âme forte et éprouvée qui avait subi tant d'assauts

(1) Vie de Rancé, par le Nain. 1719, II. 408.

et connu de si grandes misères, lui demander appui et soutien : « les évêques voulurent avoir de lui des règles de conduite, les ecclésiastiques des conseils, les religieux des instructions, les pécheurs des paroles de vie, les justes des consolations, ; ce qu'il y avait de plus élevé à la Cour et à la ville voulut vivre sous sa direction, ne pouvant vivre sous ses yeux, et il devint pour ainsi dire le maître et le docteur de l'univers. On lui écrivit de toutes parts, la différence des langues et l'éloignement des pères n'empêcha point ce saint commerce... D'abord il ne fit point de réponse et résolut de n'en point faire, il se regardait comme mort à tout ce qui était hors de l'enceinte de sa maison... Les plus fortes résolutions ne sauraient tenir contre l'ordre de Dieu et de quelque réserve qu'il ait voulu user, il a été contraint de se communiquer pour se délivrer des importunitéz qui l'accabloient... Il ne laissa pas de s'apercevoir en peu de temps qu'il s'étoit engagé à plus qu'il ne croyait, car d'un côté sa réputation croissant toujours et de l'autre ceux qui avoient reçu de ses lettres les conservant comme des trésors de grâce, mais les montrant comme des raretés, donnoient envie à ceux qui n'avoient pas eu le même avantage de recourir à la même source dans leurs besoins, et cette envie produisoit des lettres sans nombre qu'on réiteroit sans cesse quand la réponse ne venoit pas assez tôt... cependant, comme l'amour de la retraite et du silence tenoit dans son cœur le premier rang, il n'avoit pas plutôt écrit une lettre qu'il la vouloit brûler et il l'eut souvent fait s'il n'en eut été empêché.

« Nous devons ainsi à M. Maisne, la conservation d'un grand nombre » (1).

M. Charles Maisne était le secrétaire habituel de l'abbé de Rancé. Retiré à la Trappe, il n'avait pas pris l'habit des religieux, mais s'était lié d'une amitié telle avec le pieux réformateur, qu'il se dévoua entièrement à lui. « Je suis un homme, écrit-il lui-même, de la main duquel il se sert quelquefois. Il y a déjà quelques années que la miséricorde de Dieu m'a jetté du milieu de la tempeste dans cet heureux port et que n'ayant pas esté trouvé digne d'en estre un des soldatz, je suis pourtant tellement uny et lié à la milice de cette maison qu'il n'y a que la mort ou un dérèglement pareil à celuy qui y estoit autrefois qui puissent m'en séparer et interrompre les services que j'ay vouez à notre saint abbé

---

(1) Vie de Rancé, par de Maupéou. 1703, liv. IV.

et à ceux que Dieu a rangez sous sa conduite avec tant de bénédiction » (1).

C'était un homme d'une grande aménité, simple, modeste et d'une intelligence très vive. Ses lettres en font foi ; elles sont alertes, imagées, d'une lecture courante et agréable. Voici, d'ailleurs, le portrait que trace de lui un visiteur qui nous a laissé sa relation de voyage : « M. l'abbé ayant ma lettre m'envoya M. Maisne, cet honnête homme dont vous avez ouï parler qui luy sert de secrétaire et qui est à la Trappe en habit séculier... On ne peut pas trouver une conversation plus agréable que la sienne, ny des manières plus polies sous un air assez simple... C'est un homme d'une taille médiocre, un visage long, de grands traits et de gros yeux à fleur de teste avec des lèvres épaisses et, pour le peindre d'un seul trait, c'est une physionomie pareille à celle de M. l'abbé Ménage ; son habit est d'une grosse bure, une cravatte de toile de cotton et une perruque courte avec une grosse calotte grise qui luy couvre les oreilles à cause du voisinage des estangs et l'humidité de l'air. Pour l'esprit, c'est une délicatesse au-dessus de tout ce qu'on peut dire, un sens droit et juste, beaucoup de présence et de facilité, des expressions vives et agréables et un certain tour qui marque beaucoup d'imagination. » (2)

L'abbé de Rancé dictait presque toujours ses lettres et se contentait de les signer en ajoutant parfois un mot lui-même mais très rarement. La plupart de celles qui nous sont parvenues, sauf les toutes premières, sont donc de la main de M. Maisne dont l'écriture nette, régulière, élégante est bien reconnaissable. La matinée en partie était consacrée à la correspondance soit entre les offices, soit à la fin de la grand'messe. Ce qui nous en reste laisse supposer qu'elle était énorme. Néanmoins la patience de l'abbé ne se lasse jamais. Ses lettres sont toujours empreintes de la même douceur, de la même sérénité, de la même charité. Les conseils sont prudents et sages, appropriés à chaque condition, les critiques sûres, les vues justes. Le style est égal, souple, facile, clair ; c'est le cœur qui parle ; il est à la hauteur de l'esprit. En tout cela règne la plus grande humilité, car pour cette âme si noble la première qualité c'est de s'oublier soi-même. Son secrétaire en subit l'influence : « Je suis, dit-il, auprès d'un grand homme à

---

(1) Lettre à M. Favier, 30 avril 1682. (Bibl. de Clermont-Ferrand, 344. f. 161.)

(2) Voyage à la Trappe. 1691. (Bibl. de l'Arsenal, 3824.)

la vérité, mais je n'en suis que plus petit et je ne puis jamais passer que pour un nain dans l'histoire de la Trappe, n'ayant aucune proportion au géant auprès duquel j'auray passé ma vie ni aucune part à ses ouvrages que celle que peut avoir un imprimeur à ceux qu'il imprime, qui pour cela n'en devient pas plus savant ni plus habile... » (1)

Quant aux correspondants, ce sont, dans le clergé : François de Harlay de Champvallon, archevêque de Paris, le cardinal Le Camus, évêque de Grenoble, aumônier du roi, qui, exilé de la Cour, s'était retiré à la Trappe, Nicolas Pavillon, évêque d'Alet et son archidiacre Jean Ragot, François de Clermont Tonnerre, évêque de Noyon, Bossuet, l'hôte assidu du monastère, Dom Mabillon, le polémiste ardent mais courtois, l'abbé Bourrée, prêtre de l'Oratoire, Simon Jourdan, chanoine de Saint-Victor, qui eut un moment la pensée de se faire trappiste, le P. Sirmond, jésuite, M. Favier, chanoine de Thiers, et bien d'autres et surtout l'abbé Nicaise qui retrouva en 1666, l'abbé de Rancé en Italie et revint avec lui en France : « Je partis, écrit-il, la seconde fois de Rome pour retourner en France avec M. l'abbé de la Trappe ; jugez si je n'étois pas bien accompagné et si je n'avois pas sujet de me louer de cette heureuse rencontre, autant que des précédentes dont je vous ai parlé, aussi en sus-je bien faire mon profit, car j'ay toujours entretenu depuis ce temps-là un commerce de lettres avec ce saint abbé, qui m'est d'une grande consolation. Je l'accompagnai jusqu'approchant Florence. Je le quittai après l'avoir embrassé et lui avoir promis que je l'irois voir à la Trappe, ce que je n'exécutai que beaucoup d'années après avec une extrême satisfaction. » (2)

Les voyages fréquents du roi d'Angleterre Jacques II à la Trappe furent aussi l'occasion d'un échange suivi de lettres entre le prince exilé ou le maréchal de Bellefonds, qui l'accompagnait, et l'abbé. M. Arnauld d'Andilly fut encore un correspondant des plus assidus ce qui put faire croire qu'il y avait du janséniste dans l'abbé de Rancé. Puis c'est le duc de S. Simon, M. de Caumartin, conseiller d'Etat, M. de Barillon, M. de Fieubet, conseiller au Parlement de Toulouse, M. Gerbais, professeur au Collège de France, la duchesse de Guise, Elisabeth d'Orléans, la marquise

---

(1) Lettre à M. l'Abbé Nicaise (F. de Conches. Causeries d'un Curieux. I. 337, note 2.)
(2) Lettre à M. Carrel. Nouvelles de la république des lettres par Jacques Bernard. Octobre 1703, p. 399.

d'Huxelles et quantité d'abbesses, de religieuses qui toutes sollicitaient du grand directeur des consciences des règles pour la vie du monde comme pour la vie du cloître.

Cette vaste correspondance nous a été conservée en partie, grâce au prix qu'attachaient à la réception de ces lettres précieuses les destinataires qui en autorisaient même parfois des copies. Par contre, aucune de celles que recevait l'abbé de Rancé ne nous est demeurée ; la plupart avaient été détruites par l'abbé lui-même ; le reste disparut sans doute lors de la dispersion des trappistes à la révolution : « On m'a assuré, dit le P. Léonard de Sainte Catherine que cet abbé fit brusler, avant que de mourir, plus de 15,000 lettres. » (1)

Nous les avons classées par ordre chronologique, les analysant une à une autant que possible. Sans avoir la prétention de les avoir toutes retrouvées, nous estimons toutefois cette réunion suffisante pour faire juger l'homme et l'écrivain. Souhaitons qu'un choix destiné à l'impression, en puisse être fait quelque jour qui fasse connaître et apprécier davantage l'une des plus belles figures du XVIIe siècle.

« Si nous vivons assez, vous et moy, écrivait M. Maisne à l'abbé Nicaise, pour voir ses lettres imprimées, il ne manquera rien à ce qui pourra contribuer à la consolation de ses amis et à la nostre particulière. Si on consultait sur cela l'original, tout serait mis au feu et comme on ne travaille en ce pays-ci qu'à se voiler et à se cacher autant au monde que les autres s'appliquent à s'y donner du relief et à s'y perpétuer, il n'y a rien qu'on ne fist pour n'y laisser aucune marque de son passage. On s'y contente de peindre pour l'éternité et de faire en sorte que son nom soit écrit dans le livre de vie. » (2)

H. T.

---

(1) Bibl. Nat. fr. 24123, f. 53. Il faut cependant en excepter un recueil du XVIIe siècle renfermant les copies de 38 lettres adressées par le roi d'Angleterre Jacques II à l'abbé de Rancé, dont nous n'avons pu retrouver les originaux.

(2) Feuillet de Conches. Causeries d'un Curieux. Paris, 1862. I. 337, note 2.

DOCUMENTS MANUSCRITS

574. — **Agens du clergé**. — *Lettres écrites par MM. les Agens géneraux du clergé.*

Au R. P. Zozime, abbé de la Trappe, du 29 février 1736. Ils l'approuvent de ne pas avoir satisfait « *à la demande des huissiers de la Chambre des Comptes de Normandie par rapport aux foy et hommages, aveux et dénombrement qu'ils exigent des bénéficiers et communautéz religieuses.* » Ils espèrent que ces derniers ne seront plus inquiétés à ce sujet. Ils le prient de transmettre leur lettre au P. Prieur de la Chartreuse du Val-Dieu.

Arch. nat. G8 2563. n° 147. Copie du temps.

A M. le sindic du bureau diocésain de Sées, du 5 août 1766. Envoi d'un « *mémoire des abbé et religieux de la Trappe présenté à la dernière assemblée du clergé, à l'effet d'obtenir une diminution d'imposition* ». Ils lui recommandent cette requête.

Arch. nat. G8 2611. N° 42. Copie du temps. (Le mémoire en question n'a pas été copié.)

Au R. P. abbé de la Trappe, du 29 août 1766. Ils lui annoncent que la demande en diminution d'impôts qu'il leur avait présentée, ne peut leur être accordée.

Arch. nat. G8 2611, N° 49.

575. — **Albon** (Madame d'). — *Lettres de Madame d'Albon* (1) *à Monsieur l'abbé Favier.* 1688-1689.

Il est souvent question, dans ces lettres autographes, de l'abbé de Rancé, oncle de Madame d'Albon, et de ses écrits.
Bibl. de Clermont-Ferrand. 344. f. 105-134.

---

(1) Henriette d'Albon, supérieure de la Visitation de Riom, fille de Claude Bouthillier (sœur de l'abbé de Rancé, qui avait épousé en premières noces René d'Averton, comte de Belin) et de Gilbert Antoine d'Albon, comte de Chazeul, chevalier d'honneur de la duchesse d'Orléans.

576. — Anonyme. — *Réponse à une lettre d'un ecclésiastique touchant la déclaration de M. l'abbé de la Trappe, contenue dans la grande lettre du 30 novembre 1678 que cet abbé a écrite à M. le maréchal de Belfond.*

A M*** le 9e février 1639.

Cette lettre est divisée en 33 paragraphes dont voici les titres :

I. — La crainte de blesser la charité ne dispense point de condamner les outrages que l'on fait à la vérité.

II. — Sentimens d'un religieux sur la charité de M. l'abbé de la Trappe.

III. — Remarques sur la lettre précédente.

IV. — M. l'abbé de la Trappe se détruit par les moyens qu'il employe à se conserver.

V. — On ne peut faire profession d'une obéissance plus aveugle et plus éloignée de l'esprit de saint Bernard que celle que M. l'abbé de la Trappe déclare qu'il a rendue.

VI. — Conformité de l'obéissance de M. l'abbé de la Trappe à celle que saint Bernard a blâmée dans sa lettre.

VII. — C'est une hérésie de dire qu'un fait non révélé puisse estre un objet de foy.

VIII. — M. l'abbé de la Trappe paroit n'avoir pas esté sincère dans sa déclaration.

IX. — Il n'obtiendra pas ce qu'il prétend.

X. — La confiance qu'on a en soy-même fait marcher dans l'égarement et dans les ténèbres avec la même hardiesse que l'on marcheroit dans la bonne voye et dans la lumière.

XI. — Sentimens de trois docteurs de Sorbonne et d'un ecclésiastique sur la déclaration de M. l'abbé de la Trappe.

XII. — De saintes filles ont une générosité sacerdotale pendant que des prestres ont une foiblesse de femmes.

XIII. — Il faut connoitre les maux pour les déplorer.

XIV. — Il est bien injuste de traiter de singularité ceux qui n'ont point voulu se soumettre à la signature pure et simple du Formulaire.

XV. — Sentimens de Saint Athanaze contre ceux qui jugent de la vérité par l'autorité de la multitude.

XVI. — Si l'on a dû s'opposer à la multitude pour défendre la divinité de Jésus-Christ, on n'est pas moins obligé de le faire pour la défense de sa grace.

. . . .

XXIV. — La condamnation de ce que M. l'abbé de la Trappe se glorifie d'avoir fait, n'expose nullement l'Eglise ni sa doctrine à être abandonnée de Dieu.

. . . .

XXVIII. — La faute de M. l'abbé de la Trappe peut d'autant plus causer de scandale dans l'Eglise qu'il paroist plus éloigné de la vouloir réparer.

XXIX. — M. l'abbé de la Trappe semble n'avoir voulu garder aucunes mesures à l'égard de ses amis.

— *Seconde réponse à un ecclésiastique touchant la déclaration de M. l'abbé de la Trappe, contenue en sa lettre à M. le maréchal de Belfond.*

A M*** le 8 mars 1679.

18 points :

. . . .

III. – La chute de M. l'abbé de la Trappe a esté d'autant plus grande qu'il estoit dans un état plus élevé.

IV. — On ne scauroit disconvenir que M. l'abbé de la Trappe n'ait trahi la vérité en faisant ce qu'il a fait.

V. — M. l'abbé de la Trappe a fait outrage aux disciples de Saint Augustin dans sa déclaration.

. . . .

VIII. — Discours que les amis de M. l'abbé de la Trappe auroient droit de luy faire.

Arch. nat. L. 12. N° 5. Copie du XVIIe siècle. 54 p. in fol.

577. — **Anonyme.** — *Relation d'un voyage à la Trappe.* 1669.

Cette relation débute ainsi : « Je vous ay promis de vous faire une relation de mon voyage de la Trape, de ce que j'y ay veu d'extraordinaire pour la sainteté, pour l'abstinence et pour la retraite. Je vous tiens parole..... »

Bibl. de l'Arsenal. 5422. Recueil Conrard. Tome XIII. f. 613-718. Copie XVIIe siècle. 5 p. 1/2, in-fol.

578. — **Anonyme.** — *Lettre à M. l'abbé de la Trappe* (?) 7 septembre 1672.

Ce que l'on dit de la Trappe et de la manière d'y vivre.

Bibl. de Clermont-Ferrand, 344, f. 155, 2 p. 1/2, in-8°.

579. — **Anonyme.** — *Lettre « à M. l'abbé Nicaise, chanoine de la Sainte-Chapelle de Dijon, à Dijon ».* Orléans, 19 avril 1683.

Appréciation de l'ouvrage de l'abbé de Rancé sur *la sainteté et les devoirs de la vie monastique.*

Bibl. nat. fr. 9363. f. 279. 3 p. in-12.

580. — **Anonyme.** — *Lettre à M. l'abbé de Rancé*, 15 octobre 1684.

Au sujet de la situation de son abbaye depuis qu'il a résigné ses fonctions d'abbé.

Bibl. de l'Arsenal. 2106. f. 130 v°, 2. p. in-4°. Copie du XVIIe siècle.

581. — **Anonyme.** — *L'apologie de la profession des armes dans les troupes du Roy, vangée par un grenadier des Invalides.*

Contre un déserteur qui s'estant enrollé à la Trappe a accusé cette profession, dans les Grenadiers, d'estre coupable de tous les crimes qu'il y avoit commis et de n'avoir ni connoisance, ni crainte de Dieu.

On lit au début :

« Cette apologie n'a pas besoin de préface, car l'auteur l'a faite au commencement de la lettre qu'il escrit à l'abbé de la Trappe quand il dit pourquoi les grenadiers et tous les soldats des invalides n'ont pu souffrir qu'un libelle ou petit livre qui s'appelle Introduction sur la mort de dom Muce, parlait de leur profession comme si elle estoit l'Ecole où le dom Muce avoit appris tous les crimes les plus horribles dont il s'accuse dans le public, lequel se seroit bien passé de lire cette confession générale. »

L'auteur de ce libelle contre l'ouvrage de l'abbé de Rancé « Instruction sur la mort de dom Muce » est un grenadier se donnant comme nom de guerre, celui de Saint-Amand.

A l'hostel des Invalides, le 30 septembre 1690.

Arch. aff. Etrangères, France 431, f. 93-142. Copie du XVIIIe siècle. 99 p. in fol.

582. — **Anonyme.** — *Lettre à ..... 7 juillet 1695.*

L'auteur se défend d'être l'auteur d'une lettre qui circule en réponse à une autre de l'abbé de Rancé. Il ne peut cependant approuver cette dernière bien qu'il soit un grand admirateur de son œuvre : « *Je regarde son œuvre comme une des plus grandes merveilles de nos jours, comme un chef-d'œuvre de la grâce, un des plus beaux ornemens de l'Eglise, une preuve éclatante de sa vérité et de sa sainteté, un puissant secours que la Providence a suscité à ses élus pour se tirer de la corruption du monde et se mestre en estat d'assurer leur vocation et leur élection par des dignes œuvres de pénitence.* »

La lettre qui lui est attribuée commence ainsi : « *Monsieur, c'est le profond respect et l'attachement inviolable que je me sens pour vostre personne.....* » et contient un peu avant la fin un long passage de Saint Bernard, tiré de son apologie à Saint Guillaume de Thierri.

Bibl. de l'Arsenal. 5172. f. 138. 1 p. 3/4, in-4°.

583. — **Anonyme.** — *Relation de la vie de feu M. René Maubert* [natif d'Orléans], *décédé à la Trappe, sous le nom de*

frère Arcisse, en odeur de sainteté, entré à la Trappe au mois de juin 1694 ; a fait sa profession le 26 juin 1695 où assistèrent M. de Perpignan, archidiacre, M. Genty, thésorier de France et le curé de Saint Mesmin-d'Orléans, et est décédé le 12 mars 1698, âgé d'environ 50 ans. s. d.

Bibl. d'Orléans. 650 (ancien 477 ter) f. 327. 22 p. in-4° et 2 p. in-12. XVIIe siècle.

584. — **Anonyme.** — *Lettre à ……* s. d.

Au sujet du livre de M. l'abbé de la Trappe, sur *la sainteté et les devoirs de la vie monastique.*
Bibl. nat. fr. 9363· f. 348. 3 p. in-12.

585. — **Anonyme.** — « *Lettre au Père Quesnel sur quelques lignes qui regardent les courtisans dans sa critique à M. l'abbé de la Trappe touchant la mort de M. Arnaud.* » s. d.

En marge, on lit : « *Cette critique a été désavouée par le P. Q., Ainsi cette lettre emportée, qui ne peut être que d'un jésuite, ne le regarde point.* »

L'auteur défend énergiquement l'abbé de Rancé.
Bibl. de l'Arsenal. 5781. f. 258, 8 p. 1/2 in-4°. Copie du XVIIe siècle.

586. — **Anonyme.** — « *A Monsieur l'abbé de la Trape. Poème.* » s. d.

Ce poème débute ainsi :
« *Le bras du Dieu vivant qui lance le tonnerre*
« *N'a donc pas comme on dit abandonné la terre ;*
« *La foy n'est pas éteinte, il nous en reste encor.*

. . . .

Et se termine :
« *Conserve ce soleil qui ne vient que d'éclorre,*
« *Fais qu'il ne trouve pas son couchant dans l'aurore,*
« *Nous te le demandons, Seigneur, à deux genoux,*
« *Car enfin, Roy des Roys, si tu combats pour nous,*
« *Qui pourra désormais nous ravir la victoire*
« *Et l'æternel bonheur de te voir dans ta gloire.*
« *Ouy, nous devons l'attendre en dépit des démons*
« *Puisqu'en nous couronnant, tu coronnes tes dons.* »

Manuscrit original sans nom d'auteur, raturé en plusieurs passages.
Bibl. nat. n. a. fr. 1922. in-8°. 15 feuillets, rel. mod.

587. — **Anonyme.** — « *Relation de la mort de Monsieur Armand Jean Le Bouthillier de Rancé, abbé de la Trappe.* » s. d.

Ce récit est d'un témoin, qui accompagnait l'évêque de Séez assistant l'abbé de Rancé à ses derniers moments.

« *Nous arrivâmes à l'abbaye de la Trappe, le 29 octobre sur les dix heures du matin.* . . . .
. . . .
. . . .
le monde n'a point et n'aura point de part à cette mort, tout y est consacré à l'oubli, mais la mémoire du saint abbé est écrite dans l'Eternité. »

Bibl. de l'Arsenal. 6591. f. 45. 4 p. in-8° XVIII° siècle.

588. — **Anonyme.** — « *Histoire des intrigues de la Trape. Histoire du livre de l'abbé de la Trape contre Dom Jean Mabillon et de la réponce à ce livre.* » s. d.

A la page 43, on lit :

« *Achevé de transcrire pour mon usage le 22 novembre 1710 sur la copie qui m'avoit esté communiquée auparavant par le très révérend père général des Chartreux. Elle est escrite de la main de feu dom Pierre Thioust, religieux chartreux, qui a prédécédé le révérend père deffunct sous lequel il escrivoit les Annales de l'Ordre. C'estoit aussy le grand amy du fameux dom Bonaventure d'Argonne. Je n'oublieray pas de remarquer que cette étiquette : Histoire des intrigues de la Trappe, mise au dos de la copie qui m'a servy d'original, est de la propre main du révérend père deffunct, qui n'avoit pas lieu de se louer du célèbre réformateur de la Trape. Au reste l'on m'a voulu dire que cette pièce estoit de la composition du révérend père Le Pore, prestre de l'Oratoire et anti-janséniste, mais j'ay reconneu évidemment le contraire par la lecture mesme et qu'elle doibt avoir esté faite par un religieux de la congrégation de Saint-Maur, demeurant à Saint-Germain-des-Prez, confrère du P. Mabillon et lié d'intérest et d'une estroitte amitié avec ce grand homme. C'est dommage que je ne puisse marquer son nom icy ; quoy qu'il soit, la pièce est belle, curieuse, bien escrite et surtout elle nous apprend le caractère de beaucoup de personnes distinguées qui estoient entrées dans cette intrigue. Cette connoissance des mœurs et des caractères pourroit s'appeler, ce me semble, la fleur d'une bonne narration.* »

Bibl. de Grenoble. 900. Opuscules choisis. Tome III. Copie du XVIII° siècle, par Tricaud.

589. — **Anonyme.** — *Remarques sur la fondation de l'abbaye de la Trappe et des différents exercices qui s'y pratiquent.* s. d.

Bibl. d'Avignon. 2769. f. 18 à 20. 4 p. in-fol. Dans un recueil formé par M. Gautier, prêtre. s. d. XIX° siècle.

DOCUMENTS MANUSCRITS. 147

590. — **Anonyme.** — *Apologia della riforma della Trappa.* s. d. En latin.

Bibl. de Carpentras. 613. f. 119 à 124. 10 p. 1/4. in-fol.

591. — **Anonyme.** — *Voyage à la Trappe.* s. d.

Ce voyage qui débute ainsi :
« Je partis de Chartres le mardy 19 du mois de..... »
est suivi d'une pièce de vers sur cette abbaye et de trois lettres relatives à un jeune recollet, nommé Candide Chalippe qui s'était introduit à la Trappe « dans le dessein d'y tendre des pièges » et de nuire à l'esprit du monastère. La dernière lettre porte la date du 30 mars 1691.

Le catalogue de la Bibliothèque de l'Arsenal, l'attribue à M. Deffita (sans doute l'abbé d'Effiat auquel l'abbé de Rancé avait vendu sa terre de Veretz, moyennant 300,000 l.). Son nom est en effet mentionné dans l'une des lettres, f. 38, mais rien ne fait supposer qu'il est l'auteur de la narration.

Il fut imprimé, sans les lettres mais avec la pièce de vers qui l'accompagne, à la suite de la *relation contenant la description de l'abbaye de la Trappe.* Paris, Delaulne, 1703, sous le titre de : « *Relation d'un voyage fait à la Trappe, contenant la description de cette maison*, p. 97.

Bibl. de l'Arsenal. 3824, in-12, de 60 feuillets, cart.

592. — **Anonyme.** — « *Vers sur divers endroits de la maison religieuse de la Trappe,* » (la salle des hôtes, l'apoticairerie, l'infirmerie, le cimetière, le jardin, la forêt, la communauté des religieux, la bibliothèque, le lieu du travail manuel, la boulangerie, la cuisine, le cellier, le réfectoire, le vestiaire et le chauffoir). s. d.

Ces vers ont été copiés sur un manuscrit provenant de la succession de M. l'abbé Carillon.

Bibl. de l'Arsenal. 5346. f. 237. 4 p. in-12. Copie du XVIIe siècle.

593. — **Anonyme.** — *Correspondance avec l'abbé de Clairvaux au sujet d'un père de la Trappe, dom Romuald Duval, qui en est sorti, ne pouvant soutenir les austérités de l'Ordre* [1730].

Bibl. de l'Arsenal. Archives de la Bastille. 10181. 1 p. in-12.

594. — **Anonyme.** — « *Constitution de l'abbaye de la Trappe. Discours sur la réforme de l'abbaye de la Trappe.* » s. d.

« C'est une vérité très constante que depuis l'institution des ordres monastiques..... »

Bibl. de l'Arsenal. 1145. f. 12. 27 p. in-12. XVIIe siècle.

595. — **Anonyme.** — *Description de l'abbaye de la Trappe siuvie d'une pièce de vers « aux bienheureux abbé et religieux de la Trappe » et d'une autre intitulée : « Pensées d'un objet aimé après sa conversion. »* s d,

> « Deux copistes fautifs l'un après l'autre ont laissé ces deux ouvrages imparfaits, je vous les envoye comme je les ai, croyant que vous ne seriez pas fâché de les voir tels qu'ils soient. La conversion de Dom Muce, que M. le curé de Beaune a publiée depuis peu, ne vous étonnera pas moins que nous si vous l'aprenez. »

La description contient des renseignements précieux sur l'ancien autel de l'église de la Trappe.
Bibl. de l'Arsenal. 1145. f. 6. XVIIe s. 4 p. 1/12, in-12.

596. — **Anonyme.** - *Renouvellement des protestations des religieux de Notre-Dame de la Trappe* .s. d.
Bibl. de l'Arsenal. 1145. f. 9. XVIIe s. 2 p. in-12.

597. — **Anonyme.** — *Abrégé de la vie et de la mort de M. Armand Jean Bouthillier de Rancé, abbé régulier et réformateur du monastère de la Trappe, de l'étroite observance de Cîteaux.* s. d.

Il débute ainsi : « Il y avoit plus de 20 ans que l'abbaye de la Trappe étoit tenu en commande..... »
Bibl. Mazarine, A. 15383. f. 15. XVIIe s. 12 p. in-4°.

598. — **Anonyme.** — *Visite à la Trappe,* 1835.
Poésie.
> « O jour trois fois heureux des plus beaux de ma vie
> Où j'ai vu de Rancé les enfants adoptifs
> Remplis de charité, sans haine et sans envie,
> A Marie, à Jésus portants leurs chants plaintifs
>   Pour le bien de la France,
> . . . . »

Collection de M. de la Sicotière.

599. — **Aquin** (Monseigneur Louis d'). — *Eloge de feu M. l'abbé de la Trappe, composé par Monseigneur d'Aquin, évêque de Sées* [en forme d'épitaphe]. s. d.

En distiques latins.
Bibl. d'Orléans. 650 (ancien 477 ^{ter}) f. 180. Copie du XVIIIe s. 9 p. in-4°.

600. — Archives de l'Abbaye de la Grande-Trappe (1).

Liasse X.

Cote 10. — Authentiques de reliques conservées à la Grande-Trappe (reliques du B. Adam Gautier, 3e abbé, retrouvées en 1758.)

Cote 11. — Fondations de messes à la Grande-Trappe.

Cote 12. — Messes à dire après décès.

Cote 14. — Acte de *Dom Eugène de Darfeld* abandonnant ses droits sur la Grande-Trappe à dom Augustin de Lestrange. Darfeld, 15 février 1815, 1. p. 1/4 in-8º.

Lettre du *maire de Soligny* (le comte d'Héricy) à *dom Augustin*, sur le même sujet. 2 p. in-8º.

Note sur le même sujet du Vicomte de Sesmaisons. 22 février 1815. 1 p. in-8º.

Cote 15. — Lettre sig. de *dom Augustin de Lestrange à un postulant*. De Fribourg, 4 nov. 1793. 1 p. 1/4 in-8º, pour l'engager à persévérer dans son dessein [publiée dans l'Odyssée monastique].

Note aut. sig. du même *au ministre de l'Intérieur* pour lui demander de comprendre l'abbaye de la Trappe dans la répartition d'une somme applicable aux congrégations religieuses. 20 mai 1817. 1. p. in-fol.

Lettre aut. sig. du même *au fr. Louis de Gonzague*, novice convers aux Camaldules. Lettre d'affaires, 6 février 1810. 2 p. 1/4 in-8º.

Lettre aut. sig. du même au même. Lettre d'affaires. 30 octobre 1823. 1 p. in-8º.

Lettre aut. sig. du même au même. Lettre d'affaires. 2 février 1824. 1 p. in-8º.

Lettre aut. sig. du même à *M. Louis Bruneau* (2) *économe à la Grande-Trappe*. Lettre d'affaires. 18 mai 1824. 1 p. in-8º.

Lettre aut. sig. du même *au vénérable et très vénérable fr. Antoine, religieux convers de l'ordre de N. D. de la Trappe, par Palma, isle Majorque* : suivie d'une réponse. 20 sept. 1824. 3 p. in-8º.

Lettre aut. sig. du même *au fr. Louis de Gonzague, à la Trappe de Mortagne*. Lettre d'affaires. De Lyon, 21 novembre 1824. 2 p. in-8º.

---

(1) Nous n'extrayons des Archives de la Grande-Trappe que ce qui concerne ce monastère, laissant de côté un grand nombre de pièces qui intéressent les autres maisons de l'ordre, mais qui ne rentrent pas dans le cadre de cette bibliographie.

(2) En religion, frère Louis de Gonzague, cellerier, homme d'affaires de la Trappe.

Lettre aut. sig. du même à *M. Bruneau*. Lettre d'affaires. De Lyon, 3 décembre 1824. 1 p. in-8°.

Lettre aut. sig. du même *au frère Louis, convers*. Lettre d'affaires. 19 février 1825. 1 p. in-8°.

Lettre aut. sig. du même au même. Lettre d'affaires. 30 mars 1825. 1 p. in-8°.

Lettre aut. sig. du même à *M. Bruneau*. Lettre d'affaires. 11 mai 1825. 1 p. in-8°.

Lettre aut. sig. du même au même. Lettre d'affaires. 19 mai 1825. 2 p. 1/2 in-8°.

Lettre aut sig. du même au même. Lettres d'affaires. De la Sainte Baume. 1er juin 1825. 1 p. in-8°.

Lettre aut. sig. du même *pour M. Franchet*, s. d. 2 p. in-8°.

Lettre sig. du même à..... Lettre d'encouragement. 15 juin 1825. 1 p. in-8°.

Lettre sig. du même *à M. Bruneau*. Lettre d'encouragement dans les épreuves. De la Sainte Baume. 15 juin 1825. 1 p. in-8°.

Lettre sig. du même à [*ses frères*]. Recommandations avant son départ pour Rome. 28 juin 1825. 1 p. in-12.

Lettre aut. sig. du même à [*M. Bruneau*]. Lettre d'affaires. De Draguignan, 1er juillet 1825. 4 p. in-8°.

Lettre aut. sig. du même à [*M. Bruneau*]. Lettre d'affaires. De Nice, 9 juillet 1825. 2 p. 1/2 in-8°.

Lettre aut. sig. du même à *M Bruneau*. Lettre d'affaires. De Rome, 8 août 1825. 1 p. 1/2 in-4°.

Lettre aut. sig. du même au *R. P. Robert* [Debreyne], *prieur de Bellefontaine par Beaupréau, Maine-et-Loire*. Sur ses démêlés avec Monseigneur Saussol, évêque de Sées. De Rome, 15 août 1825. 1 p. 1/4 in-4°.

Lettre aut. sig. du même à *M. Bruneau*. Même sujet. De Rome, 20 août 1825. 1 p. 1/2 in-8°.

Lettre aut. sig. du même au même. Même sujet. De Rome, s. d. 1 p. 1/2 in-4°.

Lettre aut. sig. du même au même. Même sujet. De Rome, 23 octobre 1825. 1 p. 1/2 in-4°.

Lettre aut. sig. du même à..... Lettre d'affaires. De Rome, 2 décembre 1825. 1 p. 1/2 in-8°.

Lettre aut. sig. du même à..... Lettre d'affaires. De Rome, 5 décembre 1825. 2 p. in-4°.

Lettre aut. sig. du même à *M. Cahier, orfèvre du Roi, rue Saint-Honoré, 283, à Paris*. Sur ses démêlés avec Sées. De Rome, 22 décembre 1825. 3 p. in-4°.

Lettre aut. sig. du même *au frère Louis de Gonzague*. Même sujet. De Rome, 29 décembre 1825. 4 p. 1/2 in-4º.

Lettre aut. sig. du même au même. Même sujet. 1826. 1 p. 1/4 in-12.

Lettre aut. sig. du même à.... Lettre d'affaires. 1826. 2 p. in-12.

Lettre aut. sig. du même à *M. Bruneau*. Même sujet. De Rome, 12 février 1826. 1 p. in-4º.

Lettre aut. sig. du même au même. Lettre d'affaires. De Rome, 28 mars 1826. 2 p. in-4º.

Lettre aut. sig. du même *au R. P. Marie Michel, supérieur de Bellefontaine*. Relative à des indulgences. De Rome 28 mars 1826. 1 p. in-12.

Lettre aut. sig. du même au même. Au sujet de son testament. De Rome, 13 mai 1826. 2 p. in-4º.

Lettre aut. sig. du même au même. Lettre d'affaires. De Rome, 23 mai 1826. 1 p. in-4º.

Lettre aut. sig. du même à..... Lettre d'affaires. De Rome, 7 juin 1826. 1 p. in-12.

Lettre aut. sig. du même à *M. Bruneau*. Lettre d'affaires. De Rome, 15 juin 1826 1 p. in-12.

Lettre aut. sig. du même au *R. P. Marie Michel*. Au sujet de son testament. De Rome. 15 juin 1826. 2 p. in-12.

Lettre aut. sig. du même au même. Lettre d'affaires. De Rome, 22 juin 1826. 1 p. 1/4 in-12.

Lettre aut. sig. du même à..... Sur ses démêlés avec Sées. De Rome, 5 juillet 1826. 1 p. in-12.

Lettre aut. sig. du même à *M. Bruneau*. Lettre d'affaires. De Rome, 7 juillet 1826. 2 p. in-4º.

Lettre aut. sig. du même *au R. P. Marie Michel*. Lettre d'affaires. De Rome, 7 juillet 1826. 1 p. in-12.

Lettre aut. sig. du même *au père Jean-Marie*. Lettre d'affaires. De Rome, 14 août 1826. 1 p. in-12.

Lettre aut. sig. du même à *M. Bruneau* Lettre d'affaires. De Rome, 18 août 1826. 3 p. in-8º.

Testament spirituel sig. de *Dom Augustin de Lestrange*, s. d. 3 p. 1/2 in-fol.

Lettre aut. sig. du même *au frère Marie Joseph*. Lettre d'affaires. 22 septembre 1826. 1 p. in-12.

Lettre aut. sig. du même *au frère Arsène*. Conseils. 22 septembre 1826. 1 p. in-12.

Lettre aut. sig. du même *au R. P. Jérôme, directeur des religieuses de N.-D. des Gardes, par Chemillé, Maine-et-Loire*. Sur la visite de ce monastère. De Rome, 24 septembre 1826, 1 p. in-8º.

Lettre aut. sig. du même à *M. Bruneau*. Lettre d'affaires. 10 décembre 1826. 1 p. in-4º.

Lettre aut. sig. du même à [ses frères]. Conseils et encouragements. De Rome, 24 décembre 1826. 2 p. in-4º.

Lettre aut. non sig. du même au *R. P. Robert, prieur de Bellefontaine*. Lettre d'affaires. 1826. 1 p. in-8º.

Lettre aut. sig. du même *au frère Marie Augustin, religieux de Bellefontaine*. Conseils. 28 mai 1827. 2 p. in-12.

Lettre sig. du même à *Monseigneur*..... Sur divers sujets. s. d. 3 p. in-4º.

Lettre aut. sig. du même à [ses frères]. Encouragements. s. d. 2 p. in-4º.

Lettre non sig. du même *aux religieux de la Trappe*. Au sujet du départ pour la Suisse. s. d. 3 p. 1/4 in-8º.

Lettre aut. non sig. du même *au père François de Sales dans le Sanctuaire de Virgo potens près de Gênes*. s. d. 1 p. 1/4 in-8º.

Cote 16. — Quêtes pour le rachat de la Trappe. 1816.

Cote 17. — Lettre aut. sig. du *frère Maur*, prieur de N.-D. de la Trappe de Mortagne à..... Il rend compte de sa vie. 7 octobre 1823. 4 p. in-4º.

Lettre aut. sig. du même *au R. P. de Lestrange*. Lettre d'affaires. De la Trappe, 22 octobre 1823. 2 p. in-8º.

Lettre aut. sig. du même au même. Lettre d'affaires. 19 janvier 1824. 2 p. in-4º.

Lettre aut. sig. du même au même. Lettre d'affaires. 19 août 1825. 8 p. in-4º.

Lettre aut. sig. du même *au P. Alexis, celerier à la Trappe*. Lettre d'affaires. De la Mellerai, 14 octobre 1828. 4 p. in-4º.

Lettre aut. sig. du même à..... Lettre d'affaires. De la Mellerai. 3 février 1829. 4 p. in-4º. (incomplète).

Cote 20. — Relations avec l'évêché de Sées. Autorisations. Deux lettres de *M. J. Bazin*, vicaire général et supérieur du Séminaire de Sées à *l'abbé de Lestrange* des 31 octobre 1815 et 27 janvier 1816.

Cote 21. — Lettre aut. sig. de *Monseigneur Saussol*, évêque de Sées au *R. P. prieur de la Trappe*. Il lui manifeste son affection pour la Trappe. Sées, 17 novembre 1819. 2 p. 1/4 in-4º.

Lettre aut. sig. du même *à l'abbé de Lestrange*, à Bellefontaine. Démêlés. Sées, 16 décembre 1822. 4 p. in-4º. Cette lettre renferme la copie d'une autre, du nonce à l'évêque de Sées, du 16 novembre 1822 4. p. in-8º.

Lettre aut. sig. du même *au R. P. Joseph Marie*,

prieur de la Trappe. Il le remercie de ses vœux. Sées, 6 janvier 1830. 1 p. in-8º.

Cote 22. — Pièces relatives à des difficultés entre *Dom Augustin de Lestrange et dom Bernard de Girmond*, abbé du Port du Salut. 1815-1816-1819.

Cote 23. — Lettres relatives à des secours d'argent envoyés par les Communautés d'Espagne. Trappistes Espagnols. 1792-1844.

Lettre aut. sig. de *dom Augustin de Lestrange* à..... Expulsion des Trappistes d'Espagne. s. d. [v. 1820].

Cote 24. — Achat du Mont Valérien par dom Augustin de Lestrange. 1816.

Liasse XI.

Cote 25. — Demandes de secours au gouvernement pour constructions à la Trappe. 1816.

Devis pour ces constructions (église, vacherie, tuilerie, briquerie) et plan. 1816. M. Delarue, architecte.

Note pour répondre à MM. les libéraux qui préténdent que le gouvernement a été assez généreux pour donner une quarantaine de mille francs aux religieux de la Trappe et que c'est du luxe. s. d. 4 p. in-8º (de la main de dom Augustin de Lestrange.)

Requête au Roi par *dom Timothée*, abbé de la Trappe, du 5 juin 1856, pour obtenir l'autorisation de prendre du bois dans les forêts de la Trappe pour les réparations du monastère. 4 p. in-fol.

Cote 26. — Demandes d'autorisation des Trappistes au gouvernement. 1818.

Cote 27. — Correspondance de *Madame Mérault*, bienfaitrice de la Trappe et legs. 1831-1854.

Cote 33. — Correspondance de *MM. de Laforcade et Pequignot*, bienfaiteurs de la Trappe. 1830-1838.

Cote 35. — Lettres concernant la succession de *M. de Laforcade*, décédé à la Trappe où il fut enterré. 1838-1839.

Cote 38. — Translation au cimetière de Soligny des ossements du cimetière de la Trappe, en 1804.

Narration faite de cette translation, le 6 septembre 1851, *par M. Mazier*, ancien juge de paix à Soligny (publiée dans l'Odyssée monastique).

Cote 39. — Renseignements sur les anciennes bulles concernant l'abbaye de la Trappe.

Registre et papier terrier de la Maison Dieu N.-D. de la Trappe. Copie collationnée et signée en 1721. Grand in-fol.

Inventaire général des titres de la Trappe. 1772.

Catalogue des livres de la Trappe. 1752.

Cote 40. — Notes concernant l'ouvrage de M. Tallon, sur les monastères de la Trappe. 1854-55.

Liasse XII.

Cote 43. — Lettre du 10 avril 1855 adressée *à Monseigneur de Sées* pour lui demander un certificat constatant que les religieux de la Trappe suivent la seule règle de Saint Benoit, *par le frère Théodore*, secrétaire du R. P. Abbé.
Certificat du 15 avril 1855.

Cote 44. — Notes relatives aux difficultés entre les deux observances. 1844.

Cote 45. — Notes, lettres autographes de *Dom Marie Hercelin*, abbé de la Grande-Trappe. 1839 à 1849.

Cote 47. — Notes relatives au *tombeau de l'abbé de Rancé*. 1839-1841.

Cote 52. — Lettres diverses, entre autres : deux lettres aut. sig. du *R. P. Lacordaire au R. P. abbé de la Trappe*, au sujet du passage d'un dominicain à la Trappe. N.-D. de Chalais, 2 et 27 juillet 1846.

Cote 54. — Liste de souscriptions en faveur de la Trappe.

Liasse XIII.

Cote 55. — Protestation de M. l'abbé de la Trappe contre une insigne calomnie dirigée contre lui et contre ses deux communautés du département de l'Orne (accusées de tomber dans les erreurs de la petite église). Aut. sig. de *l'abbé de Lestrange*. s. d. (XIXe s.) 2 p. in-8º.
Supplique des religieux de la Trappe à la Chambre des représentants pour rentrer en possession des anciens bois de la Trappe non encore vendus. s. d. [v. 1848] 2 p. in-fol.
Notes sur *Dom de Lestrange*. s. d. [XIXe s.] 16 p. in-fol.

Liasse XIV.

Cote 56. — Papiers du *P. Alexis*, cellerier à la Val Sainte et à la Grande-Trappe [Jacques-François-Daniel de la Haye, né le 19 janvier 1770 à Clenleu (Pas-de-Calais)]. Détails sur sa vie.

Liasse XV.

Cote 62. — Pose de la première pierre de l'église de la Grande-Trappe et érection du chemin de croix *par Monseigneur Saussol*, évêque de Sées, 19 juillet 1829 et 30 août 1831.

Cote 64. — Lettres au Révérendissime, de *Monseigneur Rousselet*, évêque de Sées. 1849, 50 et 53; de Mgr *Mellon Jolly*, archevêque de Sens, 1845 ; de Mgr *Morel de Mons*, archevêque d'Avignon, 1836; de Mgr *l'évêque* de *Cracovie,* 1838 ; de Mgr *de Bonald,* archevêque de Lyon, 1850 ; de Mgr *Clausel de Montals,* évêque de Chartres, 1841 ; de Mgr *de Croy,* archevêque de Rouen, 1843 ; de Mgr *Dupont,* archevêque de Bourges, 1850 ; de Mgr *de la Motte-Vauvert,* évêque de Vannes, 1852.

Cote 66. — Lettres de M. *Bussières,* protonotaire apostolique, touchant Dom de Lestrange, 1842-1843.

Cote 71. — Pièces relatives au *portrait de l'abbé de Rancé,* par H. Rigaud [v. Iconographie]. Sa restauration en 1849 et 1865.

Cote 72. — Pièces relatives à la *visite de* S. M. *Louis-Philippe,* le 2 octobre 1847.

Cote 76. — Visite domiciliaire à la Grande-Trappe. Procès-verbal. 13 septembre 1830.

Liasse XIX.

Cote 200. — Plans des constructions de la Grande-Trappe, sous dom Hercelin.

Cote 201. — Poésie en l'honneur de la Trappe, entre autres : ode sur les monastères en général et le monastère de la Trappe, par le comte de Marcellus [publiée].
Vers latins en l'honneur de l'abbé de Rancé.

Cote 205. — Dossier concernant la *paroisse de Bresolettes,* desservie par la Grande-Trappe.

Cote 206. — Dossier concernant la *paroisse de Prépotin,* desservie par la Grande-Trappe.

Liasse XXI.

Cote 224. — Legs de *Mademoiselle Fréval* à la Grande-Trappe, 1852.

Cote 229. — Pièces relatives à la taxe illégalement imposée à la Grande-Trappe, comme bien de main morte, 1849.

601. — **Archives** *du département de l'Orne.*

Les documents manuscrits conservés aux archives de l'Orne, concernant l'abbaye de la Grande-Trappe, ont été inventoriés en 1891, par l'archiviste du département, Monsieur Louis Duval (1). Nous ne les énumérerons donc pas dans cette bibliographie. Nous nous contenterons de les résumer brièvement en renvoyant pour plus ample analyse à l'inventaire lui-même.

---

(1) Inventaire sommaire des archives départementales antérieures à 1790, rédigé par M. Louis Duval, archiviste. Orne. Archives ecclésiastiques. Série H. (abbayes d'hommes) Tome Ier. Alençon, E. Renaut de Broise, 1891. in-4º. Abbaye de N.-D. de la Trappe. p. 352 à 370. (H. 1826 à H. 1900.)

Exemption de dîme pour la Trappe. *Bulle d'Innocent III.* Copie. 1203 (H. 1826).

Registres des *vêtures et professions de la Trappe.* 1742 à 1787 (H. 1827 à H. 1836).

Registres mortuaires de la Trappe. 1743 à 1791 (H. 1837 à H. 1841).

Recettes et dépenses de la Trappe. 1789 à 1791 (H. 1842, H. 1843).

Titres de propriétés de la Trappe :
Bonsmoulins, 1374-1786 (H. 1844). — Ferrière-au-Doyen, 1783 (H. 1845). — Les Genettes, 1191 (H. 1846). — Les Barres, 1206, 1256, 1718-1787, 1506-1752, 1661-1722, 1717-1772 (H. 1847 à H. 1852). — N.-D. d'Aspres, Les Genettes, 1665-1749 (H. 1851). — Irai, Le Chesnai, 1682, 1303-1695, 1475-1704, 1499-1625, 1361-1564 (H. 1853 à H. 1857). — Laigle, XIIe s. — 1211, 1394-1632, 1600-1786 (H. 1858, 1859, 1860). — Mahéru, 1175-1177, 1175-1692, 1161-1329, 1200-1217, 1221-1237, 1248-1329, 1460-1529, 1500-1581, 1496-1789, 1246-1765, 1658-1678, 1667-1693, 1712 (H. 1861 à H. 1873). — Maison-Maugis, 1785 (H. 1874). — Mélicourt (Eure) 1657-1706 (H. 1875). — Ménil-Bérard. La Motte, 1587-1634, 1637-1731, 1617-1743, 1581-1695, 1667-1695, 1678-1699, 1606-1743, 1743-1745, 1660-1739, 1742-1743, 1583-1691, 1603-1680, 1605-1699, 1595-1771, 1642-1785 (H. 1876 à H. 1890). — Moulins-la-Marche, 1227 (H. 1891. — Prépotin, 1788 (H. 1892). — Randonnai, 1761 (H. 1893). — Sainte-Céronne, 1600 (H. 1894). — Sainte-Gauburge, Sainte-Colombe, 1608-1776, 1703-1750 (H, 1895, H. 1896). — Saint-Mard-de-Réno, 1226-1238 (H. 1897). — Sant-Pierre-du-Mesnil (Eure), 1676-1789 (H. 1898). — Soligny-la-Trappe, 1265-1273, 1614-1788 (H. 1899, H. 1900).

Désistement par Dom Robert Lavolle, prêtre, procureur des religieux de la Trappe, de l'opposition par lui faite à la saisine de droit, requise par les religieux du Val-Dieu, d'un jardin ayant appartenu à Jean Lestiroust, en la paroisse Saint-Jean. 1453.

(*Inv. sommaire...* Orne arch. eccl. t. II. Alençon 1894. H. 2836).

602. — **Arnauld d'Andilly** (1). — *Let. aut. à M. l'abbé de Rancé.* 10 septembre 1658.

Il lui donne son sentiment sur la traduction qu'il lui a envoyée.
Bibl. de l'Arsenal. 6035 f. 243. 1 p. in-8°.

603. — **Arrêt du Conseil.** — *Arrêt pour l'exécution d'un bref du pape qui permet aux religieux de la Trappe, après la*

---

(1) Antoine Arnauld, né à Paris, le 6 février 1612, mort à Bruxelles, le 6 août 1694.

mort de leur abbé, d'élire un prieur. Saint-Germain-en-Laye, 18 juillet 1678.

Signé : LE TELLIER.

Cet arrêt fait allusion à deux brefs du pape accordés à M. l'abbé de Rancé, du 2 août 1677 et du 23 mai 1678.

Arch. nat. E. 1795. f. 95. 1 p. in-fol.

604. — **Avia** (Fr. Alexis d'). — *Osservazioni sopra la vita di Ranse.* Dalla badia di Buonsollazzo li 14 aprile 1716.

En italien.

Bibl. de Carpentras. 613 f. 128 à 137. 19 p. in-fol.

605. — Le même. — *Relation de la vie et de la mort du frère Arsène de Janson, religieux de la Trappe, connu dans le monde sous le nom de Comte de Rosemberg, mort dans l'abbaye de Buon-Sollazzo, en Toscane, traduite de l'italien par M. de.....* XVIIIe s.

Cette traduction de Jean B. Drouët de Maupertuy, a été imprimée à Avignon, en 1711. Voir : Documents imprimés ; n° 25.

Bibl. d'Avignon. 1370. 31 f. in-4°.

606. — **Barillon** (Henri de). — *Vie de M. de Barillon, évêque de Luçon, en forme de confession, trouvée après sa mort dans ses papiers.* XVIIe s.

Ce sont les aveux (peccata) et les actions de grâces (gratiae) du pieux évêque. On y rencontre les passages suivants :

Peccata. — « Avoir eu de la joye par motifs humains du choix que M. l'abbé de Rancé avoit fait de moy, pour le prieuré de Boulogne, vanité d'avoir été choisi par luy...

« N'avoir pas profité de la connoissance et entretien de Mgr l'évêque d'Alet, l'abbé de la Trape...

Gratiae. — « Vocation au prieuré de Boulogne au mois de mai 1663, par le choix M. l'abbé de Rancé qui en étoit pourveu et qui se retiroit dans son abbaye de la Trappe pour y embrasser la régularité. Je tiens ce choix à grande grâce et bénédiction comme venant d'un si saint homme que Dieu a donné à son Eglise dans le siècle pour être un exemple admirable de retraite et de pénitence dans la vie monastique.

« Dieu m'inspira d'aller passer quelques jours avec M. l'abbé de la Trappe. Ses sentiments, ses avis et le bon exemple de sa maison me furent un sujet de grande édification et de consolation dans mes découragemens. J'attribue aux prières de ce saint abbé, avec qui Dieu m'a donné beaucoup de liaison, plusieurs grâces que je reçois tous les jours de lui. Au mois d'août 1672.

Peccata. — « Avoir peu profité de mon voiage à la Trappe et des grands exemples que j'y voi. Distractions, négligences, y avoir mêlé de la curiosité.

Gratiae. — « J'ai fait un voyage à la Trappe où j'ai été très édifié de la sainteté et de la pénitence de ces bons religieux, mais particulièrement de leur saint abbé dont les entretiens m'ont été très utiles. J'y ai demeuré six jours [1682]. Cela m'a engagé à lire son livre de la sainteté de la vie monastique et à l'approuver. C'est un livre admirable.

Peccata. — « Peu de profit de ce voyage. »

Gratiae. — « Voyage de quelques jours à la Trappe. Je regarde comme une grâce particulière l'amitié que ce saint abbé a pour moi, j'ai grande confiance en ses prières, son exemple m'est utile. » [1687].

Bibl. de Poitiers, 65. D. Fonteneau. f. 559. 562. 565. 571. 579.

607. — **Beaumont** (1) (Christophe de). — *Lettres à l'archevêque de Tours* (2). La Trappe. 1764.

« Ces lettres, au nombre de six, dont quatre entièrement autographes et deux seulement signées, furent écrites pendant l'exil de l'archevêque à la Trappe où il avait été obligé de se retirer à cause de la lutte acharnée qu'il soutenait contre les jansénistes. »

Catalogue d'une collection de lettres autographes... provenant en partie de la correspondance de la duchesse de Devonshire. Vente du 17 décembre 1883, par Eugène Charavay. n° 11. 13 p. 1/2 in-4°.

608. — **Bigot** (Monsieur). — « *Lettre sur les merveilles de mademoiselle Rose. De l'abbaye de la Trappe.* » 19 mai 1701.

Bibl. nat. fr. 24123. f. 82. 4 p. pet. in-fol. Copie du XVIII° siècle.

609. — **Boileau** (3). — « *Lettre à un amy* ». 9 novembre 1694.

« A l'occasion du voyage et de la retraite de M. le marquis

---

(1) Archevêque de Paris de 1746 à 1781.
(2) Henri-Marie Bernardin de Rosset de Ceilhes de Fleury, arch. de Tours de 1751 à 1774.
(3) Sans doute Jacques Boileau, docteur en Sorbonne, frère du poète qui vécut de 1635 à 1716.

de Santena à la Trappe où il l'a accompagné le 12 juillet 1691. »

« On m'écrit que vous souhaitez aprendre comme je me trouve de la solitude..... »

V. Chron. du Perche. oct. 1895. p. 7.
Bibl. de l'Arsenal, 1145. f. 4. 4 p. in-12.

610. — **Boissier**. — *Lettre à Monsieur..... De Versailles, 18 décembre* [1698].

Il le remercie de certaines expéditions pour l'abbaye de la Trappe « signées de Monseigneur de Chasteauneuf » qu'il lui a envoyées et de l'intérêt qu'il prend à tout ce qui touche cette abbaye.

Archives des Affaires étrangères. France 1056. f. 55.

611. — **Bourrée** (Edme Bernard) (1). — « *Lettre de Monsieur Bourrée, supérieur de l'Oratoire d'Orléans* » à..... *Orléans, 20 avril 1684.*

Relation de sa visite à la Trappe, d'où il est revenu fort édifié. Manière de vivre des religieux. Description de l'abbaye.

Cette lettre semble incomplète.

Bibl. nat. Collection Moreau. 793. tome IV. f. 161. 3 p. in-fol.
Copie du XVIIe siècle.

612. — **Brussel**. — *Dictionnaire des actes d'hommages et aveux de la province de Normandie qui sont gardez en la Chambre des Comptes de Paris, par M. Brussel, conseiller du Roi, auditeur en sa Chambre des Comptes.*

La Trappe. Déclaration du temporel en décembre 1391.
Arch. nat. P. 1176². Registre d'Alençon. f° 143. v°. in-fol.

613. — **Bulle** *du pape Innocent XII, conférant le titre d'abbé de la Trappe à Dom Zozime* [Pierre Foisil] 5 septembre 1695. Original sur parchemin.

Collection de M. de la Sicotière.

614. — **Bulle** *du pape Innocent XII, conférant le titre d'abbé de la Trappe à Jacques de la Court.* 16 février 1699. Original sur parchemin.

Collection de M. de la Sicotière.

---

(1) Prêtre de l'Oratoire, né à Dijon, le 15 février 1652, mort le 26 mai 1722.

615. — **Bulle** *du pape Clément XIII, conférant le titre d'abbé de la Trappe à Dom Théodore Chambon.* 4 août 1766. Original sur parchemin. Sceau bien conservé.

Collection de M. de la Sicotière.

616. — **Buonsollazo** (abbé de). — *Lettre au R. P. abbé de la Trappe* (1). 1ᵉʳ juillet 1717.

Sur la réorganisation de l'abbaye de Casemars, de l'ordre de Citeaux. Il lui transmet de la part de Sa Sainteté « la faculté d'absoudre ceux qui auront encouru l'excommunication au sujet de la bulle Unigenitus, pourvu qu'il n'y ait pas apparence de récidive » et le désir du pape que l'ordre de la Trappe se soumette à bref délai à la dite bulle. Il lui envoie la formule nécessaire à cette soumission.

A la suite se trouve l'extrait d'une lettre écrite par l'abbé de Rancé au maréchal de Belfonds.

(*Arch. des Affaires étrangères.* France 78. f. 233. Copies du xviiiᵉ siècle. 3 p. in-4º.)

617. — **Chambon** (2) (Théodore). — *Réponses aux questions* (3) *proposées de la part du Roi par MM. les Commissaires nommés par S. M. pour assister au chapitre général de l'ordre de Citeaux, de l'année 1768.*

Le but de la réunion de ce chapitre, tenu sous la présidence de M. de Roquelaure, évêque de Senlis, conseiller d'État, premier aumônier du Roi, était de travailler à la rédaction des statuts et constitutions de l'ordre de Citeaux. Dom Théodore Chambon y représentait les monastères de la Trappe.

(*Arch. nat.* G9 536. Orig. 30 p. in-12.)

618. — **Charmel** (4) (comte du). — *Lettre à Monsieur Barillon.* 10 février 1691.

Pour lui demander une ligne de conduite. Il doit passer le carnaval et le carême à la Trappe.

(*Bibl. de Poitiers.* 65. Fonteneau, f. 776. Copie xviiᵉ siècle.)

---

(1) Dom Isidore (Maximilien d'Ennetières) abbé de 1713 à 1727.
(2) Abbé de la Trappe de 1766 à 1783.
(3) Ces questions étaient au nombre de cent.
(4) Gentilhomme lorrain, lieutenant du Roi en l'Ile-de-France, vint à la Trappe, s'y convertit et entra à l'Oratoire. V. Hist. de l'abbé de Rancé, par l'abbé Dubois, 1869. II, 148.

619. — Le même. — *Lettre à Monsieur le Commandeur de Mareuil.* De la Trappe. 1694.

Sur la conduite édifiante du comte de Santena qui s'était retiré à la Trappe.

(*Bibl. nat.* fr. 23497. Copie XVIIe siècle. 3 p. in-8º.)

620. — **Clermont-Tonnerre** (1) (François de). — *Lettre à Monsieur de la Trappe.* Paris, 2 juillet 1697.

Il lui envoie un abrégé qu'il « consacre au repos et à la sûreté de la conscience des fidèles de son diocèse,... Contre poison du quiétisme. »

(*Bibl. Mazarine.* 4335. f. 93 vº. 5 p. 1/2 in-8º. — *Bibl. de Grenoble.* 1335, nº 3591, 1 p. 1/4 in-fol. — *Bibl. d'Aix en Provence,* 818, nº 33, 4 p. in-4º, — Copies, XVIIe siècle. — Imprimée dans les *Mémoires du duc de S. Simon,* publ. par M. de Boislisle, VIII. 442.)

621. — **Esnault** (abbé). — *Mémoire pour la fondation et les abbés de l'abbaye de la Trappe.*

Se trouve dans le « Mémoire pour servir à l'histoire du diocèse de Sées, par Monsieur l'abbé Esnault, curé de Cély », p. 225.

(*Arch. nat.* KK 1084. in-4º rel.)

622. — **Eugène** (2) (Dom). — *Lettre aut. sig. à Dom Etienne Malmy, prieur de Val Sainte.* Bornet, près Liège, 6 décembre 1814.

Il lui propose de lui céder le monastère de la Grande-Trappe qu'il vient d'acquérir de M. S. de Bauzile, principal propriétaire, moyennant 65,000 fr. dont 15,000 comptant.

(Arch. de la Grande-Trappe.)

623. — **Favier** (3) (abbé). — *Table des lettres de l'abbé de Rancé reçues par M. Favier et dressées par lui,* du 20 mai 1660 au 15 novembre 1684.

(*Bibl. de Clermont-Ferrand.* 344. f. 191. Orig. 6 p. in-4º.)

---

(1) Evêque et comte de Noyon, pair de France, membre de l'Académie française (1629-1701).

(2) Bonhomme de Laprade, abbé De Darfeld.

(3) Précepteur de l'abbé de Rancé, né à Thiers en 1669, mort en 1692. M. Gonod a publié une partie de ces lettres.

624. — **Félibien** (1). — *Let. aut. sig. « à Monsieur l'abbé Favier ».* De la Trappe, 30 juin 1664.

Il lui annonce que l'abbé de Rancé fit sa profession le 26 juin à Perseigne et qu'il lui adresse un codicille fait par l'abbé en sa faveur quatre jours avant sa profession.
(*Bibl. de Clermont-Ferrand.* 344. f. 151.)

625. — **Florian** (de). — *Le novice à la Trappe,* romance mise en musique, s. d.

« Cette romance, dit L. du Bois (*Hist. de la Trappe.* 1824. p. 264) est tirée d'une anecdote fort connue et que probablement l'auteur tenait du duc de Penthièvre. »
(*Collection de M. de la Sicotière.* Copie).

626. — **Fluse** (I. G. de). — *Lettres aut. à Monsieur Nicaise* (2), du 27 avril 1683 au 11 janvier 1684.

Il y est souvent question de l'abbé de Rancé et de ses écrits.
(*Bibl. nat.* fr. 9359. f. 81 à 85.)

627. — **Gervaise** (Dom Armand François). — « *Vie du révérend Père dom Armand Jean Le Bouthillier de Rancé, abbé régulier et réformateur du monastère de la Trappe, ordre de Citeaux, écrites sur des mémoires plus exacts et plus amples que ceux sur lesquels ont travaillé les premiers auteurs de la même histoire.* » s. d.

« Dans la préface, le copiste expose ceci : La vie du vénérable de Rancé a été écrite par quatre auteurs, Maupeou, curé de Nonancourt, Marsollier, chanoine d'Uzès, dom Le Nain, supérieur de la Trappe, dom Gervaise, ancien abbé du même monastère. La quatrième est encore en manuscrit. On avait projeté de refondre ces quatre vies, mais ayant su que les compilateurs de l'Encyclopédie avaient entrepris au mot Trappe de dénigrer M. de Rancé, on a pensé qu'il convenait de publier la vie de cet homme célèbre telle qu'elle a été composée par dom Gervaise. En effet l'Encyclopédie s'appuye pour attaquer les biographies antérieures de M. de Rancé sur un livre anonyme, œuvre de dom Gervaise. (Voir : documents imprimés, n° 209), intitulé : *Jugement critique mais équitable des vies de feu M. l'abbé de Rancé.....* et imprimé à Londres en 1742. On verra dans cette

---

(1) Nous ne savons auquel des quatre frères Félibien attribuer cette lettre ; deux Pierre et Jacques, étaient chanoines de Chartres, François curé de Sainte-Menehould et André, historiographe du Roi. Les uns et les autres séjournèrent à la Trappe.
(2) L'abbé Claude Nicaise, chanoine de la Sainte Chapelle de Dijon, rencontra l'abbé de Rancé à Rome, en 1666 et revint avec lui jusqu'à Florence. Leurs relations épistolaires furent très fréquentes.

quatrième vie que sur ces faits principaux, dom Gervaise, était, en 1720, parfaitement d'accord avec les écrivains blâmés par lui.

« Le copiste fait une critique très vive de l'Encyclopédie ; il parle de la mort de Voltaire et dit que « nos rois ne veulent bien préserver la maison de la Trappe d'un abbé commandataire et de sa ruine, par conséquent, qu'autant que la réforme y subsistera dans sa ferveur et son intégrité. » Il transcrivait donc cette vie entre 1778 et 1790. Il termine ainsi sa préface : « Nous n'avons plus qu'à faire connoître la supériorité de cette nouvelle relation sur les précédentes... Il faut donc observer qu'il y eut à la Trappe, au temps du vénérable réformateur, un dominicain nommé le père de la Tour (1), docteur en théologie, prédicateur, et fort considéré dans son ordre où il avoit été prieur ; on lui donna la même charge à la Trappe quelque temps après sa profession. Or, ce religieux, s'étant proposé d'écrire un jour la vie du saint abbé, profita de sa place de supérieur pour composer un recueil de ce qui s'étoit fait de plus considérable depuis l'établissement de la réforme... rien ne lui fournit les connoissances et les lumières dont il avoit besoin avec plus d'abondance qu'un gros registre qui contenait toutes les lettres que M. de Rancé avoit écrites jusqu'alors... le zélé compilateur en fit de bons extraits... il emporta dans la suite ce recueil lorsqu'il sortit de la Trappe en 1699 et, ses infirmités ne lui ayant pas permis de venir à bout de son entreprise avant son décès, il chargea dom Gervaise, son ami, de l'achever et lui remit tous ses mémoires. Celui-ci, qui avoit d'ailleurs en main plus de deux cents lettres que M. de Rancé avoit écrites à une supérieure de Tours, avant et après sa conversion, mit en œuvre tous ces matériaux et fut en état de faire imprimer l'ouvrage en 1720, mais il ne put en obtenir la permission ; elle lui fut refusée sous prétexte qu'une quatrième vie du vénérable réformateur serait à charge au public et, dans le vrai, parce que un seigneur de la Cour, ami de la Trappe, crut devoir s'opposer, auprès du chancelier, au projet de l'auteur.

« Dans un ouvrage séparé, nous ferons des extraits fidèles de tous les écrits de M. de Rancé. »

Cet autre ouvrage annoncé dans la préface existe aussi dans la Bibliothèque de Marcouville, en deux volumes manuscrits, in-8º de 968 et 590 pages. Les extraits sont divisés par chapitres. Il porte ce titre : « *L'esprit du R. P. Dom Armand Jean le Bouthillier de Rancé, abbé régulier et réformateur de l'abbaye de la Maison-Dieu Notre-Dame de la Trappe ou instructions ascétiques et morales, tirées des ouvrages imprimés et manuscrits de cet illustre solitaire. Ouvrage utile à la sanctification des religieux et des chrétiens.* »

(*Bibliothèque du château de Marcouville*, en Vitray-sous-Bré-

---

(1) Jean-Baptiste de la Tour, du diocèse de Besançon, fit profession le 25 mars 1695 et mourut le 4 juillet 1708.

zolles (Eure-et-Loir). Copie fin XVIII° siècle. 2 vol. in-8° de 570 p. plus une préface de 46 p. et de 624 p. plus une table (1).)

628. — Le même. — *Abrégé de l'histoire universelle depuis la création du monde, traduit du latin du père Tierselin, jésuite, avec des notes historiques, pour éclaircir les endroits qui paroîtroient obscurs ou difficiles à entendre par le R. P. D. Gervaise, ancien abbé de la Trappe.* 1749.

Manuscrit autographe, couvert de ratures. L'ouvrage ne va que jusqu'en 1598. Dom Gervaise espère, dans son avertissement, pouvoir en donner la continuation jusqu'en 1750, le P. Tierselin n'ayant pu donner la sienne. « Cette continuation, dit-il, est toute prête, elle n'attend que la voix du public. Si ses suffrages lui manquent, elle servira au moins à allumer mon feu. » (2).

(*Bibl. nat.* fr. 24912. 452 p. g⁴ in-4°, rel. veau ant., porte au dos : *Histoire universelle.*)

629. — Le même. — *Let. sig. à Monsieur Nicaise.* 10 mai 1696.

Il lui demande la continuation de son amitié et le secours de ses prières dans la charge d'abbé qui vient de lui être conférée.

(*Bibl. nat.* fr. 9363. f. 217. 1 p. in-8°, sans suscription, cachet noir aux armes de la Trappe).

630. — Le même. — *Let. aut. sig. au même.* 11 novembre 1696.

Même objet.

(*Bibl. nat.* fr. 9359. f. 262. 1 p. 1/4 in-8°, cachet rouge aux armes de la Trappe).

---

(1) C'est à l'extrême obligeance et à la bonne amitié de M. Parmentier, qui habite le château de Marcouville, que nous devons la description si précise de ces manuscrits. Nous lui en exprimons ici notre vive gratitude. L'œuvre originale de dom Gervaise ne nous est pas connue ; la copie n'en est donc que plus précieuse.

(2) D'après Moréri, Dom Gervaise, aurait composé d'autres ouvrages restés manuscrits qui nous ont jusqu'ici échappés : « On sait qu'il a fait depuis longtemps un *traité des devoirs des évêques* et depuis quelques années un *abrégé de l'histoire ecclésiastique* de M. l'abbé Fleuri... Il a aussi composé la *vie de dom Abraham Beugnier*, prêtre qui, étant curé dans le diocèse d'Arras, se retira à la Trappe, où il fit profession. Mais on ne voulut pas que l'auteur fît imprimer cette vie et l'on se contenta d'en donner un précis dans les relations des religieux morts à la Trappe. » (édit. de 1755, II. 403 ; édit. de 1758, II. 279). Dom Gervaise aurait encore laissé une *vie de Saint-Louis*, composée en 1733 avec préface et épître dédicatoire à Louis XV, devant former deux volumes in-4°, mais cette dernière œuvre pourrait être bien plutôt de Nicolas Gervaise, prévôt de Tours.

631. — Le même. — *Let. aut. sig. au même.* 15 novembre 1696.

Même objet.
(*Bibl. nat.* fr. 9359. f. 262. 1 p. 1/4 in-12, cachet rouge aux armes de la Trappe.)

632. — Le même. — *Let. aut. sig. au même.* 23 avril 1697.

Au sujet d'un colonel, nommé Albergotti, neveu de M. de Magalotti, gouverneur de Valenciennes, qui est retiré à la Trappe.
(*Bibl. nat.* fr. 9363. f. 232. 2 p. in-8º, cachet abbatial (1).)

633. — Le même. — *Let. sig. au même.* 27 juin 1697.

Eloge de l'abbé de Rancé. Son portrait, par Rigaud.
(*Bibl. nat.* fr. 9363. f. 242. 2 p. 1/4 in-8º.)

634. — Le même. — *Let. sig. au même.* 11 janvier 1698.

Vœux de bonne année. Il se recommande à ses prières.
(*Bibl. nat.* fr. 9363. f. 231. 1 p. 1/4 in-8º.)

635. — Le même. — *Let. sig. au même.* 2 juin 1698.

Au sujet du frère Timothée Guichart, religieux de l'abbaye de Cardeiles, diocèse d'Albi, dont il a eu à se plaindre. Etablissement qu'il fait près de Dreux.
(*Bibl. nat.* fr. 9363. f. 236. 3 p. 1/4 in-8º.

636. — Le même. — *Let. aut. sig. à Monseigneur.....* 24 août [1698].

Il annonce sa démission.
(*Collection Et. Charavay*, 2 p. 1/4 in-fol.)

637. — Le même. — *Lettres aut. sig. à.....* 11 et 18 septembre 1698.

Il maintient sa démission et propose pour le remplacer dom Malachie ou dom....., prieur.
(*Cat. de lettres autographes. Charavay.* Vente du 18 avril 1891. 5 p. in-4º.)

638. — Le même. — *Let. aut. sig. à.....* 23 novembre 1698.

Il déclare solennellement qu'il n'a jamais accusé l'abbé de

---

(1) Cachet rond. Au centre une main tenant la crosse d'abbé. Légende : *Sigil. F. Armandi. Franc. abbatis. de Trappa.*

Rancé de jansénisme, ni d'avoir fait imprimer à l'étranger deux livres injurieux pour l'Eglise, l'Etat et le Roi.
(*Collection Et. Charavay*, 1 p. in-12.)

639. — Le même. — *Let. à l'archevêque de Sens* [Jean-Joseph Languet]. 20 juin 1744.

Il se défend d'être janséniste et lui reproche de le traiter comme tel publiquement. Jamais il n'est entré dans sa pensée non plus de faire passer l'archevêque de Sens pour hérétique, comme celui-ci le lui impute.
(*Collection H. Tournoüer.* Copie XVIIIe siècle, 3 p. 1/2 in-8º.)

640. — **Gouche** (1) (Dom François-Augustin). — *Let. à Madame Arterié, religieuse à la Visitation d'Orléans.* De la Trappe. 14 août 1730.

Cette lettre qui provient sans doute de papiers de famille porte la mention suivante :

« Lettre à garder, touchant la vie et la mort de François Artérié, mon grand-oncle maternel, mort à la Trappe au mois d'aoust 1730 (2), écritte par le père abbé à ma grande tante Artérié, relligieuse à la Visitation d'Orléans. »
(*Collection H. Tournoüer.* Copie XVIIIe siècle. 3 p. 1/4 in-fol.)

641. — **Gourdan** (3) (Simon). — *Let. au R. P. Le Nain.* [1700].

Réponse à la lettre que le R. P. Le Nain lui avait écrite pour lui annoncer la mort de l'abbé de Rancé.
(*Bibl. nat.* fr. 25557, f. 66. Copie XVIIIe siècle, 7 p. in-8º.)

642. — **Grégoire** (4) (Frère). — *Let. aut. sig. à Monsieur Jollin, docteur en Sorbonne, chanoine de S. Marcel et directeur des filles de la Miséricorde.* De la Trappe, 12 août 1693.

Au sujet de l'affaire de Monsieur Béchamel.
(*Bibl. de l'Arsenal.* 5172, f. 58. 4 p. in-16.)

643. — **Henri III**, roi de France. — *Let. sig. à M. de Pisany.* 8 août 1587.

---

(1) Profès le 9 nov. 1716, abbé de la Trappe le 5 sept. 1727, mort le 11 septembre 1734.

(2) Le F. Arcisse Artérié, du dioc. d'Orléans, profès le 9 novembre 1710, mourut le 23 mars 1730 et non au mois d'août.

(3) Chanoine de S. Victor, fils d'Antoine Gourdan, secrétaire du Roi et de Marie de Villaines. Né à Paris le 24 mars 1646, mort le 10 mars 1729. Il alla en 1673 à la Trappe dans le dessein de s'y retirer, mais l'abbé de Rancé lui conseilla de demeurer à St-Victor. Il suivit ce conseil et mena une vie austère.

(4) Célerier de la Trappe.

Il le prie de demander au Saint Père de vouloir bien pourvoir à l'abbaye de N.-D. de la Trappe, diocèse de Sées.
(*Cat. d'une importante collect. de doc. mss. et orig. sur toutes les provinces de France. Charavay. Vente du 2 mai 1862.*)

644. — **Isidore** (1) (Dom). — *Let. aut. sig. au R. P. abbé de Buon Solazzo.* 26 juillet 1717.

Il lui adresse la soumission des religieux de la Trappe à la bulle Unigenitus.
(*Arch. des Affaires étrangères.* France, 78. f. 244. 3 p. in-8º.)

645. — Le même. — *Let. aut. sig. au duc de Saint Simon.* 27 juillet 1717.

Il lui fait part de l'adhésion des religieux de la Trappe au Formulaire, sur le désir exprimé par le pape et lui demande son avis à ce sujet.
(*Arch. des Affaires étrangères.* France, 78. f. 237. 5 p. in-4º.)

646. — Le même. — *Let. aut. sig. au même.* 31 juillet 1717.

Il lui adresse toutes ses excuses pour n'avoir pas pris conseil de lui au sujet de l'adhésion au Formulaire. Il remet cette affaire à sa direction.
(*Arch. des Affaires étrangères.* France, 78. f. 240. 2 p. in-4º.)

647. — Le même. — *Let. aut. sig. au R. P. abbé de Buon Solazzo.* 31 juillet 1717.

Il le prie instamment de lui renvoyer l'acte capitulaire qu'il lui avait adressé.
(*Arch. des Affaires étrangères.* France, 78. f. 242. 2 p. in-4º.)

648. — Le même. — *Projet de lettre au même* [1717].

Sur la proposition qu'il lui a faite d'envoyer son adhésion au Formulaire.
(*Arch. des Affaires étrangères.* France, 78. f. 256. Copie xviiiᵉ siècle. 4 p. in-fol.)

649. — Le même. — *Let. aut. sig. à M. Guilber, chargé de l'éducation de MM. les Pages du Roi à Versailles.* De Mortagne. 9 novembre 1725.

(*Cat. de lettres autographes. Vente de la collection de M. de Pixérécourt.* 4 mai 1841. 2 p. in-8º.)

---

(1) Dom Isidore d'Ennetières, profès le 25 mai 1698, abbé de la Trappe en janvier 1714, mort le 24 juin 1727.

650. — **La Cour**(1)(Dom Jacques de). — *Let. aut. sig. à Monsieur Nicaise.* 12 mars 1699.

Il le remercie de la part qu'il prend à sa nomination d'abbé de la Trappe et se recommande à ses prières.
(*Bibl. nat.* fr. 9363. f. 234, 1 p. 1/4 in-8º.)

651. — Le même. — *Let. aut. sig. au même.* 7 janvier 1700.

Intérêt qu'il prend à sa santé.
(*Collection H. Tournoüer.* 3 p. in-12. cachet rouge aux armes de la Trappe.)

652. — Le même. — *Let. aut. sig.* [au conseiller de Mazaugues]. 29 janvier 1705.

Sur la fin édifiante de frère Albéric de Sainte Colombe (1) que M. de Mazaugues avait recommandé lors de son entrée à la Trappe.
(*Bibl. de Carpentras.* 447. f. 280. 1 p. 1/2 in-4º.)

653. — **Languet** (Jean-Joseph). — *Let. à Dom Gervaise, ancien abbé de la Trappe.* 13 octobre 1745.

Il le remercie du livre qu'il lui a envoyé et le félicite qu'il n'y ait rien en lui du janséniste.
(*Collection H. Tournoüer.* Copie XVIIIe siècle. 1 p. 1/4 in-8º.)

654. — **La Quère** (de). — « *Response à Monsieur l'abbé de la Trape par un inconnu.* » s. d.

Il demande des éclaircissements sur une lettre de l'abbé de Rancé à l'abbé Nicaise du 2 septembre 1694, touchant la mort de Monsieur Arnaud.
(*Bibl. d'Orléans.* 650 (ancien 477ter). f. 251. Copie XVIIe siècle. 16 p. 1/2 in-4º.)

655. — Le même. — *Let. à l'abbé de Rancé.* Notre-Dame des Anges. 2 novembre 1695.

Relative à la relation de vie du frère Palémon.
(*Bibl. de l'Arsenal.* 5172 f. 152. Copie XVIIe siècle. 1 p. 1/4 in-8º.)

656. — **La Tour** (Charles de). — *Let. aut. sig. à Monsieur Nicaise.* 12 mars 1696.

Il y est question de la lettre de l'abbé de Rancé sur la mort de M. Arnaud.
(*Bibl. nat.* fr. 9363. f. 290. 3 p. in-12.)

---

(1) Profès le 21 janvier 1686, abbé de la Trappe en 1698, démissionnaire en novembre 1713, mort le 2 juin 1720.
(2) Profès le 24 mai 1702, mort le 18 décembre 1704.

657. — **La Trappe** (1) (Documents sur). — « *Donation par Roger Broant aux moines de la Trappe de la somme de vingt sous (monnaie courante).* » Mars 1225 (2).

(*Bibl. nat.* n. a. lat. 2329. Collection Desnoyers, n° 16. Orig. sur parchemin.)

658. — » — « *L'abbé et le couvent de la Trappe au diocèse de Sées, sur le désir exprimé par Philippe, roi de France, promettent le secours de leurs prières et s'engagent à célébrer un certain nombre de messes pour le repos de l'âme du roi Louis IX son père, de J. comte de Nevers, son frère, de Ch. reine de Navarre, sa sœur et de la reine Isabelle, sa femme.* 1271, jour de Saint Barnabé. »

(*Arch. nat.* J. 462 27/51. Orig. sur parch. fragt. de sceau pendant, cire jaune, de l'abbé de la Trappe.)

659. — » — « *Accord entre Gohier de Morville, sieur de Chennebrun, chevalier, et l'abbaye de la Trappe. A l'assise de Verneuil.* 10 septembre 1276.

(*Bibl. nat.* n. a. lat. 2329. Collection Desnoyers, n° 17. Orig. sur parchemin.)

660. — » — « *Frère Michel, abbé de la Trappe et le couvent de la Trappe s'engagent à payer la rente annuelle de 25 livres, 12 sous à Ynard Dyllers et à Dyonise, sa femme, qui leur abandonnent la jouissance du bois du Fretey à eux appartenant.* L'an 1313, le dimanche après l'octave de saint Pierre et saint Paul (3).

(*Arch. nat.* J. 228. n° 7. Orig. sur parch. Sceau pendant de l'abbé et du couvent de la Trappe.)

661. — » — « *Obligation de Michel de Rueus pour une rente de 18 sous t. due aux religieux de la Trappe sur une pièce de terre sise à Saint-Christophe.* 1324, en la fête de la Sainte-Trinité. »

(*Bibl. nat.* n. a. lat. 2329. Collection Duchesne. N° 19. Orig. sur parch.)

---

(1) Sous ce titre nous plaçons chronologiquement tous les manuscrits qui intéressent l'abbaye de la Grande-Trappe et qui ne sont conservés ni dans ses archives ni dans celles de l'Orne.
(2) Charte publiée dans le *Cartulaire de la Trappe*, p. 294.
(3) Cette charte a été publiée dans le *Cartulaire de la Trappe* (p. 552) d'après une copie également conservée à la Bibliothèque nationale. Elle diffère sensiblement de l'original que l'éditeur ne paraît pas avoir consulté.

662. — » — *Recettes de la généralité de Rouen, établies le 23 février 1569.*

« L'abbé de la Trappe taxé à vingt escus de rente au denier XXIII revenans, à raison de LIII sous tournois pour escu, à la somme de 1272 livres tournois. »
(*Arch. nat.* G8 1384. No 775. fo 995. Orig.)

663. — » — *Recepte du diocèse de Sées. 1574.*
Sommes dues par l'abbé de la Trappe.
(*Arch. nat.* G8 1258. C. Orig.)

664. — » — « *Vente par Simon Houyau, laboureur demeurant au lieu de Salle, paroisse de St-Hilaire de Soizay et La Perrière, à Jean Foussart, chirurgien et dame Marie Thierry, sa femme, demeurant à Bellême, d'un lot de terre planté en vigne situé au lieu de la Richerie, paroisse d'Origny-le-Butin, le dict lot appartenant au dict vendeur à tiltre d'eschange tenu au debvoir de Cour de la seigneurye de la Trappe. Fait à Bellême le 28 décembre 1604.* »

Au bas, quittance des droits de cens donnée par le sous-prieur de l'abbaye de la Trappe, Michel Lane.
(*Collection H. Tournoüer.* Orig. sur parchemin).

665. — » — « *Vente par Nouelle Beaumont, veuve de Nicolas Simon, demeurant au lieu de la Massardière, paroisse d'Appenay, à Jean Foussard, sieur des Barres, marchand, demeurant à Bellême, de plusieurs héritages tenus à cens de la seigneurie de la Trappe. Fait à Bellême, le 11 novembre 1625.* »

Au bas, quittance des droits de cens donné par Radequin Guillochon, fermier de l'abbaye de la Trappe en Origny-le-Butin.
(*Collection H. Tournoüer.* Orig. sur parchemin.)

666. — » — *Registre des entrées de novices, des professions et décès des religieux de l'abbaye de Perseigne, avec des notes sur un grand nombre d'entre eux.*

5 mai 1658. — Admission au noviciat d'Urbain Pannetier, natif d'Ernée, mort prieur de la Trappe en 1675 (1).
13 juin 1663. — Admission au noviciat de l'abbé de Rancé.
1er septembre 1663. — Joseph Bernier, ancien profès de la Trappe, commence son noviciat à Perseigne.

(1) Urbain le Pennetier, profès le 5 avril 1672 est mort le 2 mars 1676.

18 septembre 1663. — Claude Brachet de la Miltière reçoit l'habit de novice des mains du R. P. abbé de la Trappe en la maison de la Trappe.

12 janvier 1767. — Décès de D. Bernard, Antoine de Villaucourt, prieur de Perseigne, profès de l'abbaye de la Trappe.

(*Arch. de la Sarthe*, H. 972. Orig.)

667. — » — « *Déclaration du revenu temporel de la chapelle Saint-Jacques et Saint-Charles de la Baudronnière, sise dans l'enclos de la ferme de la Baudronnière en le fief des religieux de la Trappe, dans la paroisse de Réveillon, René Graffin, prêtre titulaire de la dite chapelle. 12 janvier 1694.* »

Le revenu consiste en la somme de 60 livres due par dame Marie de Forcadel, veuve de Charles Desjouis, gentilhomme de la Chambre de Monsieur, propriétaire de la dite ferme, à la condition de célébrer une messe chaque semaine dans la dite chapelle.

(*Arch. nat.* P. 939. Nos 7 à 12. Orig.)

668. — » — « *Le onziesme jour de mars 1696, le Roy a accordé :*

« L'abbaye commandataire de la Trappe, vaccante par le decedz de Dom Pierre Zozime Foisil, en faveur de Dom Armand François Gervaise, prestre profez de la dite abbaye. Le Roy consentant qu'elle soit régie encore pour cette fois par un abbé régulier à condition qu'à l'avenir elle retournera en commande si S. M. n'en ordonne autrement, et que cette condition sera énoncée dans les bulles du dit dom Gervaise comme une clause essentielle pour la validité des dites bulles, sans que les nominations précédentes, accordées par le Roy à des réguliers de la dite abbaye puissent préjudicier au droit incontestable qu'a S. M. de nommer en commande à la dite abbaye de la Trappe.

(*Arch. des Aff. étrangères*. 1030. f. 151. XVIIe s.)

669. — » — « *Le 17e décembre 1698, le Roy a accordé ce qui suit :*

« L'abbaye de la Maison-Dieu de N.-D. de la Trappe, de l'étroite observance de l'ordre de Citeaux, diocèse de Sées, vacante par la démission pure et simple du Père dom Armand-François Gervaise, dernier titulaire en faveur du P. Dom Jacques de la Court, religieux profès de la mesme abbaye. S. M. dérogeant, encore pour cette fois au droit qu'elle a de nommer un abbé commandataire à la dite abbaye et désirant qu'il soit énoncé dans les bulles de ce dernier abbé régulier qu'après luy la dite abbaye de la Trappe retournera en commande sans que les précédentes nominations d'abbés réguliers puissent préjudicier à ce droit.

(*Arch. des Aff. étrangères.* 1030. f. 276 xviie s.)

670. — » — « *Certificat attestant que damoiselle Anne de Bomont, veuve de Louis de St-Christophle, écuier, n'a laissé au jour de son décès pour enfants et héritiers que Marc-Antoine et Joachin de St-Christophle. écuiers, et que, peu de temps après le dit décès, le dit Marc-Antoine a fait profession sous le nom de Zenon* (1) *dans le couvent et abbaye de la Trappe. 3 janvier 1699.* »

(*Collection H. Tournoüer.* Orig. sur papier.)

671. — » — « *L'abbé et les religieux de la Trappe déclarent accepter la constitution du pape Clément XI :* Unigenitus Dei *en date du 8 septembre 1713 et condamner les propositions qui en ont été extraites, de la manière et avec les mêmes qualifications que le Pape les a condamnées. 1717.*

Ego, frater Isidorus, abbas domus Dei Beatae Mariae de Trappa, constitutioni apostolice SS. D. U. D. Clementis XI, pontificis Maximi, que incipit : Unigenitus Dei Filius, date sub 6 idus septembris anni 1713, me per omnia subjicio omnesque propositiones in ea damnatas et in sensu, in quo damnatae fuerunt, sincero animo rejicio, damno et anathematizo et ita juro, sic me Deus adjuvet et haec sancta Dei Evangelia.

F. Isidorus, abbas de Trappa, octavo calentarum augusti 1717.
(Serment et signatures de tous les religieux de la Trappe.)
(*Arch. des Aff. étrangères.* France 78, f. 131. Orig. sur papier 4 p. in-fol.)

672. — » — *Actes de professions de religieux de la Trappe.*

31 octobre 1727. — Profession de Jean Climaque Matis :

« Ego, frater Joannes Climacus Matis, diaconus, olim sancti Augustini Congregationis Gallicanæ canonicus regularis, promitto stabilitatem meam, conversionem morum meorum et obedientiam secundum regulam sancti Benedicti abbatis, coram Deo et omnibus sanctis ejus quorum reliquiae hic habentur et in hoc loco qui vocatur Domus Dei de Trappa, Cisterciencis ordinis, constructo in honorem beatissimae Dei Genitricis semper que Virginis

---

(1) Profès le 1er février 1697 (relat. des relig. de la Trappe. 1758. IV. 395), mort le 14 février 1722.

Mariæ : in præsentia domni Francisci Augustini, Domus Dei de Trappa Superioris et ad hoc specialiter deputati. »

« Frater Joannes Climacus Matis. »

« Frater Franciscus Augustinus, abbas nominatus Monasterii Domus Dei Beatae Mariæ de Trappa, strictioris observantiæ ordinis Cisterciensis in diœcesi sagiensi, notum facimus nos die 31 mensis octobris anni 1727, speciali deputatione Domini Reverendissimi Patris abbatis Clarevallensis, hujus monasterii Superioris immediati, intra sacrarum missarum solemnia supradictum dilecti in Christo fratris Joannis Climaci Matis, diaconi, professionem secundum regulam sancti Benedicti et præfati ordinis Cisterciencis observantiam, anno probationis expleto, pro hoc cœnobio de Trappa, in præsentia omnium fratrum, excepisse. Actum in dicto nostro monasterio sub nostra suscriptione et sigilli hujus monasterii appositione, testibus nobiscum signatis anno, mense et die quibus supra. »

Titon de Bloinat
« F. Franciscus Augustinus. «
« De mandato R^{di} Patris abbatis, F. Ephrem, secretarius (1).

(*Collection H. Tournoüer*. Orig. sur parchemin. Cachet rouge aux armes de la Trappe.)

26 janvier 1728. — Profession de Hilarion Bréant.
(*Id...* Orig. sur parchemin.)

3 juillet 1730. — Profession de Charles Rousseau.
(*Id.* Orig. sur parchemin.)

14 août 1731. — Profession de Zenon Bardoux.
(*Id.* Orig. sur parchemin.)

22 février 1734. — Profession de Gerard Deshommest.
(*Id.* Orig. sur parchemin.)

14 mars 1735. — Profession de Charles Broucqsault.
(*Id.* Orig. sur parchemin.)

1er juillet 1737. — Profession de Malachie Brun (2).
Ont signé avec Dom Zozime, abbé, Louis-François Gabriel, évêque d'Amiens, et Jean-Baptiste Foucanye, prieur du Val-Dieu.
(*Id.* Orig. sur parchemin.)

1er juillet 1737. — Profession de Grégoire de Potter.
Signature de l'évêque d'Amiens.
(*Id.* Orig. sur parchemin.)

---

(1) Ces formules sont les mêmes pour toutes les professions. Nous donnons celles-ci à titre d'exemple.
(2) Devenu abbé de la Trappe.

673. — » — *Etat des revenus des maisons de l'Ordre de Citeaux, rangées suivant le nombre des religieux dont elles sont composées. 1768.*

La Trappe : 61 religieux, revenus : 22,404 l.
(*Arch. nat.* L. 747. Orig.)

674. — » — *Acta capituli generalis sacri Ordinis Cisterciensis apud Cistercium celebrati anno domini millesimo septingentesimo sexagesimo octavo, die secunda mensis maii et sequentibus* [1768].

L'abbé de la Trappe, dom Théodore Chambon, y figure.
(*Arch. nat.* L. 747. Orig. in-fol. 18 p.)

675. — » — *Détail historique concernant le chapitre général de l'Ordre de Citeaux, tenu à Citeaux le 2 mai 1768.*

(*Arch. nat.* L. 747. Orig. 18 p. pet. in-fol.) (1).

676. — » — *Echange de plusieurs pièces de terre entre les religieux de la Trappe et le seigneur de Prépotin. 1769.*

Les abbé et religieux de la Trappe demandent la permission de faire l'échange de quelques fonds dépendants de l'abbaye avec d'autres fonds appartenant au s^r de Prépotin. évalués les uns et les autres à 20,000 l.

La Trappe cède la terre, fief et seigneurie de Contrebis, la terre, fief et seigneurie de la petite Trappe (paroisse d'Origny-le-Butin), le fief de la Brefaudière ou des Hayes-Mallet (paroisse de Longny) et une pièce de terre sous Mauregard.

Le s^r de Prépotin offre : la terre et métairie de Chailloué (paroisse de Mesnil-Bérard), la terre, fief et seigneurie de Prépotin, une maison à Mortagne, une pièce de terre à St-Ouen-de-Sécherouvre et une autre à Sainte-Céronne.

(*Arch. nat.* Q^1 883. Orig. cinq pièces, février-mars 1769.)

677. — » — *Renseignements sur l'acquisition faite en 1770 par l'abbaye de la Trappe de la terre de Chailloué. Arrêt du Conseil du 16 août 1774.*

(*Arch. nat.* Q^1 883. Orig. neuf pièces sur pap)

---

(1) Le carton L. 747, exclusivement consacré à l'ordre de Citeaux, renferme un grand nombre de pièces relatives aux chapitres généraux, que nous ne pouvons énumérer ici.

678. — » — *Etat général et relevé des états nominatifs des maisons de l'Ordre de Citeaux qui sont en France* [1790].

Il y est établi que l'abbaye de la Trappe comptait 55 choristes (dont 36 au-dessous de 50 ans, 17 de 50 à 70 ans et 2 au-dessus de 70 ans) et 36 lais ou convers (dont 24 au-dessous de 50 ans, 10 de 50 à 70 ans et 2 au-dessus de 70 ans).

(*Arch. nat.* D. XIX. 10. n° 149. Orig.)

679. — » — *Liber domus Dei B. Mariae de Trappa.*

C'est le cartulaire de la Trappe publié en 1889 par la Société historique et archéologique de l'Orne sur l'initiative de M. le Comte de Charencey.

(*Bibl. nat.* lat. 11060. 163 feuillets in-4°; sur parchemin; le feuillet 161 est en blanc. Orig. XIII° s.)

680. — » — *Ordo abbatiarum sacri ac religiosissimi Cisterciensis ordinis secundum prioritatem fundationis cujuslibet monasterii.*

La Trappe. f. 9-29. 69 v°.

(*Bibl. nat.* lat. 13823. Orig. XVIII° s.)

681. — » — *Etat des maisons de l'ordre de Citeaux, avec le nombre de leurs religieux et les revenus de chaque abbaye.* d. s.

La Trappe : 62 religieux.
revenus 17009 l.

(*Arch. nat.* L. 747. Orig. XVIII° s.)

682. — » — « *Le ménologe de Cisteaux contenant les éloges des personnes tant saintes que bienheureuses ou illustres en piété qui ont vécu selon l'institut de ce saint ordre avec une continuelle suitte de remarques, les unes historiques, pour l'intelligence du texte, recueillies des plus anciens autheurs et des mémoires les plus authentiques, les autres spirituelles pour animer les âmes à la parfaite observance et à l'amour de Dieu, tirées de Saint Bernard et de ses deux principaux disciples les bienheureux abbez Gilbert et Guerry, le tout à l'usage des communautéz religieuses cisterciennes de France et de toutes les personnes qui, ne pouvant estre dans un monastère, voudroient vivre autant qu'il se peut religieusement dans le monde.* »

Le sept mai, le bienheureux Adam, abbé de la Trappe, suivi de remarques sur l'abbaye de la Trappe. f. 131.

(*Bibl. nat.* fr. 11563. in-4°. 339 ff. Orig. XVIII° s.)

683. — » — « *Tableaux des abbayes, chapelles, collège, hopital, prieurés et sacristainnerie dont le temporel est situé dans la mouvance de Bellesme, ainsi qu'il est constaté par les déclarations qui ont été extraites à la Chambre des Comptes de Paris en mil sept cent soixante et quatorze par celles qu'on a recouvrées dans les différents greffes et chartriers de l'apanage, ainsi que par celles qui ont été produites par les possesseurs des dites abbayes, chapelles, etc...* »

    Abbaye de la Trappe, f. 75.
    (*Arch. nat.* R5 341. Orig. xviiie s.)

684. — » — « *Declarationes in regulam beati Benedicti ad usum Domus Dei beatae Mariae de Trappa.* »
    Texte latin et traduction française. f. 145.
    (*Bibl. nat.* lat. 17134. Orig. 160 p. in-fol. xviiie s.)

685. — » — *Ex cartulario beatae Mariae de Trappa Cisterciensis ordinis carnotensis diocesis* (1).
    (*Bibl. nat.* lat. 17049. f. 497. Orig. xviiie s. 2 p. in-fol.)

686. — **Le Camus** (Etienne) (2). — « *Lettre de Monsieur le cardinal Le Camus au R. P. ancien abbé de la Trappe.* » A Grenoble, le 12 novembre 1680.
    Sur l'état de son diocèse. Considérations religieuses.
    (*Bibl. d'Orléans.* 050 (ancien 477ter). f. 385. Copie xviie siècle. 4 p. in-4º.)

687. — Le même. — *Let. au même. Grenoble*, 22 novembre 1680.
    Sur la ligne de conduite qu'il s'est tracée dans l'administration de son diocèse.
    (*Bibl. de l'Arsenal.* 2064 f. 100. Copie xviie s. 2 p. in-fol. — *Bibl. Mazarine*, 2467. f. 251. Copie xviie s. 3 p. 1/4 pet. in-fol. dans un recueil intitulé : écrits et lettres de M. Nicole et du P. Q[uesnel].

688. — Le même. — *Lettres à M. de Barillon.* 1672. 1683. 1684. 1696.
    Il y est souvent question de l'abbé de Rancé.
    (*Bibl. de Poitiers.* 65. Fonteneau. Copies xviie s.)

---

(1) L'abbaye de la Trappe n'a jamais fait partie du diocèse de Chartres.
(2) Cardinal, évêque de Grenoble.

689. — **Le Honreux de Saint-Louis**. — « *Recueil des pieuses réflexions faites dans ma solitude et des dispositions que Dieu m'a mises dans le cœur depuis vingt ans que je suis retiré.* »

Une note autographe de Saint-Simon indique que ce recueil lui a appartenu : « Ce livre m'a esté donné à la Trappe dans la semaine sainte de l'année 1704 par Monsieur de Saint Louis, ancien brigadier de cavalerie, qui en est l'autheur. »

(*Arch. des Aff. étrangères*. France. 1440. in-4º, 129 ff. et 23 ff. blancs. Veau marb. dos orné, porte au dos : « Réflexions de S. L. ».)

Cet ouvrage est précédé d'une sorte de préambule qui a pour titre : « Sentence tirée de l'Ecriture Sainte. C'est une vie douce et sainte d'attendre dans le silence et la retraite son salut et le secours de Dieu. Réflexions sur ce sujet. »

Il commence au f. 10 avec ce titre : « Réflexions crétiennes sur la loy de Dieu et de ses commandemens par un officier des armées du Roy, retiré à la Trappe, avec des règles de conduite pour l'employ de sa journée par le saint abbé Réformateur de l'abbaye de la Trappe. »

Dans l'avertissement l'auteur dit : « Dieu m'est témoin que mon dessein n'a jamais esté que les réflexions qui sont contenues dans cet écrit parussent en d'autres mains que celles du saint abbé, mon directeur, afin de luy rendre un compte fidèle exact de l'état de ma conscience et du fond de ma religion.

« Ceux qui prendront la peine de les lire reconnoitront par la simplicité du stile dont elles sont écrites que je n'ay pensé qu'à et m'entretenir qu'avec Dieu et non point à parler aux hommes.

« Quelques personnes d'une piété consommée et d'un mérite distingué les ont lues avec attention. Elles m'ont dit que dans cette manière simple, naifve et négligée, dont je me suis servy, elles avoient trouvé quelqu'étincele de l'esprit divin et de cette onction qui l'accompagne toujours. Elles ont cru qu'il y alloit de la gloire de Dieu et de l'utilité du prochain qu'elles parussent en public.

« Le respect que je dois à ceux qui scavent juger sainement de la religion et de l'avancement de la gloire de Dieu aussy bien que de celuy du prochain m'a engagé à les croire et les mettre entre les mains de Monsieur le duc de Saint-Simon qui est la seule personne à laquelle le feu saint abbé me dit de les faire voir... »

Une lettre à l'abbé de Rancé suit l'avertissement. Ce recueil fut composé par M. de Saint Louis, retiré à la Trappe, dans le courant de l'année 1700, car l'auteur dit qu'il le présenta au saint abbé « un mois et quelques jours » avant sa mort. Il y ajouta quelques réflexions sur la mort et les vertus de l'abbé de la Frappe. f. 81 et 89.

On y trouve également :

« Coppie de la lettre du révérend père de la Chaize sur la mort de Monsieur l'ancien abbé de la Trappe, adressée au révérend père abbé son successeur. A Fontainebleau, le 30 octobre 1700 ». f. 85 v°.

« Coppie de la lettre de lord Perth, gouverneur du prince de Galles, à Monsieur de Saint Louis sur les derniers moments du roi Jacques II. 9 août 1701. » f. 86 v°.

« Coppie d'une seconde lettre du duc de Perth à M. de Saint Louis. A Saint-Germain, 13 janvier 1702. » f. 88. Il désire lui envoyer « un petit reliquaire avec des cheveux du feu Roy et de feu M. de la Trappe, melez ensemble. »

« Epitaphe pour le feu Saint Abbé de la Trappe. » f. 105. v°.

« Coppie de la lettre de Monsieur le duc de Perth, gouverneur du Roy d'Angleterre, à M. de Saint Louis. Saint-Germain, 1er avril 1703. » f. 106.

« Réflexion sur l'union, la douceur et la patience du Roy de la Grande-Bretagne [Jacques II] . » f. 107 v°.

« Réflexion sur les persécutions et les disgrâces du feu Roy d'Angleterre. » f. 108 v°.

« Sentiment de dom Dorothée sur ces réflexions, lorsqu'il les a fait transcrire avec la permission du Révérend père abbé. » Signature autographe de dom Dorothée. f. 112.

« Epitaphe du très révérend père dom Arm. J. Le B. de Rancé, traduite sur le latin de dom Charles ». En vers. f. 121.

« Abrégé de la vie du très révérend père D. A. J. Le B. de Rancé en manière d'épitaphe ». f. 124.

690. — Le même. — « *Recueil en général des saintes instructions que j'ay recues du saint abbé de la Trappe sur la pure vérité de la religion comme on le verra par les réflexions contenües dans le manuscrit.* »

Ce recueil est la copie contemporaine du recueil de M. de Saint Louis dédié à M. de Saint Simon, Il présente quelques variantes. En tête on a ajouté un portrait de Rancé.
(*Arch. des Aff. étrangères*, France 1441, in-8°. 202 ff. et 5 ff. blancs veau marbr. dos orné, rel. anc. au dos : « Instructions du S. abbé de la Trappe. Tome I. »

691. — Le même. — « *Récit de la conduite dont Dieu s'est servi pour opérer ma conversion et me mettre entre les mains du R. P. abbé de la Trappe, son réformateur, avec un abrégé de la vie de ce saint homme suivant ce que j'en ay vu et connu depuis sa réforme et toutes les protections que Dieu m'a fait la grâce de me donner.* »

(*Arch. des Aff. étrangères*. France 1442. in-8°. 150 ff. Copie xviiie s. Veau marbr., dos orné ; au dos : « Récit des protections que j'ay reçu de Dieu. Tome 2. »

Divisions de l'ouvrage :

« Premier avis que le saint abbé de la Trappe m'a donné en entrant auprès de luy dans ma retraite ». f. 1-89 vo.

« Abrégé de la vie du très révérend père dom A. J. Le B. de Rancé... suivant ce que j'ay vu et connu depuis le commencement de sa réforme ». f. 90-101.

« Copie de la lettre du R. père de la Chaize au R. P. dom Jacques de la Court, abbé de la Trappe, sur la mort de Monsieur l'ancien abbé, son prédécesseur. A Fontainebleau, le 13 novembre 1700 ». f. 101-102 vo,

« Récapitulation des vertus par excellence que l'on a remarquées en feu Monsieur l'ancien abbé de la Trappe ». f. 103-105 vo.

« Relation de quelques guérisons miraculeuses arrivées par les mérites et l'intercession de feu le R. P. ancien abbé de la Trappe », f. 106-115 vo.

« Réflexion sur le malheur de la pluspart des personnes qui estant engagées dans la profession des armes sont insensibles pour tout ce qui concerne leur salut. » f. 116-121 vo.

« Récit d'une conversation que j'ay entendüe sur la retraite de feu M. Fieubet, conseiller d'Estat. f. 122-127 vo.

« Sentiment de crainte dans ma retraite ». f. 128-129 vo.

« Sentiment plus on approche de Dieu plus on est homme de probité ». f. 130-133 vo.

« Sentimens que Dieu m'a donnez pour remplir mes devoirs dans la religion chrétienne ». f. 134-135 vo.

« Portrait de la solitude de la Trappe et de la pénitence que les religieux y pratiquent ». f. 135 vo-142 vo.

« Récit des consolations spirituelles que j'ay reçues de Dieu dans une maladie où l'on me crut à l'extrémité ». f. 145-150.

Une autre copie de ce récit est conservée à la *Bibliothèque d'Aix en Provence*. 1189. in-8o 156 ff. pagination défectueuse. Rel. veau. au dos : armoiries.

V. *Intermédiaire des chercheurs et des curieux*. xxi, 326, 440.

692. — Le même. — « *Sentimens d'un pécheur pénitent qui s'estoit soumis par la grâce de Dieu sous la direction du saint abbé, réformateur de la Trappe.* »

Arch. des Aff. étrangères. France 1443. in-8o 88 ff. et 1 f. blanc. Copie xviiie s. Veau marb. dos orné, au dos : « Sentimens et règles d'un pécheur pénitent, divisés en deux parties. Tome 3. »

« Avant propos sur les sentiments d'un pécheur pénitent. f. 2-5 vo.

« Sentimens d'un pécheur pénitent. Pseaumes paraphrasez en forme de prières et choisis par un attrait particulier que Dieu m'a donné pour les reciter tous les jours. » f. 6-88 vo.

693. — Le même. — « *Réflexions sur la loy de Dieu par le conseil du saint abbé, réformateur de l'abbaye de la Trappe.* »

Arch. des Aff. étrangères. France. 1444. in-8º, 133 ff. et 6 ff. blancs. Veau marb. dos orné, au dos : « Réflexion sur la loy de Dieu. Tome 4 ». En tête, portrait de l'abbé de Rancé, gravé par Drevet.

« Préface sur les véritez éternelles contenuës dans la loy de Dieu ». f. 5-13 vº.

« Epitre dédicatoire en forme de lettre à Monsieur l'ancien abbé de la Trappe ». f. 14-18 vº.

« Conseil que le saint abbé me donna sur mes lectures ». f. 19-21 vº.

« Différentes réflexions sur la loy de Dieu. f. 22-58 vº.

« Récit de plusieurs conversations que j'ay eues avec des personnes de la religion prétendue réformée d'un caractère distingué et d'une grande probité sur les raisons qu'ils ont eues de changer de religion ». f. 59-73 vº.

« Stances d'une personne nouvellement convertie à la foy catholique sur le très Saint Sacrement. » f. 73 vº-75 vº.

« Que les calvinistes ne me demandent pas comment s'est fait le miracle que j'ay vu opérer par les vertus du Saint Sacrement de nos autels pour éteindre un feu ». f. 76-81 vº.

« Différentes considérations religieuses. f. 81 vº-122 vº.

« Approbation de Dom Dorothée, religieux de la Trappe ». f. 122 vº-125 vº.

« Copie d'une lettre d'un très digne prêtre grand théologien et fort expérimenté dans la vie spirituelle, à Monsieur de Saint Loüys ». f. 126-128 vº.

« Copie d'une lettre de Dom Paul, religieux de la Trappe à Monsieur de Saint Loüys ». f. 128 vº.

694. — Le même. — « *Pieuses réflexions et l'esprit de pénitence du héros pacifique. Titre qui n'appartient qu'à ceux qui livrent continuellement la guerre à leurs passions pour se donner à Dieu sans partage et qui reçoivent de sa bonté dès cette vie, pour récompense de leurs combats, cette paix du cœur que le monde ne peut donner.*

(*Arch. des Affaires étrangères.* France, 1444 bis. in-8º. 153 ff. et 2 ff. blancs. Veau marbr. dos orné ; au dos : « Réflexions pieuses et pure vérité. Tome 5 ».

« Copie d'une lettre de dom Antoine, religieux de la Trappe et très digne confesseur de la communauté des Clairetz ». f. 145-147.

« Approbation de Monsieur Molinery, 10 décembre 1712. » f. 147-148 vº.

« Copie d'une lettre de Dom Joseph, religieux de la Trappe et confesseur de Monsieur de Saint Loüys. 28 janvier 1713. » f. 148 v°-150.

695. — **Le Nain** (1) (Dom Pierre). — *Let. aux religieux de Saint-Victor.* 1668.

Il leur explique les motifs qui l'ont amené à se séparer d'eux. (*Archives de la Grande-Trappe*, 23 p. in-12. Copie XVIIIe s.)

696. — Le même. — *Let. aut. sig.* à « *Monsieur Lenain* (2) » *son père* [novembre 1668].

Démarches que tente le prieur de Saint-Victor par l'entremise de l'archevêque de Paris pour le faire revenir en sa maison.

« Il est venu me troubler par une lettre qu'il a escrite au très révérend père abbé qu'il ne gagnera pas davantage que M. le Prieur de Saint-Victor. Le Révérend abbé a la bonté de vouloir toujours me retenir, nonobstant tant d'importunitez et a promis qu'à moins d'un ordre du Roy ou d'un arrest du Parlement il ne me renvoyroit point et pour moy je suis résolu à ne déférer ny à M. l'archevêque ny à M. le Prieur »

(*Collection H. Tournoüer*. 2 p. in-4°. — Cachet rouge au monogramme du Christ.)

697. — Le même. — *Let. aut. sig. au même.* 15 septembre [1669].

Il le remercie de l'appui qu'il lui a donné dans sa retraite à la Trappe.

(*Id.* 1 p. 1/4 in-12. Cachet rouge au monogramme du Christ).

698. — Le même. — *Let. aut. sig. au même.* 5 novembre [1669].

Difficultés qu'il éprouve à quitter Saint-Victor pour entrer à la Trappe. Ses entretiens et sa correspondance à ce sujet avec l'évêque d'Alet et le P. Rainsant.

(*Id.* 3 p. in-4°, déchirures.)

699. — Le même. — *Let. aut. sig. à sa mère.* [novembre 1669].

Il lui expose dans les termes les plus affectueux qu'il n'entre

---

(1) Né à Paris, le 25 mars 1640. Il entra à Saint-Victor, y reçut la prêtrise en 1667 et quitta cette maison en 1668 pour se retirer à la Trappe. Il prit l'habit le 21 novembre 1668 et y fit profession le 21 novembre 1669, mort le 14 décembre 1713.

(2) Conseiller au Parlement, maître des requêtes. Il épousa Marie le Ragois. Son second fils fut l'historien Louis-Sébastien Le Nain de Tillemont.

à la Trappe qu'après avoir pris conseil, et en particulier de l'évêque d'Alet ; à la dernière page on lit : « Lettres de la Trape et de mon fils ».

(*Id.* 3 p. 1/2 in-4º. — Déchirures.)

700. — Le même. — *Let. aut. sig.* « *à Monsieur Lenain, maistre des requestes demeurant proche la porte de Bussy, à Paris* » *son père*, 21 novembre [1669].

Il lui annonce qu'il a prononcé ce jour même les vœux solennels de sa profession.

« Je puis vous assurer que je n'ay rien fait en cette action qu'avec une très grande liberté, un très sensible contentement et une volonté très pleine, très libre et très satisfaitte et sans aucune autre considération que celle de Dieu et de mon salut. Il me conservera les forces qu'il luy a plû de me donner jusques icy pour porter ce que plusieurs appellent les austéritez de cette vie et il les augmentera si vous avez la bonté de respandre sur moy vostre bénédiction paternelle que je vous demande de tout mon cœur, aussy bien que celle de ma très honorée mère que je salue très humblement. En ce jour de sa feste que Dieu a permis estre aussy de la mienne, je ne scaurois assez le remercier de m'avoir donné des pères et des mères qui ont eu un soin aussy particulier de mon salut que je reconnois que vous avez eu à mon égard, ny assez vous en témoigner de recognoissance, estant très convaincu que c'est vous par vostre piété et par vostre vertu qui m'avez attiré la miséricorde de Dieu et qu'il a bény l'éducation si sainte que vous m'avez procurée depuis ma jeunesse et vos intentions si pures par la grâce qu'il m'a faitte de m'avoir fait entrer en une si sainte maison. »

(*Id.* 2 p. in-12. Cachet rouge, aux armes de la Trappe.)

701. — Le même. — *Let. aut. sig. au même.* 19 décembre [1669].

Il lui rend compte de la réponse qu'il fit, pour justifier de sa conduite, à une lettre « fort sèche » écrite par l'archevêque de Paris au révérend père abbé, le priant de le renvoyer à Saint Victor.

(*Id.* 2 p. in-4º cachet rouge aux armes de la Trappe.)

702. — Le même. — *Let. aut. sig. au même.* 2 janvier 1679.

Souhaits de nouvel an. Réflexions sur « la course rapide des temps. »

(*Id.* 2 p. in-8º.)

703. — Le même. — *Let. au même.* 14 janvier 1679.
>Affaires de famille. Questions d'intérêt au sujet de sa cousine de Verton.
>(*Id.* Copie du xviie s. 2 p. in-12.)

704. — Le même. — *Let. aut. sig. au même.* 28 novembre 1680.
>Réflexions pieuses à propos d'une maladie de son père.
>(*Id.* 2 p. in-8º.)

705. — Le même. — *Let. aut. sig. au même.* 23 janvier 1681.
>Souhaits de nouvel an. Sur l'entrée en religion de sa nièce.
>(*Id.* 2 p. in-12.)

706. — Le même. — *Let. aut. sig. au même.* 19 octobre 1681.
>Sur l'état de sa santé. Réflexions à ce sujet.
>(*Id.* 3 p. in-12.)

707. — Le même. — *Let. aut. sig. au même.* 4 janvier 1682.
>Souhaits de nouvel an.
>(*Id.* 3 p. in-12.)

708. — Le même. — *Let. aut. sig. au même.* 18 mai 1682.
>Réflexions pieuses. Il faut régler sa vie sur la vie de Jésus-Christ.
>(*Id.* 2 p. 1/4 in-12.)

709. — Le même. — *Let. à sa nièce* (1). 30 août 1682.
>Au sujet de sa profession.
>(*Id.* Copie du xviie s. 2 p. 1/2 in-8º.)

710. — Le même. — *Let. aut. sig. à son père.* Décembre 1682.
>Souhaits de nouvel an. Sur la brièveté de la vie.
>(*Id.* 4 p. in-12.)

711. — Le même. — *Let. aut. sig. au même.* 3 juin 1684.
>Lettre d'affaires.
>(*Id.* 3 p. 1/4 in-12.)

712. — Le même. — *Let. aut. sig. au même.* 1er janvier 1685.
>Souhaits de nouvel an. Réflexions pieuses.
>(*Id.* 2 p. 1/2 in-12.)

(1) Religieuse aux Carmélites.

713. — Le même. — *Let. aut. sig. au même.* 29 décembre 1686.
>Souhaits de nouvel an. Réflexions pieuses.
>(*Id.* 3 p. in-12).

714. — Le même. — *Let. aut. sig. au même.* 9 septembre 1687.
>Il se félicite de la santé de son père. « Je viens d'apprendre de M. Pinette que Dieu vous conserve dans un grand âge une grande santé et que le zèle de sa gloire vous donne des forces et une vigueur que la nature devroit entièrement vous denier. »
>(*Id.* 2 p. in-12.)

715. — Le même. — *Let. aut. sig. au même.* 1er janvier 1688.
>Souhaits de nouvel an. Réflexions pieuses.
>(*Id.* 3 p. in-12.)

716. — Le même. — *Let. aut. sig. au même* : *14 aout 1689* « *à Monsieur Monsieur Lenain, conseiller d'Estat, rue de Bussy à Paris, son père.* »
>Il le complimente de sa vigueur d'esprit et de corps.
>(*Id.* 2 p. 1/4 in-12. Cachet brun aux armes de la Trappe.)

717. — Le même. — *Let. aut. sig. au même.* 1er janvier 1690.
>Souhaits de nouvel an. Réflexions pieuses.
>(*Id.* 2 p. 1/4 in-8º.)

718. — Le même. — *Let. aut. sig. au même.* 2 juin 1690.
>M. Le Nain venait de perdre la vue. Son fils le console dans cette affliction et ajoute : « Je suis étonné qu'on vous ait fait entendre que vostre mal est sans remède, puisque nous avons en ces pays et parmi nos frères mêmes des expériences du contraire et ce seroit une chose étrange que dans Paris où se rendent comme à l'envie les plus habiles gens en chaque art, il ne s'en trouvast pas d'aussi capables de vous guérir que dans nos villages du Perche. »
>(*Id.* 4 p. in-12, déchirures.)

719. — Le même. — *Let. aut. sig. au même.* 10 août 1692.
>« Il est nécessaire qu'il y ait des gens de bien qui, comme lui, demeurent dans le monde. Il y a peu de familles dans le monde qui scavent ce que c'est et jusqu'où va l'obligation que l'on a d'estre uni à son pasteur ». Considérations sur ce sujet.
>(*Id.* 4 p. in-8º.)

720. — Le même. — *Let. aut. sig. au même.* 1er janvier 1693.

Souhaits de nouvelle année.

« Celle-ci doit achever la 84e de vostre âge et vous faire entrer dans la 85e. C'est un nombre d'années assez rare dans ces derniers siècles. Cependant cette multitude d'années n'est qu'un instant au regard de l'Eternité... »

(*Id.* 2 p. 1/4 in-8º. déchirures.)

721. — Le même. — *Let. aut. sig.* « *à Monsieur Gerbais, docteur en Sorbonne.* » 29 août 1693.

Envoi de son ouvrage : *Essai sur l'ordre de Citeaux*. Il se soumet d'avance à son opinion.

A la suite se trouvent six lignes aut. et sig. de l'abbé de Rancé.

(*Bibl. de l'Arsenal*, 5172. fol. 62. 1 p. 1/4 in-4º.)

722. — Le même. — *Let. aut. sig. au même.* 29 août 1693.

Même sujet.

(*Bibl. de l'Arsenal*. 5172. fol. 64. 1 p. in-4º)

723. — Le même. — *Let. aut. sig. à sa nièce.* 30 août 1693.

Réflexions pieuses.

(*Collection H. Tournoüer.* 3 p. 1/2 in-8º.)

724. — Le même. — *Let. aut. sig.* « *à Monsieur Gerbais* (1), *docteur en Sorbonne.* » 13 septembre 1693.

Au sujet de son *Essai sur l'ordre de Citeaux*. Corrections à y apporter.

(*Bibl. de l'Arsenal*. 5172. fol. 66. 2 p. in-4º. Cachet aux armes de la Trappe.)

725. — Le même. — *Let. aut. sig. au même.* 21 septembre 1693.

Il le remercie de ses remarques sur son *Essai* et lui propose d'en modifier ainsi le titre : « *Les vies des saints et des hommes illustres de l'ordre de Citeaux, tirées des annales du mesme ordre et d'autres différents auteurs.* »

(*Bibl. de l'Arsenal*. 5172. fol. 70. 2 p. 1/4 in-4º.)

726. — Le même. — *Let. aut. sig. au même.* 7 octobre 1693.

Sur son *Essai de l'ordre de Citeaux*.

(*Bibl. de l'Arsenal*. 5172. fol. 72. 2 p. 1/2 in-4º.)

---

(1) Jean Gerbais, né à Epoye (Marne) vers 1629, à Reims, le 13 avril 1699, docteur en théologie en 1661, professeur en éloquence au collège royal de France en 1662.

727. — Le même. — *Let. à son père.* [janvier] 1694.

    Souhait de nouvel an.
    On lit en tête :
    « Copie d'une lettre du père Lenain adressée à son père, maître des requêtes, demeurant proche la porte de Bussy à Paris. J'ay donné cette lettre, de la main de l'auteur, à M. de Châteaugirond, demeurant à Paris, qui est venu visiter mon cabinet à Dijon le 3 août 1821. »
    Et à la fin, écrit au crayon :
    « Le... juin 1832 j'ay envoyé à Monsieur Bertherin à Paris une lettre de M. Lenain, trapiste, à son père, en datte du 4 juin 1676, relative à la santé de son abbé. »
    (*Collection H. Tournoüer.* Copie du XIX° s. 1 p. 1/2 in-8°.)

728. — Le même. — *Let. aut. sig.* « *à Monsieur Gerbais, docteur en Sorbonne, au collège de Reims à Paris.* » 27 janvier 1694.

    Il le remercie de ses remarques sur son *Essai de l'ordre de Citeaux.*
    (*Bibl. de l'Arsenal.* 5172. fol. 84. 3 p. in-8°. Cachet rouge aux armes de la Trappe.)

729. — Le même. — *Let. aut. sig. au même.* 23 juin 1694.

    Même sujet.
    (*Bibl. de l'Arsenal.* 5172. fol. 92. 1 p. 1/4 in-8°.)

730. — Le même. — *Let. aut. sig. au même.* 3 janvier 1695.

    Lettre de nouvel an.
    (*Bibl. de l'Arsenal.* 5172. f. 114. 2 p. 1/4 in-12. Cachet rouge aux armes de la Trappe.)

731. — Le même. — *Let. aut. sig. au même.* 26 mars 1695.

    Envoi du dernier volume de l'histoire de Citeaux. Sur l'addition à son ouvrage de la vie de Saint Bernard.
    (*Bibl. de l'Arsenal.* 5172. fol. 122. 4 p. in-12.)

732. — Le même. — *Let. aut. sig. au même.* 6 mai 1696.

    Au sujet de la vie de Saint-Bernard.
    (*Bibl. de l'Arsenal.* 5172, fol. 169. 2 p. in-8°.)

733. — Le même. — *Let. aut. sig. au même.* 21 janvier 1697.

    Remerciements du visa qu'il lui a adressé pour ses *Homélies.* Considérations sur cet ouvrage.
    (*Bibl. de l'Arsenal.* 5172. fol. 179. 4 p. 1/2 in-12.)

734. — Le même. — *Let. aut. sig. à sa nièce.* 1er juin 1700.
    Il fait l'éloge de son frère.
    (*Collection H. Tournoüer.* 6 p. in-12.)

735. — Le même. — *Let. à Monsieur Gourdan* (1). 30 octobre 1700.
    Sur la mort de l'abbé de Rancé.
    (*Bibl. nat.* fr. 25557. fol. 65. 7 p. in-8º, publiée dans la vie du P. Le Nain, par d'Arnaudin. 1715. p. 31).

736. — Le même. — *Let. aut. sig. à Monseigneur l'évêque d'Alet* (2). 1706.
    Il le prie de s'intéresser à la vie de l'abbé de Rancé qu'il vient de rédiger.
    (*Collection H. Tournoüer.* 3 p. 1/2. in-4º.)

737. — Le même. — *Let. aut. sig. à son père.* s. d.
    Souhaits de nouvel an.
    (*Id.* 2 p. 1/2 in-12.)

738. — Le même. — *Let. aut. sig. au même.* 23 novembre...
    Sur la santé du R. P. Abbé.
    (*Id.* 2 p. 1/4 in-12.)

739. — Le même. — *Let. aut. sig. au même.* s. d.
    Réflexions pieuses.
    (*Id.* 3 p. in-12.)

740. — Le même. — *Let. aut. sig. au même.* s. d.
    Souhaits de nouvel an.
    (*Id.* 3 p. in-12.)

741. — Le même. — *Let. aut. sig. au même.* s. d.
    Il le rassure sur l'état de sa santé.
    (*Id.* 2 p. 1/2 in-12.)

742. — Le même. — *Let. aut. sig. au même.* s. d.
    Sur la mort de M. Portail.
    (*Id.* 2 p. in-12.)

---

(1) V. p. 166, note 3.
(2) Charles-Nicolas Taffoureau de Fontaine, évêque d'Alet du 29 mars 1699 au mois d'octobre 1708.

743. — Le même. — *Let. aut. non sig. au même.* 30 septembre.....
    Réflexions pieuses.
    (*Id.* 3 p. in-12.)

744. — Le même. — *Let. aut. non sig. au même.* 20 août...
    Réflexions pieuses.
    (*Id.* 2 p. in-8º.)

745. — Le même. — *Let. aut. sig. au même.* s. d.
    Souhaits de nouvel an. Brièveté de la vie.
    (*Id.* 3 p. 1/2 in-8º.)

746. — Le même. — *Let. aut. sig. au même.* s. d.
    Réflexions pieuses.
    (*Id.* 2 p. in-8º.)

747. — Le même. — *Let. aut. non sig. au même.* s. d.
    Réflexions pieuses.
    (*Id.* 1 p. 1/4 in-8º.)

748. — Le même. — *Let. aut. non sig. au même.* 3 juillet.....
    Réflexions pieuses.
    (*Id.* 4 p. in-12.)

749. — Le même. — *Let. au même.* s. d.
    Réflexions pieuses.
    (*Id.* 3 p. in-12. Copie XVIIIe s. de la précédente.)

750. — Le même. — *Let. aut. non sig. à sa mère.* s. d.
    De la satisfaction et du contentement d'esprit qu'il éprouve dans sa retraite.
    (*Id.* 2 p. in-12. Cachet rouge au monogramme du Christ.)

751. — **Léonard de Sainte Catherine** (Frère) — « *Recueil de plusieurs pièces et mémoires historiques concernant l'abbaye, les abbés réguliers et les religieux de Nostre Dame de la Trappe de l'ordre de Cisteaux depuis la grande réforme établie par M. l'abbé Bouthillier de Rancé, par fr. Léonard de S*^{te}* Catherine de Sienne, augustin deschaussé, indigne. Priez Dieu pour moy.* » 1698.
    (*Bibl. nat.* fr. 24123, in-fol. de 88 ff.)

752. — Le Roy (abbé) (1). — « *Dispute entre l'abbé de Hautefontaine et l'abbé de la Trape sur un point de discipline religieuse.* » s. d.

(*Bibl. Mazarine*, 1240. in-4° non paginé [262 p.], rel. vélin ; porte au dos : *Des fictions en matière religieuse*, fin XVII° s.) Une copie existe sous le n° 1241 in-4°, non pag. [286 p.] cart.

Les différents points examinés sont les suivants :

« Dissertation si c'est une pratique légitime et sainte de mortifier et d'humilier des religieux par des fictions en leur attribuant des fautes qu'il n'ont point commises et des défauts qu'on ne voit point en eux, et s'il est conforme à la sagesse, à la charité, à l'humilité, et à la douceur dont J.-C. a donné les préceptes et les exemples de faire des reproches de ces fautes supposées avec une dureté qui seroit outrageante et qui paraîtroit imprudente en l'examinant par les règles communes de l'honnesteté et de la raison. » [34 chapitres].

« Réponse à la dissertation de Monsieur Le Roy, abbé de Hautefontaine, si c'est une pratique légitime et sainte, et avec des remarques à la marge de l'auteur de la dissertation, dans lesquelles il fait voir les défauts de la réponse ».

Cette réponse est signée F. A. D. L. T. [Frère Armand de la Trappe]. « L'original, est-il dit au n° 1241, est écrit de la main de Dom Rigobert, l'évêque natif de Reims, religieux profez et maitre des novices de Clairvaux, prieur de Hautefontaine et depuis mort religieux à la Trappe. Les apostilles qui refutent cette réponse sont écrites de la main de M. Le Roy et autres personnes qui vivoient avec ce digne abbé. »

« Réponse à une lettre d'un ecclésiastique touchant la déclaration de Monsieur l'abbé de la Trappe, contenue dans la grande lettre du 30 novembre 1678 que cet abbé a écrite à M. le maréchal de Belfond. » — « A M*** le 9 février 1679 ». [33 chapitres].

« Seconde réponse à un ecclésiastique touchant la déclaration de Monsieur l'abbé de la Trappe contenue en sa lettre à Monsieur le maréchal de Belfond. » — « A M*** le 8 mars 1679. » [18 chapitres].

La copie contient en plus :

« Eclaircissement sur la réponse que le R. abbé de N..... a faitte à la dissertation de l'usage des fictions. »

« Lettre de M. l'abbé de la Trappe à Monsieur le maréchal de Belfond. » 30 novembre 1678. 5 p. in-4°. »

753. — Le même. — *Dissertation sur les humiliations par Monsieur l'abbé Le Roy contre le père abbé de la Trappe.* s. d.

A la suite se trouve une dissertation sur la *Confession des péchez véniels.* 8 novembre 1685.

(1) Abbé commendataire de l'abbaye de Hautefontaine (dioc. de Châlons-sur-Marne).

(*Bibl. de l'Arsenal.* 2067 fin du XVIIe s. in-4° 77 ff. De la bibliothèque des Feuillants de Paris, aux armes des Feuillants. rel. veau brun.)

754. — **Lestrange** (abbé Louis Henri de). — « *Instructions pour nos frères novices et jeunes profès de l'abbaye de la Trappe, par le Révérend Père dom Augustin de Lestranges, maître des novices de l'abbaye de la Trappe, cy-devant vicaire général de Vienne.* A la Trappe M D CC LXXXV. »

(*Bibl. Mazarine.* 3418. in-4°. 207 p. veau anc. porte au dos : « Instructions de la Trappe ».)

755. — **Le même.** — « *Lettres d'indulgence plénière obtenues par l'abbé de Lestrange, du pape Léon XII, pour MM. de Cœssein de Boisriou, de Mac-Carthy, de Chazotte, de Grignan, de Varras, de Neuville, Frèrejean et MM^{mes} de la Balmondière, de Goyon, de Laval, Moricet, Lombard.* » Rome 20 avril 1826. Pièce aut. sig. 2 p. in-4°.

« Curieuses gravures formant encadrement et où l'on remarque le portrait du pape Léon XII, des vues des églises de Saint Pierre, de Saint Jean de Latran, de Sainte Marie-Majeure, de Saint Paul etc... »

(*Revue des autographes* publ. par Eugène Charavay. octobre 1891. Prix marqué : 30 fr.)

756. — **Lettres patentes.** — *Lettres patentes du Roi accordées aux religieux, abbé et couvent de la Trappe confirmant les privilèges, franchises, exemptions et droits concédés à la dite abbaye par ses prédécesseurs.* Paris, mai 1615, reg. 27 juin 1628.

Il est fait allusion à un arrêt du 8 juillet 1554.
(*Arch. nat.* X^{ia} 8651 fol. 117. 2 p. g^d in-4° sur parchemin.)

757. — **Mabillon** (dom Jean). — *Réflexions de dom Jean Mabillon sur les devoirs monastiques avec les réponses de l'auteur de ce livre.* s. d.

(*Bibl. nat.* fr. 23497. 34 p. in-8°. Copie du XVIIe s.)

758. — **Maisne** (Charles (1). — *Let. aut. sig. à Monsieur Nicaise.* 20 janvier 1681.

De la paix dont il jouit dans la retraite.
(*Bibl. nat.* fr. 9363 fol. 268. 2 p. in-8°.)

(1) Secrétaire de l'abbé de Rancé. Voir p. 136 de cette bibliographie.

759. — Le même. — *Let. aut. sig. à Monsieur Favier.* A la Trappe, 30 avril 1682.

Il répond à cette pensée qui court « que l'on veut faire canoniser l'abbé de Rancé après sa mort et que l'on demande pour cela à M. Favier des mémoires sur lui. »
(*Bibl. de Clermont-Ferrand.* 344. f. 161 3 p. 1/2 in-8°.)

760 — Le même. — *Let. aut. sig.* « *à Messieurs Messieurs Ferrier, marchands, rue de la Truanderie, près le puits d'Amour, pour faire tenir à Monsieur l'abbé Favier, à Paris.* » A la Trappe, 11 juin 1682.

Sur les documents à conserver pour la glorification de la Trappe et de son saint abbé.
(*Bibl. de Clermont-Ferrand.* 344. f. 163. 2 p. 1/2 in-8°. Cachet brun aux armes de la Trappe.)

761. — Le même. — *Let. aut. sig. à Monsieur Nicaise.* 22 juillet 1682.

Regrets de n'avoir pas eu sa visite.
(*Bibl. nat.* fr. 9363. f. 254. 3 p. in-12.)

762. — Le même. — *Let. aut. sig. au même.* 13 mai 1685.

Il l'engage à venir se retirer à la Trappe où on lui fera son logis indépendant de la vie régulière.

« Je vous suplie encore une fois de ne plus mettre sur vos lettres : *à l'abbé Maisne*, et d'en perdre l'habitude, car, hélas ! quel abbé !... »
(*Bibl. nat.* fr. 9363. f. 256. 4 p. in-12.)

763. — Le même. — *Let. sig. au même.* Mai 1685.

Sur le procès de l'abbé Nicaise.
(*Bibl. nat.* fr. 9363. f. 260. 1 p. in-12.)

764. — Le même. — *Let. aut. sig. au même.* 10 novembre 1686.

Il prend part à ses ennuis.
(*Bibl. nat.* fr. 9363. f. 258. 3 p. in-12.)

765. — Le même. — *Let. aut. sans sig. au même.* 23 mars 1687.

Au sujet du procès que venait de perdre l'abbé Nicaise. — Sur le livre de l'ordre de Cîteaux du temps de Saint Bernard, imprimé en Hollande.
(*Bibl. nat.* fr. 9363. f. 35. 4 p. 1/4 in-12.)

766. — Le même. — *Let. aut. non sig. à M. [Nicaise]* 17 juillet 1687.

« A quoy pensez-vous, mon très cher Monsieur, permettez moy de vous parler ainsy, lorsque vous pensez à moy dans la relation que vous avez faite et que vous m'y comprenez pour quelque chose. Je vous suplie au nom de Dieu et très sincèrement de passer la brosse sur cet endroit de votre ouvrage. »

Cette lettre est adressée à l'auteur de la relation, sans doute l'abbé Nicaise.

Il lui recommande la marquise de la Rongère (ou de la Ronchère) dont le mari est chevalier d'honneur de Madame et qui a un procès au Parlement.

(*Bibl. nat.* fr. 9363. f. 39. 4 p. in-8º.)

767. — Le même. — *Let. aut. non sig. à Monsieur Nicaise.* 4 septembre 1687.

Au sujet de la marquise de la Rongère qu'il détourne de venir à la Trappe dont le voyage serait inutile et fatigant.

Curieux détails sur les charités de la Trappe en réponse aux incrédules :

« Vous auriez pu dire à cet incrédule qu'outre 1500 à 2000 pauvres dans les années chères, comme je les ay souvent contés, que l'on nourrit dans des données publiques, on soutient encore en particulier par des pensions par mois toutes les familles des environs qui sont hors d'estat de pouvoir travailler, que l'on reçoit 4000 hostes, que l'on nourrit et entretient 80 religieux et cela pour 8 à 9 mil livres au plus de rente et vous auriez pu luy dire qu'il vous montre dix ménages avec autant de rentes chacun, qui fassent quelque chose approchant de ce que ces fainéants, comme il les appelle, font avec une gaieté et une édification dont vous voudriez qu'il fust le spectateur. »

(*Bibl. nat.* fr. 9363. f. 45. 4 p. in-8º.)

768. — Le même. — *Let. aut. avec paraphe, au même.* 14 décembre 1687.

Sur le quiétisme.

« Sa vie est trop courte pour la passer toute entière dans l'inutilité et l'Eternité est bien longue pour la passer tout entière dans le repentir et dans les souffrances. »

(*Bibl. nat.* fr. 9363. f. 49. 2 p. 1/2 in-8º.)

769. — Le même. — *Let. aut. sans sig. au même.* 14 janvier 1688.

Il est nécessaire que la Trappe fasse parler le moins possible d'elle.

(*Bibl. nat.* fr. 9363. f. 51. 2 p. 1/2 in-8º.)

770. — Le même. — *Let. aut. avec paraphe au même.* 29 janvier 1688.

Nouvelles diverses.
(*Bibl. nat.* fr. 9363. f. 55. 1 p. in-8º.)

771. — Le même. — *Let. aut. sans sig. au même.* 13 janvier 1689.

Au sujet du renversement de Jacques II, roi d'Angleterre.
(*Bibl. nat.* fr. 9363. f. 72. 4 p. in-8º.)

772. — Le même. — *Let. aut. sans sig. au même.* 1ᵉʳ juin [1692].

Regrets de ne l'avoir pas su plus longtemps à la Trappe où il n'a passé que vingt-quatre heures. De la fausse doctrine de Molinos (1).
(*Bibl. nat.* fr. 9363. f. 119. 3 p. in-8º.)

773. — Le même. — *Let. aut. sig. au même.* 18 juin 1692.

Regrets de n'avoir pu le voir à la Trappe et de le savoir malade.
(*Bibl. nat.* fr. 9363. f. 272. 2 p. in-8º.)

774. — Le même. — *Let. aut. sig.* « à Monsieur Gerbais, docteur de Sorbonne, au collège de Reims à Paris. » 22 novembre 1694.

Remerciements pour son intérêt au nom du père abbé.
(*Bibl. de l'Arsenal*, 5172. f. 106. 2 p. in-12. Cachet au monogramme L. G.)

775. — Le même. — *Let. aut. sig. à Monsieur Nicaise.* 5 juin 1698.

Au sujet de Dom Timothée, prétendu religieux de la Trappe. Publications des *Instructions* du Père abbé, parues en quatre volumes.
(*Bibl. nat.* fr. 9363. f. 273. 2 p. 1/2 in-12.)

776. — Le même. — *Let. aut. sig. au même.* s. d.

Sur un faux jugement que Monsieur Nicaise avait porté sur lui.
(*Bibl. nat.* fr. 9363. f. 271. 1 p. 1/2. in-12.)

---

(1) Théologien mystique espagnol qui vint s'établir à Rome et répandit dans toute l'Italie la doctrine la plus fausse et la plus dangereuse. Arrêté en 1685, il fut condamné à une détention perpétuelle et mourut le 29 décembre 1696.

777. — Le même. — *Let. aut. sig. à Monsieur [Gerbais?] s. d.*

> Lettre de remerciements.
> (*Bibl. de l'Arsenal.* 5172. f. 78.)

778. — **Malachie** (Dom). — *Let. sig. à M... A la Trappe, 16 mars 1751.*

> Conseils à un futur trappiste.
> (*Collection H. Tournoüer.* 2 p. in-8º.)

779. — Le même. — *Let. aut. sig. à M...* 25 octobre 1756.

> Envoi de pièces à Monsieur...
> (*Collection H. Tournoüer.* 2 p. in-8º.)

780. — Le même. — *Let. aut. sig. « à Monsieur Monsieur le chevalier du Buat, chès M. le marquis de Rosmadec, rue de Sève, à Paris. »* 23 mai 1756.

> Au sujet de M. de Follard.
> (*Collection H. Tournoüer.* 1 p. in-8º. Cachet rouge aux armes de la Trappe.)

781. — **Malachie d'Inguimbert** (1) (Dom Joseph Dominique). — « *Vita di Armando Giovanni le Bouthillier di Ranse, abbate regolare e riformatore della Trappa..... Che ha scritta in lingua francese il signor abbate de Marsollier... ..... publicata nell' idioma italiano dall' abbate Nicolas Burlamacchi..... »* et corrigé par Malachie d'Inguimbert. s. d.

> Voir : documents imprimés nº 317.
> (*Bibl. de Carpentras.* 623 (L. 594). in-4º 467. p. Les deux premiers feuillets de la préface manquent.)

782. — Le même. — « *Vita di Armando Giovanni Le Bouthillier di Ranse abbate regolare e riformatore del monastero della Trappa della stretta osservanza cisterciense.* » s. d.

> Ce manuscrit a servi à la publication de l'édition de Rome de 1725. Voir : documents imprimés, nº 231. Notes de la main de Malachie d'Inguimbert.
> (*Bibl. de Carpentras.* 624. (L. 595) in-4º 718 p. plus 14 f. non pag. à la fin et 10 en tête.)

---

(1) Evêque de Carpentras en 1735, mort en 1757.

783. — Le même. — « *La vie du R. Père dom Armand Jean Le Bouthillier de Rancé, abbé et réformateur de la Trappe* ». s. d.

> (*Bibl. de Carpentras*. 625. 626 (L. 596) 2 vol. in-4°. 970 p. plus 11 pages de table non pag. et 879 p., plus 7 p. de table non pag. rel. parchemin.)

784. — Le même. — « *Relation de la vie et de la mort du révérend père dom Malachie de Garneyrin, premier abbé de l'abbaye de Buonsolazzo, depuis la réforme.* » 1756.

> En italien.
> A la page 222 : « pensées tirées des instructions ou conférences de dom A. J. Le Bouthillier de Rancé, abbé de la Trappe, recueillies par dom Malachie de Garneyrin lorsqu'il estoit sous sa conduite. »
> (*Bibl. de Carpentras*. 627 (L. 597.) in-8°. 86 p.)

785. — **Marsollier** (abbé de). — « *Extrait de la vie de dom Armand-Jean Le Bouthillier de Rancé, abbé régulier et réformateur du monastère de la Trappe, de l'étroite observance de Citeaux, par Monsieur l'abbé de Marsollier, chanoine d'Uzès, imp. à Paris en 1703.* »

> V. *Documents imprimés*, n° 315.
> (*Bibl. de Grenoble*. 444. Copie du XVIII° s. in-4°, f. 216 à 231. Dans un recueil de Antoine Clarentin, en religion père Calliste, chartreux.)

786. — **Maur** (Frère) (1). — *Let. aut. sig.* « *à Monsieur Cahier, orfèvre du Roy, Quai des Orfèvres, n° 58. A Paris.* » De la Trappe, 31 décembre 1823.

> Il le prie de réclamer auprès du Baron Desportes une somme qui était due au monastère par le sieur Petit.
> (*Collection H. Tournoüer*.)

787. — **N.....** — *Remarques sur la réponse de Monsieur l'abbé de la Trappe au traité des Etudes Monastiques de Dom Mabillon*, par M. N...

> (*Bibl. nationale*. fr. 13845. XVIII° s. 154 p. in 4° dont 19 pages blanches.)

---

(1) Prieur de la Grande-Trappe.

788. — **Perth** (Milord) (1). — *Lettre au R. P. abbé de la Trappe.* 11 septembre 1701.

Sur la fin édifiante du Roi d'Angleterre.

(*Bibl. nat. fr.* 23497. Copie XVIIᵉ s. 5 p. 1/4 petit in-fol. — Imprimée dans les *Mémoires du duc de Saint-Simon*, édit. de Boislisle IX. 425.)

V. *Arch. nat.* K. 1717, nº 26, K. 1301, nº 32, K. 1302, nᵒˢ 138, 150, 161, etc. Lettres de la reine d'Angleterre.

789. — « **Poésies** *diverses recueillies de plusieurs bons auteurs dont on a eu soin de marquer les noms. A la Trappe 1773.* »

Ce recueil contient, dans une première partie intitulée : *poésies chrétiennes*, des poésies de Rousseau, du P. Rapin, jésuite, un acrostiche sur le nom de la Trappe, de M. de Lisle de Rennes, p. 66 ;

Lieu chéri du Seigneur où l'Esprit Saint préside,
Aimable solitude où la vertu réside,
Trois fois heureux celui qui, touché de tes biens,
Renonce au monde et rompt ses funestes liens.
Appuyé du secours de son Dieu qui le guide
Plus il trouve de croix, plus il est intrépide,
Persuadé qu'il est que l'instant de sa mort
Est l'instant fortuné qui le conduit au port.

Les pieux sentiments d'un malade par le R. P. D. Théodore, abbé de la Trappe, p. 69 ; dialogues sur le quiétisme, de M. Roy, chanoine de Nantes.

Dans la deuxième partie, *poésies récréatives*, on trouve :

Des fables de M. l'abbé Le Monnier ; un quatrain composé par D. Théodore, célérier de la Trappe pour M. le C. de Saxe qui l'a fait mettre au bas de son portrait, p. 20 ; une épitaphe de Voltaire par le R. P. Théodore, abbé de la Trappe ; une autre par D. Palémon, sous-prieur, p. 77 , une autre par F. Irénée, religieux de la Trappe, p. 78 ; une épître au R. P. D. Théodore, pour le 1ᵉʳ jour de l'an 1778, par F. C. moine de la Trappe, p. 79 ; une épître du diable à M. de Voltaire ; une ode sur la Trappe, dédiée à Mgr le duc de Penthièvre, par Mᵉ... nièce de D. Malachie, abbé de la Trappe (publiée par L. Du Bois dans l'*histoire de la Trappe.* 1824. p. 278), p. 97 ; Zoiphé et Doris, églogue qui a remporté le prix à l'académie des jeux floraux de Toulouse en 1762, par Mᵉ..., nièce de D. Malachie ; contes de l'abbé Pluche et d'autres anonymes.

Dans la troisième partie, *poésies diverses :*

Epîtres aux T. R. P. D. Théodore, abbé de la Trappe, pour

(1) Grand chancelier d'Écosse, gouverneur du prince de Galles, fils de Jacques II.

le 1er jour de l'an 1776 ; à F. Irénée qui avoit entrepris de faire une traduction du pseautier sur l'hébreu et de l'accompagner d'un commentaire de 9 ou 10 volumes ; à Dom... pour le premier jour de l'an ; pour remercier dom Xavier d'avoir dérouillé et poli une paire de ciseaux à l'usage de l'auteur ; pour un religieux qui avoit engagé Monsieur l'abbé à bâtir deux nouveaux cachots de neuf pieds de long sur six de large ; à Timandre ; compliment à dom... en lui envoyant une petite pièce ; épître à un confrère qui prêchoit une morale sévère ; épitaphe de monsieur de Voltaire (la fin manque, la page ayant été coupée) ; épitre à un confrère qui m'avoit refusé un petit service auquel je croyois qu'il pouvoit se prêter ; adieux à ma muse ; éloge historique de M. l'abbé de Rancé ; pour un confrère qui m'avoit prié de lui faire quelques vers pour remercier un chirurgien qui l'avoit guéri d'une maladie qu'on croyoit incurable ; réponse à un confrère qui me demandoit si je voulois lui rendre un petit service ; contre un religieux qui avoit médit de son abbé dans un écrit qu'il vouloit rendre public ; sonnet sur le jugement dernier ; traduction d'hymnes.

Ces *poésies diverses* sont d'un moine de la Trappe qui n'a pas donné son nom, de celui sans doute qui forma ce petit volume.

(*Collection de M. de la Sicotière*, in-12 de 184-114 p. plus 2 pages de titre. (23 pages non numérotées) rel. dos de cuir de Russie rouge, tête dorée).

790. — **Quesnel** (le Père). — *Lettre à Monsieur Nicaise* (?) 2 septembre 1694.

Il se défend d'avoir écrit contre l'abbé de la Trappe. Il ne peut cependant approuver son jugement sur la mort de M. Arnauld.

(*Bibl. nat.* fr. 9363. f. 287. Copie XVIIe s. 3 p. petit in-fol.)

791. — Le même. — « *Seconde lettre sur une autre écritte à M. l'abbé de la Trappe, qui a couru sous son nom*. s. d.

Relative à la mort de M. Arnauld et à ce qu'en avait écrit l'abbé de Rancé.

(*Bibl. de l'Arsenal*, 5781. f. 295. Copie XVIIe s. 3 p. in-4º.)

792. — **Ragot** (Jean) (1). — « *Lettre de Monsieur Ragot, archidiacre d'Alet, exilé à Concarneau, en Basse Bretagne, à Monsieur l'abbé Feret, touchant le projet de lettre de feu Monsieur l'abbé de la Trappe à feu M. de Tillemont. A Concarneau, ce 4 aoust 1703.* »

(1) Chanoine et archidiacre d'Alet, cousin de l'évêque d'Alet, Nicolas Pavillon. V. *Relation d'un voy. d'Aleth, par Lancelot.* s. d. p. 105.

(*Arch. nat.* L. 13, no 2. Copie du xviiie s. 4 p. in-fol. — Imprimée à la suite de la *Lettre de Monsieur de Tillemont à feu Monsieur l'abbé de la Trappe...* 1704. p. 30. V. Documents imprimés no 272.)

793. — **Rancé** (Dom Armand-Jean Le Bouthillier de). — *Let. aut. sig.* « *au très révérend père Sirmond* (1) *confesseur du Roy* ». 10 janvier 1641 [en grec].

Il lui envoie un exemplaire de son édition d'Anacréon.
(*Catalogue de lettres autographes.* Laverdet. Vente du 25 mars 1856. — *Collection Et. Charavay.* 1896. 1 p. g^d in-fol. cachet aux armes des Bouthillier (2)).

794. — Le même. — *Let. aut. sig.* « *à Monsieur Favière* » (3). 4 septembre 1642.

Relative à Monsieur Favier, précepteur de l'abbé de Rancé.
(*Bibl. de Clermont-Ferrand* (4). 344. f. 1, 1 p. grand in-8º. Cachet rouge effacé. — Publiée par M. Gonod. 1846. p. 1.

795. — Le même. — *Let. aut. sig.* « *à Monsieur Favière, aumosnier de Son Altesse Royalle, à Thiers* ». Paris, 26 septembre 1642.

Il lui exprime le déplaisir qu'il éprouve à être privé de le voir.
(*Bibl. de Clermont-Ferrand.* 344. f. 3. 1 p. in-8º. Cachet rouge aux armes. — Publiée par M. Gonod. 1846. p. 2.)

796. — Le même. — *Let. aut. sig.* « *à Monsieur Favière, à Thiert* ». 11 octobre 1642.

Il se plaint de ne pas avoir de ses nouvelles.
« J'ay commencé ma physique, il y a quelque quinze jours, je pense que dans trois mois nous pourons l'avoir faict. Monsieur de Belin a veu le Roy qui luy a promis un régiment de cavalerie..... »
(*Bibl. de Clermont-Ferrand.* 344. f. 5. 1 p. in-8º. Cachet rouge brisé. — Publiée par M. Gonod, 1846, p. 3.)

---

(1) Jacques Sirmond, jésuite, né à Riom en 1558. Fut appelé à la Cour en 1638 pour être confesseur de Louis XIII. Il mourut en octobre 1651.
(2) D'azur à trois losanges d'or posés en fasce.
(3) Père de M. l'abbé Favier, précepteur de l'abbé de Rancé.
(4) Les lettres de l'abbé de Rancé, conservées à Clermont-Ferrand, paraissent au premier examen écrites par des mains différentes. Nous les croyons cependant toutes autographes. L'abbé de Rancé devait changer facilement son écriture, tantôt couchée, peu soignée et rapide, tantôt moulée, droite et bien formée. En observant, en effet, avec attention les caractères on retrouve les mêmes formes de lettres, tout en remarquant dans une même page des genres d'écritures très opposés.

797. — Le même. — *Let. aut. sig.* « à *Monsieur Favière, aumosnier de Son Altesse Royalle, à Thiert* ». 25 mars 1643.

Il l'assure de ses bons sentiments à son égard.

« Monsieur le Chevallier est tousjours au collège d'Harcourt, il y a sept moys ; il montera à la sainct Rémi prochaine en troysième ; il y a six sepmaines que j'ay achevé ma Philosophie, je crois que dans deux mois je pourray soustenir [ma thèse]. Monsieur du Chevreil (1) est allé en son païs et m'a laissé un curé d'auprès de Chartres et son cousin pour m'exercer ; je souhaitterois bien que vous fussiez tesmoing de cette action là, comme y aiant beaucoup contribué. Je vous supplie d'asseurer Monsieur de Bellerophon (2) de mon très humble service : j'aurois bien besoing de son assistance si je soustiens en l'une et l'autre langue, comme j'espère…. »

(*Bibl. de Clermont-Ferrand.* 344. f. 9. 1 p. petit in-fol. Cachet rouge aux armes. — Publiée par M. Gonod, 1846, p. 7.)

798. — Le même. — *Let. aut. sig.* « à *Monsieur Favière, aumosnier de Son Altesse Royalle, à Thiert* ». Paris, 13 février 1644.

Il se plaint de ne pas avoir reçu de ses nouvelles.

(*Bibl. de Clermont-Ferrand.* 344. f. 13. 1 p. in-8°. Cachet rouge aux armes. — Publiée par M. Gonod, 1846, p. 11.)

899. — Le même. — *Let. aut. sig.* « à *Monsieur Favière, aumosnier de Son Altesse Royalle, à Thiert* ». Paris, 17 mars 1644.

Il regrette de ne pouvoir lui écrire longuement à cause d'un effort qu'il s'est donné au bras droit.

(*Bibl. de Clermont-Ferrand* 344. f. 15. 1 p. in-8°. Cachet rouge aux armes. — Publiée par M. Gonod, 1846, p. 12.)

800. — Le même. — *Let. aut. sig.* « à *Monsieur Favier, aumosnier de Son Altesse Royalle, à Thiers* ». Paris, 19 octobre 1644.

Il lui promet son concours pour une affaire qui le touche.

(*Bibl. de Clermont-Ferrand.* 344. f. 17. 2 p. in-8°. Cachet rouge aux armes. — Publiée par M. Gonod, 1846, p. 13.)

801. — Le même. — *Let. aut. sig.* [à *M. Favier*]. s. d. [v. 1644].

Sur l'emploi de son temps et sur ses intentions.

(*Bibl. de Clermont-Ferrand.* 344 f. 103. 3 p. in-8°. Fragment. — Publiée par M. Gonod, 1846, p. 9.)

(1) Jacques du Chevreul, originaire de Coutances, professeur de philosophie et principal du collège d'Harcourt.
(2) Helléniste, professeur de l'abbé de Rancé.

802. — Le même. — *Let. aut. sig.* « *à Monsieur Favière, à Thiert* ». 25 novembre 1645.

> Il lui demande d'avoir meilleure opinion de lui et de lui conserver son estime.
> (*Bibl. de Clermont-Ferrand.* 344. f. 19. 3 p. in-8°. Cachet rouge aux armes. — Publiée par M. Gonod, 1846, p. 14.)

803. — Le même. — *Let. aut. sig. à Monsieur Favier.* Septembre 1646.

> Il lui annonce l'envoi de sa thèse.
> (*Bibl. de Clermont-Ferrand.* 344. f. 21. 1 p. in-8°. — Publiée par M. Gonod, 1846, p. 16.)

804. — Le même. — *Let. aut. sig.* « *à Monsieur Favière, chanoine de l'église de Thiert, à Thiert* ». 16 octobre 1646.

> Sur les incidents de son voyage en Touraine.
> (*Bibl. de Clermond-Ferrand.* 344. f. 22. 1 p. in-8°, cachet rouge aux armes. Incomplète, ne paraît pas avoir été terminée puisque le verso est en blanc. Elle n'aurait donc pas été envoyée. — Publiée par M. Gonod, 1846, p. 17.)

805. — Le même. — *Let. aut. sig.* « *à Monsieur Favière, le chanoine, à Thiert* ». Aux Claies (1), 16 mai 1647.

> Il lui demande de lui conserver son affection et lui parle d'un sermon qu'il a prêché aux Carmes-Déchaussés.
> (*Bibl. de Clermont-Ferrand.* 344. f. 24. 3 p. in-8°. Cachet rouge brisé. — Publiée par M. Gonod, p. 18.)

806. — Le même. — *Let. aut. sig.* « *à Monsieur Favière, à Thiert* ». Paris, 30 juillet 1647.

> Il se plaint de ne pas avoir de ses nouvelles.
> (*Bibl. de Clermont-Ferrand.* 344. f. 26. 1 p. in-8°. Cachet rouge aux armes. — Publiée par M. Gonod, 1846, p. 19.)

807. — Le même. — *Let. à Madame.....* 3 décembre 1648.

> Il approuve son désir d'entrer dans la vie religieuse.
> (*Bibl. de l'Arsenal.* 2106 (2), f. 7. 1 p. in-4°. Copie XVIIIe s.)

808. — Le même. — *Let. aut. sig.* « *à Monsieur Favière, chanoine de l'église de Thiert, à Thiert* ». Paris, 22 décembre 1648.

---

(1) Terre près de Versailles, du patrimoine de l'abbé de Rancé.
(2) Ce recueil manuscrit, petit in-4°, formé au XVIIIe s. ne porte pas de titres. On lit seulement sur le premier feuillet : « Galipaud prestre de l'oratoire » qui a dû le posséder. Rel. veau anc.

Il lui annonce qu'il a pris les « quatre mineurs, le sous-diacre et le diacre en trois jours consécutifs. »
(*Bibl. de Clermont-Ferrand*. 344. f. 28. 2 p. in-8º. Cachet rouge aux armes. — Publiée par M. Gonod, 1846, p. 20.)

809. — Le même. — *Let. à Monsieur.....* 1ᵉʳ février 1649.
Il approuve ses résolutions.
(*Bibl. de l'Arsenal*. 2106. f. 7. vº. 1 p. 1/4 in-4º. Copie XVIIIᵉ s.)

810. — Le même. — *Let. aut. sig.* « *à Monsieur Favière, chanoine de l'église de Thiert. à Thiert* ». Paris, 19 février 1650.
Sur ses examens de théologie.
(*Bibl. de Clermont-Ferrand*. 344. f. 30. 1 p. in-8º. Cachet rouge aux armes. — Publiée par M. Gonod, 1846, p. 22.)

811. — Le même. — *Let. aut. sig.* « *à Monsieur Favière, chanoine de l'église de Thiert* ». Paris, 12 février 1651.
Il lui adresse ses thèses.
« Il y a trois semaines que je reçus l'ordre de prêtre par les mains de Monsieur de Tours (1). »
(*Bibl. de Clermont-Ferrand*. 344. f. 32. 1 p. in-8º. Cachet noir brisé. — Publiée par M. Gonod, 1846, p. 23.)

812. — Le même. — *Let. à M.....* 3 janvier 1657.
Sur ses déplacements forcés et son désir de solitude.
(*Bibl. de l'Arsenal*. 2106. f. 8. 2 p. 1/2 in-4º. Copie XVIIIᵉ s.)

813. — Le même. — *Let. à M.....* 4 juin 1657.
Lettre d'affaires.
(*Bibl. de l'Arsenal*. 2106. f. 9 vº 1/2 p. in-4º. Copie XVIIIᵉ s. — *Bibl. Mazarine*. 1214 (2) let. 4. Copie XVIIIᵉ s. — *Bibl. Sainte Geneviève*, Df. 49. let. 4. Copie XVIIIᵉ s. avec la date du 4 juin 1659.)

814. — Le même. — *Let. aut. non sig.* « *à Monsieur [Arnauld]* (3) *Dandilly, à Port Roial* ». Verets, 4 janvier 1658.

---

(1) Victor le Bouthillier, son oncle, archevêque de Tours, lui conféra la prêtrise le 22 janvier 1651.
(2) Manuscrit intitulé : *Lettres chrétiennes et spirituelles de Bouthillier abbé de la Trappe.....* 1 vol. in-8º. non pag. 88 p. et 14 feuillets blancs. rel. veau anc. — Les 49 premières lettres sont du même copiste, les autres d'une main différente.
(3) Robert Arnauld, fils d'Antoine, avocat au Parlement.

Sur la mort de son fils (1).
(*Bibl. de l'Arsenal*, Papiers de la famille Arnauld. 6035. f. 191. 2 p. in-8°. Cachet rouge au monogramme de l'abbé de Rancé.)

815. — Le même. — *Let. aut. non sig.* « *à Monsieur [Arnauld] Dandilly* ». Verets, 3 mars 1658.

Il lui annonce un voyage qu'il va faire à son abbaye de Beauvais (2) pendant lequel il espère le voir.
(*Bibl. de l'Arsenal*. Pap. de la famille Arnauld. 6035. f 203. 2 p. in-8°. Cachet rouge au monogramme.)

816. — Le même. — *Let. aut. non sig.* « *à M. Arnauld d'Andilly*. Cuny, 4 avril 1658.

De son désir de régler sa vie.
(*Bibl. de l'Arsenal*. Pap. de la famille Arnauld. 6035. f. 205. 2 p. in-8°.)

817. — Le même. — *Let. aut. non sig.* « *à Monsieur Favière, chanoine de l'église de Thiers* ». Verets, 14 mai 1658.

Sur ses déplacements.
(*Bibl. de Clermont-Ferrand*. 344. f. 34. 1 p. in-8°. Cachet rouge au monogramme. — Publiée par M. Gonod, 1846, p. 24.)

818. — Le même. — *Let. aut. non sig.* « *à Monsieur [Arnauld] Dandilly* ». 26 juin 1658.

De son désir de modifier son genre de vie.
(*Bibl. de l'Arsenal*. Pap. de la famille Arnauld. 6035. f. 218. 3 p. in-8°. Cachet rouge au monogramme.)

819. — Le même. — *Let. à Monsieur*..... 5 juillet 1658.

Envoi de l'un de ses ouvrages.
Sur les humiliations.
(*Bibl. de l'Arsenal*. 2106. f. 9 v°. 2 p. 1/2 in-4°. Copie xviii° s.)

820 — Le même. — *Let. aut. non sig.* « *à Monsieur [Arnauld] d'Andilli, à Port roial* ». 10 juillet 1658.

Il revient de son voyage dans le Perche. De l'emploi de son temps.
« Je vous ay mandé que j'avois commencé par P. A. que je

---

(1) Jules Arnauld (de Villeneuve), fils de Robert et de Catherine Le Fèvre de la Boderie. Il prit du service dans l'armée et mourut dans sa première campagne en décembre 1657.
(2) Saint-Symphorien-lès-Beauvais.

lis avec une extresme exactitude et où je trouve des chozes et des manières de les dire qui me ravissent, c'est l'employ des heures du matin ; pour l'après disner, je lis Eusèbe et ensuite j'irai pas à pas par le chemin qui m'a esté marqué. J'ai traduit l'épistre de Saint Basile à Patrophile, l'aplication m'en a paru le plus juste du monde pour quantité de chozes qui se sont passées de nostre temps. »

(*Bibl. de l'Arsenal.* Pap. de la famille Arnauld. 6035. f. 223. 2 p. in-8º. Cachet rouhe au monogramme.)

821. — Le même. — *Let. aut. non sig. à Monsieur Arnauld d'Andilly.* 18 juillet 1658.

Sur son désir de solitude.

(*Bibl. de l'Arsenal.* Pap. de la famille Arnauld. 6035. f. 227. 1 p. 1/2 in-8º.)

822. — Le même. — *Let. aut. sig.* « *à Monsieur Favière, chanoine de Thiert.* » Verets, 27 juillet 1658.

Sur M. de Bellerophon.
Sur sa vie à Verets.

(*Bibl. de Clermont-Ferrand.* 344 f. 36. 2 p. in-8º. Cachet rouge au monogramme. — Publiée par M. Gonod, 1846, p. 25.)

823. — Le même. — *Let. aut. non sig.* « *à Monsieur [Arnauld] D'Andilli à Port roial* ». 30 juillet [1658].

Sur l'apologie de l'évêque d'Orléans (1).

Sur sa traduction de l'épître de Saint Basile dont il lui annonce l'envoi : « Je vous envoirai au premier jour la traduction que vous me demandez ; on me fera le plus grand plaisir du monde de l'examiner dans l'extreme rigueur car je suis homme qui aime que l'on me dise les vérités et je ne suis nullement incorrigible, je veux dire que j'ay assez mauvaise opinion de moy et que je suis assez jeune pour devenir plus habile que je ne suis si Dieu m'en fait la grâce. »

(*Bibl. de l'Arsenal.* Pap. de la famille Arnauld. 6035. f. 228. 2 p. in-8º. Cachet rouge au monogramme.)

824. — Le même. — *Let. aut. non sig.* « *à Monsieur [Arnauld] d'Andilly.* » 20 août 1658.

Envoi de sa traduction de l'épitre de Saint Basile. « Je vous supplie qu'elle ne soit point épargnée afin que j'en puisse faire mon profit. »

(*Bibl. de l'Arsenal.* Pap. de la famille Arnauld. 6035. f. 230. 3 p. in-8º.)

(1) Alphonse d'Elbène.

825. — Le même. — *Let. aut non sig.* « à *M. [Arnauld] d'Andilly* ». 24 août 1658.

>Au sujet de l'arrêt du Parlement rendu contre les évêques.
>(*Bibl. de l'Arsenal.* Pap. de la famille Arnauld. 6035. f. 235.
>1 p. 1/2 in-8°. Cachet rouge au monogramme.)

826. — Le même. — *Let. aut. non sig.* à *M. Arnauld d'Andilly.* 10 septembre 1658.

>Sur ses lectures et ses écrits.
>(*Bibl. de l'Arsenal.* Pap. de la famille Arnauld. 6035. f. 244.
>2 p. in-8°.)

827. — Le même. — *Let. aut. non sig.* « à *M. [Arnauld] d'Andilly.* » 20 septembre 1658.

>Il le remercie des corrections qu'il a faites à sa traduction de l'épître de Saint Basile.
>(*Bibl. de l'Arsenal.* Pap. de la famille Arnauld. 6035. f. 249.
>1 p. in-8°. Cachet rouge au monogramme.)

828. — Le même. — *Let. orig.* (1) *non sig.* « à *Monsieur [Arnauld] d'Andilly.* » 6 octobre 1658.

>Sur les personnes qu'il attend chez lui.
>(*Bibl. de l'Arsenal.* Pap. de la famille Arnauld. 6035. f. 251.
>2 p. in-8°. Cachet rouge au monogramme.)

829. — Le même. — *Let. aut. non sig.* « à *Monsieur [Arnauld] d'Andilly* ». 24 octobre 1658.

>Sur son voyage à Chavigni.
>(*Bibl. de l'Arsenal.* Pap. de la famille Arnauld. 6035. f. 268.
>1 p. in-8°. Cachet rouge au monogramme.)

830. — Le même. — *Let. aut. non sig.* « à *M. [Arnauld] d'Andilly, à Port Royal.* » 9 novembre 1658.

>Sur son désir de solitude.
>(*Bibl. de l'Arsenal.* Pap. de la famille Arnauld. 6035. f. 268.
>1 p. in-8°. Cachet au monogramme.)

831. — Le même. — *Let. aut. non sig.* à *Monsieur Arnauld d'Andilly.* 26 novembre 1658.

---

(1) Cette lettre quoique originale n'est pas de la main de Rancé.

Sur la mort du neveu de M. Arnauld. Censure de Monsieur d'Angers (1).
(*Bibl. de l'Arsenal.* Pap. de la famille Arnauld. 6035. f. 274. 1 p. 1/2 in-8º.)

833. — Le même. — *Let. aut. non sig.* « à M. [*Arnauld*] d'Andilly. » 14 décembre 1658.
Sur la censure de Monsieur d'Angers.
(*Bibl. de l'Arsenal.* Pap. de la famille Arnauld. 6035. f. 279. 3 p. in-8º. Cachet rouge au monogramme.)

834. — Le même. — *Let. aut. non sig.* à M. [*Arnauld*] d'Andilly. » 27 décembre 1658.
Au sujet d'une lettre pastorale et d'un livre que M. Arnauld lui avait envoyés.
(*Bibl. de l'Arsenal.* Pap. de la famille Arnauld. 6035. f. 287. 1 p. 1/2 in-8º. Cachet rouge au monogramme.)

835. — Le même. — *Let. à une religieuse.* 1658.
Il lui parle du dessein qu'il a de se retirer du monde et du lieu qu'il a choisi pour sa retraite. Ses sentiments sur la pluralité des bénéfices.
(*Bibl. Mazarine.* 1214. let. 1 p. 1/2 in-8º. Copie XVIII s. — *Arch. de la Grande-Trappe.* 2 p. in-4º. Copie XVIIIe s.)

836. - Le même. — *Let. à une religieuse.* 1658.
De la résolution qu'il a prise de se retirer malgré tous les obstacles qui s'opposent à son dessein et des raisons qu'il avait de refuser un emploi considérable dans le diocèse de Tours.
(*Bibl. Mazarine.* 1214. let. 2. 1 p. 1/2 in-8º. Copie XVIIIº s.)

837. — Le même. — *Let. à une religieuse.* 1658.
Sur son désir de solitude.
(*Bibl. de l'Arsenal.* 2106. f. 1. 12 p. 1/2 in-4º. Copie XVIIIe s. — *Bibl. Sainte Geneviève* (2) D f. 49, f. 1. Fragments. Copie XVIIIe s.)

838. — Le même. — *Let. à une religieuse.* 1658.
De la soumission à la volonté de Dieu.
(*Bibl. Mazarine.* 1214. let. 3. 2 p. in-8º. Copie XVIIIe s. —

---

(1) Henri Arnauld (M. de Trie), frère de Robert d'Andilly né en 1597, évêque d'Angers le 29 juin 1650. Mort le 8 juin 1692.
(2) Ce manuscrit a pour titre : *Lettres de Rancé, abbé réformateur de la Trappe.* Pet. in-4º de 78 feuillets, rel. pap.

Arch. de la Grande-Trappe. 3 p. in-4º. Copie xviiie s. — Publiée dans les lettres de piété. 1701. I, 11) (1).

839. — Le même. — *Let. à une religieuse.* 1658.

De la peine qu'il éprouve à ne pouvoir vivre dans la retraite.
(*Bibl. Mazarine.* 1214. let. 5. Copie xviiie s. — *Bibl. Sainte Geneviève.* D f. 49. let. 5. Copie xviiie s.)

840. — Le même. — *Let. à l'archevêque de Tours.* (2). 1658.

Affaire de M. de Rouen (3).
(*Bibl. de l'Arsenal.* Pap. de la famille Arnauld. 6035. f. 290. 2 p. 1/4 in-8º. Copie xviiie s.)

841. — Le même. — *Let. à M. de Bellerophon.* 1658.

En latin.
Compliments sur ses écrits.
(*Bibl. de Clermont-Ferrand.* 344. f. 38. 1 p. 1/2 in-8º. Copie xviiie s. — Publiée par M. Gonod. 1846. p. 27.)

842. — Le même. — *Let. aut. non sig.* « *à M. [Arnauld] d'Andilly.* » 26 janvier 1659.

Sur la censure de Monsieur d'Angers.
(*Bibl. de l'Arsenal.* Pap. de la famille Arnauld. 6035. f. 299. 1 p. in-8º. Cachet rouge au monogramme.)

843. — Le même. — *Let. aut non sig.* « *à M. [Arnauld] d'Andilly.* » 5 février 1659.

Même sujet.
(*Bibl. de l'Arsenal.* Pap. de la famille Arnauld. 6035. f. 303. 1 p. 1/2 in-8º. Cachet rouge au monogramme.)

844. — Le même. — *Let. aut. non sig. à M. [Arnauld] d'Andilly.* » 2 mars 1659.

Sur la censure des évêques.
(*Bibl. de l'Arsenal.* Pap. de la famille Arnauld. 6035. f. 305. 1 p. in-8º. Cachet rouge au monogramme.)

---

(1) *Lettres de piété choisies et écrites à différentes personnes par le R. P. Armand Jean Bouthillier de Rancé....* Paris, chez F. Muguet 1701-1702. 2 in-12. — Les destinataires de ces lettres ne sont pas indiqués et la plupart ne sont pas datées, par convenance, de sorte que nous n'avons pu en retrouver que quelques-unes parmi les copies manuscrites qui nous restent.

(2) Victor Le Bouthillier, oncle de l'abbé de Rancé. Archevêque de Tours du 21 mai 1641 au 12 septembre 1670.

(3) François de Harlay.

845. — Le même. — *Let. aut. non sig. à M. [Arnauld] d'Andilly.* » 19 mars 1659.

    Sur une lettre de l'évêque des Indes.
    (*Bibl. de l'Arsenal.* Pap. de la famille Arnauld. 6035. f. 307. 1 p. in-8º. Cachet rouge au monogramme.)

846. — Le même. — *Let. aut. non sig.* « à M. [*Arnauld*] *d'Andilly.* » 9 avril 1659.

    Sur un livre que M. Arnauld lui avait envoyé.
    (*Bibl. de l'Arsenal.* Pap de la famille Arnauld. 6035. f. 316. 2 p. in-8º. Cachet rouge au monogramme.)

847. — Le même. — *Let. aut. non sij.* « à M. [*Arnauld*] *d'Andilly.* » 16 juin 1659.

    Sur un voyage qu'il a fait à Ponts.
    (*Bibl. de l'Arsenal.* Pap. de la famille Arnauld. 6035. f. 340. 1 p. 1/2 in-8º. Cachet rouge au monogramme.)

848 — Le même. — *Let. aut. non sig.* « à M. [*Arnauld*] *d'Andilly.* » 12 juillet 1659.

    Même sujet.
    (*Bibl. de l'Arsenal.* Pap. de la famille Arnauld. 6035. f. 347. 3 p. in-8º. Cachet rouge au monogramme.)

849. — Le même. — *Let. aut. non sig.* « à M. [*Arnauld*] *d'Andilly* ». 4 août 1659.

    Sur la maladie du comte de Rochefort.
    (*Bibl. de l'Arsenal.* Pap. de la famille Arnauld. 6035. f. 357. 1 p. 1/2 in-8º. Cachet rouge au monogramme.)

850. — Le même. — *Let. aut. non sig.* « à M. [*Arnauld*] *d'Andilly, à Port Royal* ». 22 août 1659.

    Au sujet d'un prélat qui faisait son éloge.
    (*Bibl. de l'Arsenal.* Pap. de la famille Arnauld. 6035. f. 365. 1 p. in-8º. Cachet rouge au monogramme.)

851. — Le même. — *Let. à M.....* 16 septembre 1659.

    Sur l'évêque de Comminges (1).
    (*Bibl. de l'Arsenal.* 2106. f. 11. 1/2 p. in-4º. Copie XVIIIe s. — *Bibl. Mazarine.* 1214 let. 13. Copie XVIIIe s. — *Bibl. Sainte Geneviève.* Df. 49. let 13. Copie XVIIIe s.)

(1) Gilbert de Choiseul, évêque de Comminges de 1644 à 1671.

852. — Le même. — *Let. aut. non sig. à M. [Arnauld] d'Andilly.* 17 septembre 1659.

Du bonheur qu'il éprouve à vivre dans la solitude.
(*Bibl. de l'Arsenal.* Pap. de la famille Arnauld. 6035. f. 370. 2 p. in-8º. Cachet rouge au monogramme.)

853. — Le même. — *Let. aut. non sig.* « *à M. [Arnauld] d'Andilly.* » 26 octobre 1659.

Du plaisir qu'il éprouve à correspondre avec lui.
(*Bibl. de l'Arsenal.* Pap. de la famille Arnauld. 6035 f. 384. 3 p. in-12. Cachet rouge au monogramme.)

854. — Le même. — *Let. aut. non sig.* « *à M. [Arnauld] d'Andilly.* » 8 mai 1659.

Il le prie de recommander à M. le duc de Luynes un de ses anciens domestiques poursuivi pour délit de chasse.
(*Bibl. de l'Arsenal.* Pap. de la famille Arnauld. 6035. f. 386. 2 p. in-8º. Cachet rouge au monogramme.)

855. — Le même. — *Let. aut. non sig.* « *à M. [Arnauld] d'Andilly* ». 22 novembre 1659.

Il le prie de transmettre à M. le duc de Luynes sa reconnaissance pour le droit qu'il a fait à sa requête.
(*Bibl. de l'Arsenal.* Pap. de la famille Arnauld. 6035. f. 394. 3 p. in-8º. Cachet rouge au monogramme)

856. — Le même. — *Let. aut. non sig.* « *à M. [Arnauld] d'Andilly.* » 25 décembre 1659.

Sur la maladie d'un ami qu'il a chez lui.
(*Bibl. de l'Arsenal.* Pap. de la famille Arnauld. 6035. f. 402. 2 p. 1/4 in-8º. Cachet rouge au monogramme.

857. — Le même. — *Let. aut. non sig. à M. [Arnauld] d'Andilly.* » 28 décembre 1659.

Même sujet.
(*Bibl. de l'Arsenal.* Pap. de la famille Arnauld. 6035. f. 404. 1 p. in-8º. Cachet rouge au monogramme.

858. — Le même. — *Let. à une religieuse.* 1659.

De la vie de retraite.
(*Bibl. Mazarine.* 1214 let. 6. 1 p. in-8º. Copie xviiiº s. — *Bibl. Sainte Geneviève.* Df. 49 let. 6. Copie xviiiº s.)

859. — Le même. — *Let. à une religieuse.* 1659.
>Sur les sentiments que les hommes ont de sa conduite.
>(*Bibl. Mazarine.* 1214. let. 7. 1 p. 1/4 in-8º. Copie XVIIIe s.
>— *Bibl. Sainte Geneviève.* Df. 49 let. 7. Copie XVIIIe s. — *Arch. de la Grande-Trappe.* 2 p. in-4º. Copie XVIIIe s.)

860. — Le même. — *Let. aut.* (1) *non sig.* « à M. [*Arnauld*] *d'Andilly* ». 8 février 1660.
>Sur la mort du duc d'Orléans (2).
>(*Bibl. de l'Arsenal.* Pap. de la famille Arnauld. 6626. f. 420. 1 p. 1/2 in-4º. Cachet rouge au monogramme. — Publiée par M. Gonod. 1846. p. 337.)

861. — Le même. — *Let aut. non sig.* « à *M. Arnauld d'Andilly.* » 22février 1660.
>Même sujet.
>(*Cabinet de M. Baylé.* Vente du 10 décembre 1883. Cat. Et. Charavay. nº 155. 1 p. in-4º. Cachets brisés.)

862. — Le même. — *Let. aut. non sig.* « à *M. Arnauld d'Andilly.* » 3 mars 1660.
>(*Catalogue Laverdet.* Vente du 7 mai 1863. 15 fr. 1 p. in-4º. Cachet.)

863. — Le même. — *Let. aut. non sig.* « à *M. Arnauld d'Andilly.* » 10 mars 1660.
>Sentiments de reconnaissance.
>(*Catalogue Eug. Charavay.* Vente du 18 avril 1891. nº 130. 1 p. in-4º. Cachets. — *Revue des Autographes.* mars 1892. Prix marqué : 22 fr.)

864. — Le même. — *Let. aut. non sig.* « à *M. Arnauld d'Andilly.* » 5 avril 1660.
>Il partage ses ennuis.
>(*Collection de M. Monmerqué.* 1 p. 1/2 in-4º. Cachets brisés au monogramme. — *Cabinet de M. Baylé.* Vente du 23 juin 1884. Cat. Et. Charavay. nº 173. — Vente du 11 juin 1887. Cat. Et.

(¹) Cette lettre qui faisait partie de la collection de M. Monmerqué fut achetée par l'Arsenal, le 30 avril 1884, avec quatre autres, citées plus loin des 22 août, 17 octobre, 2 décembre 1660 et 20 janvier 1661. V. Cat. Eug. Charavay. 1884. nº 122.

(2) Gaston d'Orléans, frère de Louis XIII, mort à Blois, le 2 février 1660. L'abbé de Rancé fut son aumônier et l'assista à ses derniers moments.

Charavay, n° 141. — *Collection Et. Charavay*. 1896. — Publiée par M. Gonod. 1846. p. 339.)

865. — Le même. — *Let. à une religieuse.* 1er mai 1660.

Des raisons qui l'obligent à différer son voyage d'Alet.
(*Bibl. Mazarine*. 1214. let. 16. 1/2 p. in-8°. Copie XVIIIe s. — *Bibl. Sainte Geneviève*. Df. 49 let. 16. Copie XVIIIe s.)

866. — Le même. — *Let. à une religieuse.* 9 mai 1660.

Sur son voyage à Alet.
(*Bibl. Mazarine*. 1214. let. 17. 1 p. in-8°. Copie XVIIIe s. — *Bibl. Sainte Geneviève*. Df. 49. let. 17.)

867. — Le même. — *Let. à M.....* 10 mai 1660.

Sur la mort de Monsieur (1).
(*Bibl. de l'Arsenal*. 2106. f. 12. 2 p. in-4°. Copie XVIIIe s. — *Arch. de la Grande-Trappe*. Let. de piété. 17. 2e série (2), 1 p. in-fol. Copie XVIIIe s.)

(1) Gaston d'Orléans.

(2) Peu de temps après la mort de l'abbé de Rancé, l'un de ses admirateurs qui a gardé l'anonyme, eut la pensée de rassembler le plus grand nombre possible de ses lettres dans l'intention de les faire imprimer en tout ou en partie sous le titre de *Lettres de piété* ou *lettres choisies*. Dans un *Avis au lecteur*, l'éditeur explique ainsi son plan :

« Dans les divers voyages que j'ay faits à la Trappe, ayant eu la communication d'un grand nombre de lettres de l'illustre réformateur de ce monastère, j'ay cru que je ne devois pas jouir seul d'un si grand trésor, mais vous en faire part afin que ce qui m'estoit un bien particulier devint un bien général ; ce que j'ay fait d'autant plus volontiers que ce saint abbé, sans le vouloir, se dépeint luy-même dans ces lettres et y laisse à la postérité un fidelle portrait de son esprit, de sa vertu et de ses sentimens... [suit un long éloge de l'abbé de Rancé]... Vous voudrez bien, mon cher lecteur, qu'on vous avertisse que l'on a retranché la plupart des conclusions des lettres où il n'y avoit rien de particulier et qui ne contenoient que des complimens ordinaires. »

Ainsi ces lettres ont été tronquées et nous pouvons même ajouter qu'elles ont dû parfois être légèrement dénaturées non quant au sens, mais quant à la forme. Certaines, copiées deux fois par mégarde présentent en effet quelques variantes qui laissent supposer que plusieurs autres ont pu subir le même sort. Quoi qu'il en soit, le fond reste et dans les cinq cents et quelques lettres que renferme ce recueil, gardé religieusement au monastère, on retrouve le tact, la modération, la droiture, l'autorité et la sainteté de l'abbé de Rancé. La main inconnue qui l'a formé nous a conservé une part importante de sa correspondance ; nous lui en devons une grande reconnaissance.

Le recueil, in-folio, non relié, comprend 2 séries divisées chacune en 7 cahiers. La première série comprend 187 lettres, la seconde 336. Il ne fut jamais imprimé, mais il dut servir à la publication faite sous le même titre en 1701 en 2 vol. in-12. Plusieurs lettres s'y retrouvent.

868. — Le même. — *Let. à une religieuse.* 1er juin 1660.

Du désir qu'il a de se dégager de ses affaires pour se retirer. Son voyage chez M. de Comminges (1).

(*Bibl. Mazarine.* 1214 let. 18. 2 p. in-8º. Copie xviiie s. — *Bibl. Sainte Geneviève.* Df. 49 let. 18. Copie xviiie s.)

869. — Le même. — *Let. à une religieuse.* 20 juin 1660.

Au sujet d'un avis qu'on lui avait donné sur la conduite de M. d'Alet (2).

(*Bibl. Mazarine.* 1214 let. 19. 1/2 p. in-8º. Copie xviiie s. — *Bibl. Sainte Geneviève.* Df. 49 let. 19. Copie xviiie s.)

870. — Le même. — *Let. à M.....* [Comminges], 5 juilllet 1660.

Son séjour chez M. de Comminges.

(*Bibl. de l'Arsenal.* 2106. f. 13. 1/2 p. in-4º. Copie xviiie s. — *Bibl. Mazarine.* 1214 let. 20. Copie xviiie s. — *Bibl. Sainte Geneviève,* Df. 49 let. 20. Copie xviiie s.)

871. — Le même. — *Let. à une religieuse.* 8 juillet 1660.

Sur M. l'évêque de Comminges.

(*Bibl. de l'Arsenal.* 2106. f. 13 vº 1 p. in-4º. Copie xviiie s. — *Bibl. Mazarine.* 1214 let. 21. Copie xviiie s. — *Bibl. Sainte Geneviève.* Df. 49 let. 21. Copie xviiie s.)

872. — Le même. — *Let. à M.....* [Comminges] 23 juillet 1660.

Son séjour chez M. de Comminges.

(*Bibl. de l'Arsenal.* 2106. f. 14. 1 p. in-4º. Copie xviiie s. — *Bibl. Mazarine.* 1214. let. 22. Copie xviiie s. — *Bibl. Sainte Geneviève.* Df. 49 let. 22. Copie xviiie s.)

873. — Le même. — *Let. aut. à M. Arnauld d'Andilly.* 30 juillet 1660.

Eloges de l'évêque d'Alet et de l'évêque de Comminges.

(*Cabinet de M. Baylé.* Vente du 10 décembre 1883. Cat. Et. Charavay. nº 155. 1 p. 1/2 in-4º. Cachets brisés.

874. — Le même. — *Let. à une religieuse* [Alet], 16 août 1660 (3).

Son séjour à Alet. Eloge de l'évêque.

(*Bibl. de l'Arsenal.* 2106. f. 14. vº. 1 p. in-4º. Copie xviiie s.

(1) Gilbert de Choiseul.
(2) Nicolas Pavillon.
(3) M. l'abbé Dubois (*Hist. de Rancé*, I. 192 note) déclare fausse cette date du 16 et lui donne celle du 6.

— *Bibl. Mazarine.* 1214. let. 23. Copie xviiie s. — *Bibl. Sainte Geneviève.* Df. 49 let. 23. Copie xviiie s. — *Arch. de la Grande-Trappe.* 1 p. 1/2 in-4º. Copie xviiie s.)

875. — Le même. — *Let. aut.* (1) *non sig.* « *à M.* [*Arnauld*] *d'Andilly.* » Alet. 22 août 1660.

Eloge de Monsieur d'Alet.
(*Bibl. de l'Arsenal.* Pap. de la famille Arnauld. 6626. f. 412. 2 p. in-4º. Cachet rouge au monogramme.)

876. — Le même. — *Let. à une religieuse.* [Alet] 2 septembre 1660.

Son séjour à Alet.
(*Bibl. de l'Arsenal,* 2106. f. 15. 1 p. in-4º. Copie xviiie s. — *Bibl. Mazarine.* 1214. let. 24. Copie xviiie s. — *Bibl. Sainte Geneviève.* Df. 49 let 24. Copie xviiie s.)

877. — Le même. — *Let. aut. à M. Arnauld d'Andilly.* 8 septembre 1660.

Affaires et nouvelles diverses. Joie que lui cause le mariage de son fils.
(*Catalogue Laverdet.* Vente du 31 janvier 1854. 16 fr. 2 p. in-4º. Cachet.)

878. — Le même. — *Let. aut.* (2) *non sig.* « *à M.* [*Arnauld*] *d'Andilly.* » 17 octobre 1660.

Sur M. de Comminges.
(*Bibl. de l'Arsenal.* Pap. de la famille Arnauld. 6626. f. 424. 1 p. 1/2 in-4º. Cachet rouge au monogramme. — Publiée par M. Gonod. 1846, p. 340.)

879. — Le même. — *Let. à la R. Mère Marie-Louise, religieuse de l'Annonciade* (3). 16 novembre 1660.

Il se recommande à ses prières.
(*Arch. de la Grande-Trappe.* 2 p. in-12. Copie xviiie s.)

880. — Le même. — *Let. aut.* (4) *non sig.* « *à M.* [*Arnauld*] *d'Andilly* [Paris] 8 décembre 1660.

---

(1) Cette lettre faisait partie de la collection de M. Monmerqué et fut achetée par l'Arsenal, le 30 avril 1884 (V. nº 860).
(2) De la collection de M. Monmerqué, achetée par l'Arsenal le 30 avri 1884. V. nos 860 et 875.
(3) Sœur de l'abbé de Rancé.
(4) De la collection de M. Monmerqué. V. nos 860, 875 et 878.

Il espère le voir bientôt. Son voyage à Paris.
(*Bibl. de l'Arsenal.* Pap. de la famille Arnauld. 6626. f. 426.
1 p. in-4º. Cachet rouge au monogramme. — Publiée par M. Gonod. 1846. p. 342.)

881. — Le même. — *Let. à une supérieure.* 17 décembre 1660.
De l'état de ses affaires.
(*Bibl. Mazarine.* 1214. let. 25. 1/2 p. in-8º. Copie xviiie s.
— *Bibl. Sainte Geneviève.* Df. 49 let. 25. Copie xviiie s.)

882. — Le même. — *Let. à la R. Mère.....* 17 décembre 1660.
Du détachement de soi-même.
(*Arch. de la Grande-Trappe.* 3 p. in-4º. Copie xviiie s. — Publiée dans les *lettres de piété* (1) 1701. I. 39.)

883. — Le même. — *Let. à M.....* [Paris] 28 décembre 1660.
Son désir de solitude.
(*Bibl. de l'Arsenal.* 2106. f. 15 vº. 1 p. 1/2 in-4º. Copie xviiie s.
— *Bibl. Mazarine.* 1214. let. 28. Copie xviiie s. — *Bibl. Sainte Geneviève.* Df. 49 let. 29. Copie xviiie s.)

884. — Le même. — *Let. à une religieuse.* Tours, 1660.
Voyage d'affaires à Paris.
(*Bibl. de l'Arsenal.* 2106. f. 11. vº. 1/2 p. in-4º. Copie xviiie s.
— *Bibl. Mazarine,* 1214. let. 15. Copie xviiie s. — *Bibl. Sainte Geneviève.* Df. 49. let. 15. Copie xviiie s.)

885. — Le même. — *Let. à une religieuse.* 1660.
Sur son voyage à Alet.
(*Bibl. Mazarine.* 1214. let. 14. 1 p. in-8º. Copie xviiie s. — *Bibl. Sainte Geneviève.* Df. 49 let 14. Copie xviiie s.)

886. — Le même. — *Let. à M.....* 1660.
Sur M. de Comminges.
(*Bibl. de l'Arsenal.* 2106 f. 11. vº 1/2 p. in-4º. Copie xviiie s.)

887. — Le même. — *Let. à M....* 5 janvier 1661.
Sur l'usage qu'il compte faire de ses biens.
(*Bibl. de l'Arsenal.* 2106. f. 16. vº 2 p. in-4º. Copie xviiie s.
(*Bibl. Mazarine.* 1214. let. 29. 1/2 p. in-8º. Copie xviiie s. — *Bibl. Sainte Geneviève* Df. 49. let. 30. Copie xviiie s.)

(1) *Lettres de piété choisies et écrites à différentes personnes par le R. P. dom A. J. B. de Rancé.....* à Paris, chez F. Muguet. 1701-1702. 2 in-12.

888. — Le même. — *Let. à M.....* 13 janvier 1661.
   Sur l'arrangement de ses affaires.
   (*Bibl. de l'Arsenal*, 2106. f. 17. v⁰ 1 p. in-4⁰. Copie xviii⁰ s. — *Bibl. Mazarine.* 1214. let. 30. Copie xviii⁰ s. — *Bibl. Sainte Geneviève.* Df. 49 let. 31. Copie xviii⁰ s.)

889. — Le même. — *Let. aut.* (1) *non sig.* « à M. [Arnauld] *d'Andilly.* 20 janvier 1661.
   Il le remercie de sa recommandation pour une certaine personne.
   (*Bibl. de l'Arsenal.* Pap. de la famille Arnauld. 6626. f. 428. 1 p. in-4⁰. Cachet rouge au monogramme.)

890. — Le même. — *Let. à M.....* 2 février 1661.
   Il s'inquiète du bruit qui court de sa future nomination comme coadjuteur à Tours.
   (*Bibl. de l'Arsenal.* 2106. f. 18· 1 p. 1/2 in-4⁰. Copie xviii⁰ s. — *Bibl. Mazarine.* 1214. let. 31. Copie xviii⁰ s. — *Bibl. Sainte Geneviève.* Df. 49. let. 32. Copie xviii⁰ s.)

891. — Le même. — *Let. à M.....* 4 février 1661.
   Voyage d'affaires.
   (*Bibl. de l'Arsenal.* 2106. f. 18. v⁰. 1/2 p. in-4⁰. Copie xviii⁰ s. — *Bibl. Mazarine.* 1214. let. 32. avec la date du 11 février 1661. Copie xviii⁰ s. — *Bibl. Sainte Geneviève.* Df. 49. let. 33, avec la date du 11. Copie xviii⁰ s.)

892. — Le même. — *Let. à une supérieure.* 28 février 1661.
   Sur ses affaires.
   (*Bibl. de l'Arsenal.* 2106. f. 20. avec la date du 28 avril 1661. Copie xviii⁰ s. — *Bibl. Mazarine.* 1214 let. 35. 1 p. in-8⁰. Copie xviii⁰ s. — *Bibl. Sainte Geneviève.* Df. 49 let. 36. Copie xviii⁰ s.)

893. — Le même. — *Let. à M.....* 8 avril 1661.
   Il expose sa ligne de conduite.
   (*Bibl. de l'Arsenal.* 2106. f. 19. 2 p. in-4⁰. Copie xviii⁰ s.)

894. — Le même. — *Let. à une supérieure.* 28 juillet 1661.
   Il lui exprime ses sentiments sur des lettres qu'elle lui a envoyées.

---

(1) De la collection de M. Monmerqué. V. n⁰ˢ 860, 875, 878 et 880.

(*Bibl. Mazarine.* 1214 let. 36. 3/4 p. in-8º. Copie xvIIIᵉ s. — *Bibl. Sainte Geneviève.* Df. 49 let. 37 avec la date du 28 janvier 1661. Copie xvIIIᵉ s.)

895. — Le même. — *Let. à une supérieure.* 4 décembre 1661.

Sur ses affaires.

(*Bibl. de l'Arsenal.* 2106. f. 20 vº 1 p. in-4º. Copie xvIIIᵉ s. — *Bibl. Mazarine.* 1214 let. 37. 1 p. 1/4 in-8º. Copie xvIIIᵉ s· — *Bibl. Sainte Geneviève.* Df. 49 let. 38 avec la date du 11 décembre 1661. Copie xvIIIᵉ s.)

896. — Le même. — *Let. à M.....* 19 décembre 1661.

Sur le détachement du monde.

(*Bibl. de l'Arsenal.* 2106. f. 21. 2 p. 1/2. in-4º. Copie xvIIIᵉ s. — *Bibl. Mazarine.* 1214. let. 38 avec la date du 17 décembre 1661. Copie xvIIIᵉ s. — *Bibl. Sainte Geneviève.* Df. 49 let. 39 avec la date du 17. Copie xvIIIᵉ s.)

897. — Le même. — *Let. à une supérieure.* 11 février 1662.

De l'utilité de la maladie.

(*Bibl. Mazarine.* 1214. let. 39. 1 p. in-8º. Copie xvIIIᵉ.)

898. — Le même. — *Let. aut. non sig.* « *à la Révérende mère Louise Isabelle, religieuse de l'Annonciation.* » 14 février 1662.

Il la remercie de son souvenir.

(*Arch. de la Grande-Trappe.* 1 p. in-8º. Cachet rouge brisé.)

899. — Le même. — *Let. aut. sig. à M.....* 18 février 1662.

(*Catalogue Eug. Charavay.* Vente du 21 février 1891. nº 83. 1 p. in-8º. Cachet. — *Revue des Autographes.* octobre 1891. nº 140. Prix marqué : 30 fr.)

900. — Le même. — *Let. aut. sig.* « *à M. de Pomponne* (1) *conseiller ordinaire du Roy en ses conseils, à Verdun.* » 18 février 1662.

Au sujet de sa disgrâce.

« Ne jugez pas, s'il vous plait, de la part que j'ay prise à

---

(1) Simon Arnauld d'Andilly, marquis de Pomponne, fils de Robert et de Catherine Le Fèvre de la Boderie, né en 1618 † en 1699, ministre et secrétaire d'Etat. Il venait d'être enveloppé dans la disgrâce de Fouquet et relégué à Verdun.

l'ordre qui vous a été donné de vous retirer de Paris, par le peu de diligence que j'ay fait à vous en témoigner mes sentimens. J'ay cru que je n'avois pas besoin de vous en assurer avec l'empressement ordinaire aux yeux du monde et que vous pensiez assez bien de mon cœur et de ma fidélité pour mes amis pour croire que l'un et l'autre étoient pour vous comme ils doivent être... »

(*Collection de M. Fossé d'Arcosse,* conseiller référendaire à la Cour des Comptes. Catalogue pour la vente sous le titre de : Mélanges curieux et anecdotiques tirés d'une collection de lettres autographes et de documents historiques .. Paris. J. Techenet. 1861. n⁰ 937. — Cabinet de feu M. A. P. Dubrunfant. Vente 7 et 8 avril 1884. Cat. Et. Charavay. n⁰ 280. — *Collection H. Tournoüer.* 1 p. in-12. Cachets rouges brisés.)

901. — Le même. — *Let. aut. sig. à M. de Pomponne* (1). 18 avril 1662.

Au sujet de la disgrâce de M. de Pomponne.
(*Catalogue de lettres autographes.* Vente du 15 mai 1843. Charon. 50 fr. — Vente du 7 février 1845. 32 fr. 1 p. pet. in-4⁰. Cachet.)

902. — Le même. — *Let. à M. l'évêque d'Alet* (2). 19 avril 1662.

Il se conforme à ses conseils.
(*Arch. de la Grande-Trappe.* Let. de piété. 16, 1ʳᵉ série. 3 p. in-fol. Copie xviiiᵉ s.)

903. — Le même. — *Let. à une supérieure.* 1ᵉʳ mai 1662.

Des peines que lui fait souffrir le retardement de ses desseins.
(*Bibl. Mazarine.* 1214 let. 40. 1 p. in-8⁰. Copie xviiiᵉ s. — *Bibl. Sainte Geneviève.* Df. 49 let. 41. Copie xviiiᵉ s.)

904. — Le même. — *Let. à une religieuse.* 22 mai 1662.

Du bonheur de ceux que Dieu retire du monde pour les faire vivre dans la retraite.
(*Bibl. Mazarine.* 1214 let. 27. 1 p. 1/4 in-8⁰. Copie xviiiᵉ s. — *Bibl. Sainte Geneviève.* Df. 49 let. 28. Copie xviiiᵉ s.)

---

(1) Cette lettre, malgré la différence de date, est peut-être la même que la précédente. Ne l'ayant pas eue sous les yeux, nous n'avons pu en juger.
(2) Nicolas Pavillon.

905. — Le même. — *Let. à une religieuse.* 3 juillet 1662.
Nouvelles fâcheuses qu'il reçoit de ses amis.
(*Bibl. Mazarine.* 1214. let. 44. 1 p. in-8º. Copie XVIIIᵉ s. — *Bibl. Sainte Geneviève.* Df. 49 let. 45 avec la date du 9 juillet 1662. Copie XVIIIᵉ s.)

906. — Le même. — *Let. à la R. Mère.....* 3 juillet 1662.
Conseils.
(*Arch. de la Grande-Trappe.* 2 p. in-4º. Copie XVIIIᵉ s. — Publiée dans les *let. de piété.* 1701. I. 44.)

907. — Le même. — *Let. à une religieuse.* 20 juillet 1662.
« Il est inutile de chercher du repos et de la tranquillité hors de la retraite. »
(*Bibl. de l'Arsenal.* 2106. f. 26. 2 p. in-4º. Copie XVIIIᵉ s. — *Bibl. Mazarine.* 1214. let. 45. Copie XVIIIᵉ s. — *Bibl. Sainte Geneviève.* Df. 49. let. 46. Copie XVIIIᵉ s.)

908. — Le même. — *Let. à une religieuse.* 16 août 1662.
Il lui parle pour la justification des personnes auxquelles il avait remis ses bénéfices.
(*Bibl. Mazarine.* 1214. let. 46. 1 p. 1/2 in-8º. Copie XVIIIᵉ s. — *Bibl. Sainte Geneviève.* Df. 49. let. 47. Copie XVIIIᵉ.)

909. — Le même. — *Let. à une religieuse.* 18 août 1662.
Lettre de condoléance.
(*Bibl. de l'Arsenal.* 2106. f. 27. 1 p. in-4º. Copie XVIIIᵉ s. — *Bibl. Mazarine.* 1214 let. 47. Copie XVIIIᵉ s. — *Bibl. Sainte Geneviève.* Df. 49. let. 48 Copie XVIIIᵉ s.)

910. — Le même. — *Let. à Monsieur.....* 18 août 1662.
Sur les obligations de la vie religieuse.
(*Bibl. de l'Arsenal.* 2106. f. 23. 6 p. 1/4 in-4º. Copie XVIIIᵉ s.)

911. — Le même. — *Let. à une religieuse.* 22 août 1662.
Il lui importe peu que l'on n'approuve pas sa conduite pourvu que Dieu ne la condamne pas.
(*Bibl. Mazarine.* 1214. let. 33. 1 p. 1/2 in-8º. Copie XVIIIᵉ s. — *Bibl. Sainte Geneviève.* Df. 49 let. 34. Copie XVIIIᵉ s.)

912. — Le même. — *Let. à une religieuse* [Boulogne]. 29 août 1662.
Sur la réforme de la Trappe.

(*Bibl. de l'Arsenal.* 2106. f. 27 v⁰. 1 p. in-4⁰. Copie xviiie s.
— *Bibl. Mazarine.* 1214. let. 48. Copie xviiie s. — *Bibl. Sainte Geneviève.* Df. 49. let. 49. Copie xviiie s.)

913. — Le même. — *Let. à une religieuse.* 22 septembre 1662.

Il l'engage à vivre d'une manière digne de la sainteté de la vocation religieuse.
(*Bibl. Mazarine.* 1214. let. 34 3/4 p. in-8⁰. Copie xviiie s. — *Bibl. Sainte Geneviève.* Df. 49. let. 35. Copie xviiie s.)

914. — Le même. — *Let. à une religieuse.* 22 septembre 1662.

Il lui expose les raisons qui font qu'il ne veut plus s'occuper du Séminaire de Tours et lui fait voir combien il fait peu de cas de l'opinion des hommes.
(*Bibl. Mazarine.* 1214. let. 49. 2 p. in-8⁰. Copie xviiie s. — *Bibl. Sainte Geneviève.* Df. 49 let. 50. Copie xviiie s.)

915. — Le même. — *Let. à une religieuse.* 27 septembre 1662.

On doit être dans l'indifférence pour tout et embrasser les volontés de Dieu dans la destination qu'il fait de nos personnes.
(*Bibl. Mazarine.* 1214. let. 26 bis. 1 p. 1/2 in-8⁰. Copie xviiie s. — *Bibl. Sainte Geneviève.* Df. 49. let. 17. Copie xviiie s. — *Arch. de la Grande-Trappe.* Copie xviiie s. — Publiée dans les *let. de piété.* 1701. I. 51.)

916. — Le même. — *Let. à une religieuse.* 1ᵉʳ novembre 1662.

Du détachement des choses de la terre. Accident arrivé à la Trappe pendant des constructions.
(*Bibl. de l'Arsenal.* 2106. f. 28. 3 p. in-4⁰. Copie xviiie s. — (*Bibl. Mazarine.* 1214. let. 50. Copie xviiie s. — *Bibl. Sainte Geneviève.* Df. 49. let. Copie xviiie s.)

917. — Le même. — *Let. à la R. Mère Thérèse, religieuse des Clairets* (1) 4 novembre 1662.

De son désir de vivre dans la retraite.
(*Arch. de la Grande-Trappe.* Let. à imprimer (2). f. 1. 1 p. 1/2 in-4⁰. Copie xviiie s.)

---

(1) Sœur de l'abbé de Rancé.
(2) Les *lettres à imprimer* comme les *lettres de piété* forment un recueil volumineux conservé à la Grande-Trappe, composé de 1864 pages in-4⁰ qui présentent un certain nombre de lacunes. C'est une sorte de mise au net, faite également au xviiie siècle, des lettres de piété, avec de nombreuses additions.

918. — Le même. — *Let. à une religieuse.* 22 décembre 1662.

Du bonheur qu'il y a à être séparé du monde.
(*Bibl. Mazarine.* 1214. let. 8. 1 p. 1/4 in-8°. Copie xviii° s. — *Bibl. Sainte Geneviève.* Df. 49. let. 8. Copie xviii° s.)

919. — Le même. — *Let. aut. sig. au cardinal de Retz* (1). s. d. [1662?].

Lettre de déférence.
(*Collection d'autographes.* Vente du 9 décembre 1878. Et. Charavay. — Publiée dans les *Œuvres du card. de Retz*, édit. 1887. VIII. p. 640.)

920. — Le même. — *Let. à une religieuse.* 16 avril 1663.

De son désir de mettre ordre à ses affaires pour se retirer du monde.
(*Bibl. Mazarine.* 1214. let. 51. 1 p. in-8°. Copie xviii° s. — *Bibl. Sainte Geneviève.* Df. 49. let. 52. Copie xviii° s.)

921. — Le même. — *Let. à une supérieure.* 30 avril 1663.

Il lui marque que le temps de sa retraite approche.
(*Bibl. Mazarine.* 1214. let. 53. 1 p. in-8°. Copie xviii° s. — *Bibl. Sainte Geneviève.* Df. 49. let. 54. Copie xviii° s.)

922. — Le même. — *Let. à M.....* 10 mai 1663.

De sa résolution de prendre l'habit de Saint Bernard.
(*Bibl. de l'Arsenal.* 2106. f. 29 v°. 2 p. 1/2 in-4°. Copie xviii° s. — *Bibl. Mazarine.* 1214. let. 54 avec la date du 30 avril 1663. Copie xviii° s. — *Bibl. Sainte Geneviève.* Df. 49. let. 55. avec la date du 30. Copie xviii° s.)

923. — Le même. — *Let. à une supérieure.* 15 juin 1663.

De son changement d'état et de la douceur qu'il y trouve (2).
(*Bibl. Mazarine.* 1214. let. 55. 1/2 p. in-8°. Copie xviii° s. — *Bibl. Sainte Geneviève.* Df. 49. let. 56. Copie xviii° s.)

924. — Le même. — *Let. à une supérieure.* 5 août 1663.

De la satisfaction qu'il ressent de son changement de vie et de

---

(1) Jean-François-Paul de Gondi, cardinal de Retz, archevêque de Paris du 21 mars 1654 au 15 février 1662 † en 1679.

(2) L'abbé de Rancé prit l'habit le 13 juin à Perseigne où il était arrivé le 30 mai.

l'heureux choix qu'il a fait d'un saint ecclésiastique (1) pour remplir un de ses bénéfices.

(*Bibl. Mazarine*. 1214. let. 56. 1 p. 1/4 in-8º. Copie XVIIIᵉ s. — *Bibl. Sainte Geneviève*. Df. 49. let. 57. Copie XVIIIᵉ s.)

925. — Le même. — *Let. à une supérieure*. 16 août 1663.

Il lui témoigne sa reconnaissance du zèle qu'elle avait eu de demander à Dieu qu'il le détachât du monde.

(*Bibl. Mazarine*. 1214. let. 57. 1 p. in-8º. Copie XVIIIᵉ s. — *Bibl. Sainte Geneviève*. Df. 49. let. 58. Copie XVIIIᵉ s.)

926. — Le même. — *Let. à M..... N.-D. de Perseigne*, 3 septembre 1663.

Des motifs de sa retraite.

(*Bibl. de l'Arsenal*. 2106. f. 31. 2 p. 1/2 in-4º. Copie XVIIIᵉ s.)

927. — Le même. — *Let. au R. Père....., La Trappe*. 16 janvier 1664.

Du mauvais état de sa santé.

(*Bibl. de l'Arsenal*. 2106. f. 32 vº. 2 p. in-4º. Copie XVIIIᵉ s.)

928. — Le même. — *Let. à la R. mère Louise-Henriette, religieuse de la Visitation de Tours* (2). 10 février 1664.

Consolations dans la maladie.

(*Bibl. Mazarine*. 1214. let. 58. 1 p. 1/4 in-8º. Copie XVIIIᵉ s.)

929. — Le même. — *Let. aut. non sig.* « *à Monsieur l'abbé Favier, à Paris.* » 27 février 1664.

Il voit arriver avec bonheur le temps de sa profession. M. et Mᵐᵉ d'Albon et la vente des Claies.

(*Bibl. de Clermont-Ferrand*. 344. f. 41. 2 p. gᵈ in-8º. Cachet rouge au monogramme. Les neuf premières lignes de la seconde page ont subi de ratures. Un coin de la lettre est brulé.)

930. — Le même. — *Let. au R. Père.....* 29 février 1664.

De la joie qu'il éprouve à voir approcher le temps de sa profession.

(*Bibl. de l'Arsenal*. 2016. f. 33 vº. 2 p. in-4º. Copie XVIIIᵉ s.

---

(1) L'abbé Henri de Barillon en faveur duquel l'abbé de Rancé s'était démis de son prieuré de Boulogne.

(2) Louise-Henriette d'Albon, sa nièce.

931. — Le même. — *Let. à la R. mère Thérèse, religieuse des Clairets* (1). 30 avril 1664.
>Sur la vie retirée qu'il veut mener.
>(*Arch. de la Grande-Trappe*. Let. à imprimer. f. 7. 1 p. in-4º. Copie XVIIIᵉ s.)

932. — Le même. — *Let. à Madame......* (2). 4 mai 1664.
>De son éloignement du monde.
>(*Arch. de la Grande-Trappe*. 3 p. 1/2. in-12. Copie XVIIIᵉ s.)

933. — Le même. — *Let. à une supérieure.* 14 juin 1664.
>Il lui répond qu'il ne peut la plaindre dans un emploi dont elle est très capable.
>(*Bibl. Mazarine.* 1214. let. 59. 1 p. in-8º. Copie XVIIIᵉ s. — *Bibl. Sainte Geneviève.* Df. 49. let. 60. Copie XVIIIᵉ s.)

934. — Le même. — *Let. à une supérieure.* 30 juin 1664.
>Sur sa profession qu'il a faite il y a trois jours (3).
>(*Bibl. de l'Arsenal.* 2106. f. 34. vº 3 p. in-4º. Copie XVIIIᵉ s. — *Bibl. Mazarine.* 1214. let. 60. Copie XVIIIᵉ s. — *Bibl. Sainte Geneviève.* Df. 49. let. 61. Copie XVIIIᵉ s.).

935. — Le même. — *Let. à M.....* 4 juillet 1664 (4).
>Il vient de faire sa profession il y a huit jours et se retirera dans deux jours dans son abbaye.
>(*Bibl. de l'Arsenal.* 2106. f. 22. vº 1 p. in-4º. Copie XVIIIᵉ s.)

936. — Le même. — *Let. à la R. Mère.....* 9 août 1664.
>Sur la vie qu'il mène à la Trappe.
>(*Bibl. de l'Arsenal*, 2106. f. 35. vº 3 p. 1/4 in-4º. Copie XVIIIᵉ s. — *Bibl. Mazarine.* 1214. let. 63 et 64. Copie XVIIIᵉ s. — *Bibl. Sainte Geneviève.* Df. 49 let. 64 et 65. Copie XVIIIᵉ s. — *Arch. de la Grande-Trappe.* Copie XVIIIᵉ s. — Publiée dans les *lettres de piété*. 1701. I. 79.)

937. — Le même. — *Let. à une supérieure.* 30 octobre 1664.
>L'obéissance seule a pu le résoudre à quitter sa retraite pour aller à Rome traiter des affaires de son ordre (5).

(1) Sa sœur.
(2) Cette lettre est datée par erreur de Rome, car à cette époque l'abbé de Rancé était à la Trappe.
(3) L'abbé de Rancé fit profession à Perseigne le 26 juin.
(4) Cette lettre est datée par erreur du 4 juillet 1662.
(5) L'abbé de Rancé était en route pour Rome, entre Milan et Bologne.

(*Bibl. Mazarine.* 1214. let. 67. 1 p. in-8º. Copie XVIIIᵉ s. — *Bibl. Sainte Geneviève* Df. 49. let. 68. Copie XVIIIᵉ s.)

938. — Le même. — *Let. à une supérieure.* 13 novembre 1664.

Sur son arrivée à Rome (1).

(*Bibl. Mazarine.* 1214. let. 68. 1 p. in-8º. Copie XVIIIᵉ s. — *Bibl. Sainte Geneviève.* Df. 49. let. 69. Copie XVIIIᵉ s.)

939. — Le même. — *Let. à une supérieure.* [Rome]. 7 décembre 1664.

Il explique son voyage à Rome pour ceux qui en ont parlé désavantageusement. Il ne l'accomplit pas de son propre mouvement.

(*Bibl. Mazarine.* 1214 let. 71. 3 p. 1/2 in-8º. Copie XVIIIᵉ s. — *Bibl. Sainte Geneviève.* Df. 49 let. 72 avec la date du 11 décembre. Copie XVIIIᵉ s.)

940. — Le même. — *Let. à une supérieure.* [Rome], 7 décembre 1664.

De son entrevue avec le Saint Père.

(*Bibl. Mazarine.* 1214. let. 69. 1 p. 1/2 in-8º. Copie XVIIIᵉ s. *Bibl. de l'Arsenal.* 2106 f. 37. vº avec la date erronée du 8 juin 1665. Copie XVIIIᵉ s. — *Bibl. Sainte Geneviève.* Df. 49 let. 70. Copie XVIIIᵉ s.)

941. — Le même. — *Let. à une supérieure.* [Rome]. 19 juin 1665.

Au sujet des affaires de son ordre. De sa soumission à la volonté de Dieu.

(*Bibl. Mazarine.* 1214. let. 72. 1 p. 1/2 in-8º. Copie XVIIIᵉ s. — *Bibl. Sainte Geneviève.* Df. 49. let. 73. Copie XVIIIᵉ s.)

942. — Le même. — *Let. à une supérieure.* [Rome]. 15 juillet 1665.

Sur les embarras qui lui sont survenus.

(*Bibl. de l'Arsenal.* 2106. f. 39. 1 p. in-4º. Copie XVIIIᵉ s. — *Bibl. Mazarine,* 1214. let. 73. Copie XVIIIᵉ s. — *Bibl. Sainte Geneviève.* Df. 49. let. 74. Copie XVIIIᵉ s.)

---

(1) D'après l'abbé Dubois, l'abbé de Rancé ne serait arrivé à Rome que le 14.

943. — Le même. — *Let. à*..... [Rome]. 15 août 1665.

Même sujet. Mort de l'une de ses sœurs en Auvergne (1).
(*Bibl. de l'Arsenal.* 2106. f. 39. v° 1 p. 1/2 in-4°. Copie xviiie s.)

944. — Le même. — *Let. à une supérieure.* [Rome]. 18 août 1665.

De l'état de ses affaires.
(*Bibl. Mazarine.* 1214. let. 74. 1 p. 3/4 in-8°. Copie xviiie s.
— *Bibl. Sainte Geneviève.* Df. 49. let. 75. Copie xviiie s.)

945. — Le même. — *Let. à Monsieur de Barillon* (2). [Rome]. 4 septembre 1665.

De l'intérêt qu'il prend à sa santé.
(*Bibl. de Poitiers.* 65. Fonteneau (3). f. 761. Copie xviiie s.)

946. — Le même. — *Let. à une supérieure.* [Rome]. 4 septembre 1665.

Conseils.
(*Bibl. Mazarine.* 1214. let. 75. 3 p. in-8°. Copie xviiie s.
— *Bibl. Sainte Geneviève.* Df. 49 let. 76. Copie xviiie s.)

947. — Le même. — *Let. aut. non sig.* « *à Monsieur l'abbé de Saint Symphorien les Beauvais* (4), *à Paris.* » Rome. 25 septembre 1665.

Il le prie d'exécuter certaines de ses volontés touchant l'abbaye de Saint Symphorien dans le cas où il viendrait à mourir.
(*Bibl. de Clermont-Ferrand.* 344. f. 43. 1 p. g[d] in-8°. Cachet rouge brisé. — Publiée par M. Gonod. 1846. p. 33.)

948. — Le même. — *Let. à une supérieure.* [Rome]. 29 septembre 1665.

Il se remet à Dieu pour le succès de ses affaires. Réputation à Rome du cardinal de Retz.

---

(1) Madame de la Roche-Vernassal. D'après l'abbé Dubois (Hist. de Rancé. I. 306) elle ne serait morte qu'en septembre.

(2) Henri de Barillon, év. de Luçon, de 1672 à 1699.

(3) Les lettres contenues dans ce manuscrit, occupent les folios 597 à 661 et 759 à 794 ; elles ont pour titre : « Lettres de M. l'abbé de la Trappe à M. de Barillon, év. de Luçon, copiées sur les lettres originales qui sont entre les mains de M. Coutin, chanoine, prévôt de l'église de Luçon et vicaire général de M. de Verthamon, év. du dit lieu en 1752 ».

(4) M. l'abbé Jean Favier, précepteur de l'abbé de Rancé, abbé commendataire. Il prit possession de S. Symphorien le 1er novembre 1661.

(*Bibl. Mazarine.* 1214. let. 76. 2 p. 1/4 in-8º. Copie xviiie s. — *Bibl. de l'Arsenal.* 2106. f. 40 vº avec la date du 22 septembre. Copie xviiie s. — *Bibl. Sainte Geneviève.* Df. 49 let 77. Copie xviiie s.)

949. — Le même. — *Let. à une supérieure.* [Rome]. 15 octobre 1665.

De l'ennui qu'il éprouve à être retenu si longtemps à Rome par ses affaires.
(*Bibl. Mazarine.* 1214. let. 77. 1 p. 1/4 in-8º. Copie xviiie s. — *Bibl. Sainte Geneviève.* Df. 49. let. 52. Copie xviiie s.)

950. — Le même. — *Let. aut. non sig. à Monsieur Favier.* [Rome]. 29 novembre 1665.

Il relève de maladie.
(*Bibl. de Clermont-Ferrand.* 344 f. 40. — Publiée par M. Gonod, 1846, p. 30.)

951. — Le même. — *Let. à une supérieure.* [Rome]. 1er décembre 1665.

Sa reconnaissance et son estime pour M. l'évêque d'Angers (1).
(*Bibl. Mazarine.* 1214. let. 78. 1 p. 1/2 in-8º. Copie xviiie s. — *Bibl. Sainte Geneviève.* Df. 49. let. 79. Copie xviiie.)

952. — Le même. — *Let. à une religieuse.* [Rome]. 29 décembre 1665.

Des difficultés qu'il rencontre dans ses affaires.
(*Bibl. de l'Arsenal.* 2106. f. 41. vº 3 p. in-4º. Copie xviiie s. — *Bibl. Mazarine.* 1214 let. 80. Copie xviiie s. — *Bibl. Sainte Geneviève.* Df. 49. let. 81. Copie xviiie s.)

953. — Le même. — *Let. à la R. mère Louise-Henriette* (2), *religieuse de la Visitation de Tours* [Rome]. 4 janvier 1666.

Il lui montre les avantages de la vie religieuse.
(*Bibl. Mazarine.* 1214. let. 83. 1 p. 1/4 in-8º. Copie xviiie s. — *Bibl. Sainte Geneviève.* Df. 49 let. 84. Copie xviiie s.)

954. — Le même. — *Let. à une religieuse.* [Rome]. 11 janvier 1666.

Il répond avec beaucoup d'humilité à quelques louanges qu'elle lui avait adressées, qu'il ne croit pas mériter.

(1) Henri Arnauld.
(2) Louise-Henriette d'Albon, sa nièce.

(*Bibl. Mazarine.* 1214. let 81. 1 p. in-8º. Copie xvIIIᵉ s. — *Bibl. de l'Arsenal.* 2106. f. 43, avec la date du 7 janvier 1665. Copie xvIIIᵉ s. — *Bibl. Sainte Geneviève.* Df. 49. let. 82. Copie xvIIIᵉ s.)

955. — Le même. — *Let. à une religieuse.* [Rome]. 2 février 1666.

Sur les difficultés de son entreprise.

(*Bibl. de l'Arsenal.* 2106. f. 43. vº 1 p. in-4º. Copie xvIIIᵉ s. — *Bibl. Mazarine.* 1214. let. 82. Copie xvIIIᵉ s. — *Bibl. Sainte Geneviève.* Df. 49. let. 83. Copie xvIIIᵉ s.)

956. — Le même. — *Let. à la R. mère Louise-Henriette, religieuse à la Visitation de Tours* (1). [Rome]. 10 février 1666.

De la soumission à la volonté de Dieu.

(*Bibl. de l'Arsenal.* 2106. f. 44 vº. 1 p. 1/4 in-4º. Copie xvIIIᵉ s.)

957. — Le même. — *Let. à la même.* 22 juin 1666.

Il l'exhorte à remercier Dieu de la miséricorde qu'il lui a faite en la retirant du monde.

(*Bibl. Mazarine.* 1214. let. 85. 1 p. in-8º. Copie xvIIIᵉ s. — *Bibl. Sainte Geneviève.* Df. 49. let. 86. Copie xvIIIᵉ s.)

958. — Le même. — *Let. à une supérieure.* 19 août 1666.

Sur l'insuccès de son entreprise.

(*Bibl. de l'Arsenal.* 2106. f. 45. 1/2 p. in-4º. Copie xvIIIᵉ s. — *Bibl. Mazarine.* 1214. let. 86. Copie xvIIIᵉ s. — *Bibl. Sainte Geneviève.* Df. 49. let. 87. Copie xvIIIᵉ s.)

959. — Le même. — *Let. à une supérieure.* 15 septembre 1666.

De l'amour de la retraite.

(*Bibl. de l'Arsenal.* 2106. f. 45 vº. 1 p. in-4º. Copie xvIIIᵉ s. — *Bibl. Mazarine.* 1214. let. 87. Copie xvIIIᵉ s. — *Bibl. Sainte Geneviève.* Df. 49 let. 88. Copie xvIIIᵉ s.)

960. — Le même. — *Let. à Monsieur.....* 22 octobre 1666.

Sur les obligations de la vie religieuse.

(*Bibl. de l'Arsenal.* 2106. f. 46. 4 p. 1/2 in-4º. Copie xvIIIᵉ s.)

961. — Le même. — *Let. à une religieuse.* 20 novembre 1666.

De la manière dont il vit avec ses religieux.

---

(1) Sa nièce.

(*Bibl. Mazarine.* 1214. let. 61. 1 p. in-8°. Copie XVIII° s. — *Bibl. Sainte Geneviève.* Df. 49. let. 62. Copie XVIII° s.)

962. — Le même. — *Let. à....* 30 janvier 1667.
Qu'il faut une grande égalité de sentiments.
(*Bibl. de l'Arsenal.* 2106. f. 48. Copie XVIII° s.)

963. — Le même. — *Let. à une religieuse.* 22 mai 1667.
Conseils.
(*Bibl. de l'Arsenal.* 2106. f. 48 v° 2 p. in-4°. Copie XVIII° s.)

964. — Le même. — *Let. à une religieuse.* 9 juillet 1667.
Conseils.
(*Bibl. Mazarine.* 1214 let. 79. 3 p. in-8°. Copie XVIII° s. — *Bibl. Sainte Geneviève.* Df. 49 let. 80. s. d. Copie XVIII° s.)

965. — Le même. — *Let. à...* . 22 août 1667.
Sur la solitude.
(*Bibl. de l'Arsenal.* 2106. f. 49 v° 1/4 p. in-4°. Copie XVIII° s.)

966. — Le même. — *Let. à....* 28 août 1667.
Conseils.
(*Bibl. de l'Arsenal.* 2106. f. 49 v°. 1 p. in-4°. Copie XVIII° s.)

967. — Le même. — *Let. à Monsieur.....* 3 septembre 1667.
Conseils.
(*Bibl. de l'Arsenal.* 2106. f. 50. 7 p. in-4°. Copie XVIII° s.)

968. — Le même. — *Let. à une religieuse de l'Annonciade.* 10 septembre 1667.
Vœux de bonne année.
(*Arch. de la Grande-Trappe.* 2 p. in-12. Copie XVIII° s.)

969. — Le même. — *Let. au R. Père Général des Célestins.* 19 août 1668.
Au sujet du P. Jacques du Puiperron (1) religieux des Célestins qui voulait entrer à la Trappe.
(*Arch. de la Grande-Trappe.* Let. de piété. 60, 1re série. 5 p. in-fol. Copie XVIII° s.)

(1) Profès le 4 septembre 1679. † le 15 décembre 1674.

970. — Le même. — *Let. aut. non sig.* à M. [*Arnauld*] *d'Andilly*. 24 octobre 1668.
> Il est heureux de voir qu'il ne l'a pas oublié.
> (*Bibl. de l'Arsenal*. Pap. de la famille Arnauld. 6037. f. 134. Cachet rouge aux armes de la Trappe.)

971. — Le même. —. *Let. au R. Père Général des Célestins.* 27 octobre 1668.
> Au sujet du P. Jacques du Puiperron.
> (*Arch. de la Grande-Trappe*. let. de piété. 61, 1re série. 2 p. in-fol. Copie XVIIIe s.)

972. — Le même. — *Let. au R. P. prieur de.....* 19 novembre 1668.
> Au sujet d'un chanoine régulier qui s'était retiré à la Trappe.
> (*Arch. de la Grande-Trappe*. let. de piété. 15. 1re série. 2 p. in-fol. Copie XVIIIe s.)

973. — Le même. — *Let. à M. l'archevêque de Paris* (1). novembre 1668.
> Même sujet.
> (*Arch. de la Grande-Trappe*. let. de piété. 14. 1re série. 1 p. 1/2 in-fol. Copie XVIIIe s.)

974. — Le même. — *Let.* à *M. l'évêque d'Evreux* (2). 27 décembre 1668.
> Au sujet de Louis Guérout, religieux de la Trappe.
> (*Arch. de la Grande-Trappe*. 2 p. in-12. Copie XVIIIe s.)

975 — Le même. — *Let. à une supérieure.* 20 janvier 1669.
> Conseils.
> (*Bibl. de l'Arsenal*. 2106. f. 53 vo. 2 p. in-4o. Copie XVIIIe s. — *Bibl. Mazarine*. 1214. let. 88. Copie XVIIIe s. — *Bibl. Sainte Geneviève*. Df. 49. let. 89, avec la date du 30 janv. Copie XVIIIe s.)

976. — Le même. — *Let. à M. l'évêque de Pamiers* (3). 26 mars 1669.
> Il lui envoie un petit manuel des pratiques suivies à la Trappe et lui parle du P. Le Nain.
> (*Arch. de la Grande-Trappe*. 2 p. in-12. Copie XVIIIe s.)

---

(1) Hardoin de Péréfixe de Beaumont, arch. de Paris de 1664 à 1671.
(2) Henri Cauchon de Maupas du Tour, év. d'Evreux de 1661 à 1680.
(3) François-Etienne de Caulet, év. de Pamiers de 1644 à 1680.

977. — Le même. — *Let. à un religieux.* 14 avril 1669.

Il l'exhorte à rentrer dans le devoir.

(*Arch. de la Grande-Trappe.* let. de piété 41. 2ᵉ série. 4 p. in-fol. Copie xviiiᵉ s.)

978. — Le même. — *Let. aut. non sig.* « *à M. le chevalier de Rancé* (1) ». La Trappe. 23 mai 1669.

Affaires de famille.

(*Vente du Comte d'Hunolstein.* Charavay. 1864. 6 fr. 50. — *Collection Et. Charavay.* 1896. 1 p. in-4º. Légère déchirure au bas)

979. — Le même. — *Let. à une supérieure.* 29 mai 1669.

Lettre de condoléance.

(*Bibl. de l'Arsenal.* 2106. f. 54. vº 1 p. in-4º. Copie xviiiᵉ s. — *Bibl. Mazarine.* 1214 let. 89. Copie xviiiᵉ s. — *Bibl. Sainte Geneviève.* Df. 49 let. 90. Copie xviiiᵉ s.)

980. — Le même. — *Let. aut. sig.* « *à Monsieur Ferrier, marchand bourgeois, demeurant rue de la Grande Truanderie, proche la rue S. Denis, pour faire tenir à M. l'abbé Favière à Paris* ». 11 juin 1669.

Il le prie de venir le voir.

(*Bibl. de Clermont-Ferrand* 344. f. 45. 1 p. in-8º. Cachet rouge brisé. — Publiée par M. Gonod, 1846, p. 35.)

981. — Le même. — *Let.* « *au Frère Alexandre, religieux profès de l'abbaye de Septfons et novice à la Trappe* ». 17 juillet 1669.

Il lui recommande la soumission.

(*Arch. de la Grande-Trappe.* 2 p. in-12. Copie xviiiᵉ s.)

982. — Le même. — *Let. au R. Père Général des Célestins.* 17 juillet 1669.

Au sujet du P. Jacques du Puiperron (2).

(*Arch. de la Grande-Trappe.* Let. de piété 62. 1ʳᵉ série. 2 p. in-fol. Copie xviiiᵉ s.)

---

(1) Henri de Rancé, frère de l'abbé, chevalier de Malte, lieutenant général des galères du Roi, mort le 14 mars 1726 à 99 ans.

(2) V. les numéros 969 et 971.

983. — Le même. — *Let. sig.* « *à la R. mère Louise Marie de Rancé* (1), *religieuse de l'Annonciation, près la place roialle à Paris* ». 18 décembre 1669.

    Conseils.
    (*Arch. de la Grande-Trappe.* 5 p. 1/2 in-8°. Cachet rouge aux armes de la Trappe.)

984. — Le même. — *Let. à M..... abbé commendataire.* 1669.

    Au sujet des pensions retenues sur les bénéfices.
    (*Arch. de la Grande-Trappe.* Let. de piété 67. 1re série. 7 p. 1/4 in-fol. Copie xviii° s.)

985. — Le même. — *Let. au R. Père ...., assistant du R. Père général de.....* 1er janvier 1670.

    Sur l'un de ses pères qui s'était réfugié à la Trappe et qu'il ne peut en conscience renvoyer.
    (*Arch. de la Grande-Trappe.* Let. de piété 35. 2e série. 1 p. 1/2 in-fol. Copie xviiie.)

986. — Le même. — *Let. au Cardinal Bona* (2) *à Rome.* 5 janvier 1670.

    Félicitations pour sa promotion au cardinalat.
    (*Arch. de la Grande-Trappe.* 1 p. 1/2 in-12. Copie xviii° s.)

987. — Le même. — *Let. aut. non sig.* « *à Monsieur Ferrier, rue de la Truanderie, près le puis d'amour, pour faire tenir à Monsieur l'abbé Favière en Auvergne, à Paris* ». 24 janvier 1670.

    Sur le séjour de M. de Tillemont et de M. Gérard à la Trappe.
    (*Bibl. de Clermont-Ferrand.* 344. f. 47. 1 p. 3/4 in-8°. Cachet rouge aux armes de la Trappe. — Publiée par M. Gonod, 1846, p. 36.)

988. — Le même. — *Let. à......* 24 janvier 1670.

    Sur le mépris de la vie.
    (*Bibl. de l'Arsenal.* 2106. f. 55. 1 p. 1/4 in-4°. Copie xviii° s.)

---

(1) Sa sœur.
(2) Jean Bona, né à Mondovi le 10 octobre 1609, † le 27 octobre 1674, général de l'ordre des Feuillants en 1651, cardinal en 1669.

989. — Le même. — *Let. au R. Père prieur de Tyronneau* (1). janvier 1670.

    Il se défend d'avoir rien pu écrire qui dût le blesser.
    (*Arch. de la Grande-Trappe*. 1 p. in-12. Copie xviiie s.)

990. — Le même. — *Let. à la R. mère Louise Henriette, religieuse de la Visitation de Tours* (2). 16 février 1670.

    Conseils.
    (*Bibl. de l'Arsenal*. 2106. f. 55. vo 2 p. in-4o. Copie xviiie s. — *Bibl. Mazarine*. 1214. let. 92. Copie xviiie s. — *Bibl. Sainte Geneviève*. Df. 49. let. 93. Copie xviiie s.)

991. — Le même. — *Let. à M. l'évêque d'Alet* (3). 16 février 1670.

    M. Hardy (4) à la Trappe.
    (*Arch. de la Grande-Trappe*. Let. de piété 17. 1re série. 2 p. in-12 et 1 p. 1/4 in-fol. 2 copies xviiie.)

992. — Le même. — *Let. au R. Père général de la Congrégation de S. Maur*. 19 février 1670.

    Il s'excuse de ne pouvoir lui renvoyer l'un de ses religieux retiré à la Trappe.
    (*Arch. de la Grande-Trappe*. Let. de piété 22. 1re série. 1 p. 1/4 in-fol. Copie xviiie s.)

993 — Le même. — *Let. à des religieuses de l'ordre*. 24 février 1670.

    Conseils.
    (*Arch. de la Grande-Trappe*. Let. de piété 53. 1re série. 2 p. 1/2 in-12. Copie xviie s)

994. — Le même. — *Let. à M. l'évêque d'Alet*. 5 avril 1670.

    Sur M. Hardy retiré à la Trappe (5).
    (*Arch. de la Grande-Trappe*. Let. de piété 18. 1re série. 1 p. 1/2 in-fol. Copie xviiie s. — Publiée par M. Gonod, 1846. p. 343.)

(1) Abbaye du diocèse du Mans, de l'ordre de Citeaux, fondée en 1151. *Tironnellum*.
(2) Henriette d'Albon, sa nièce.
(3) Nicolas Pavillon, év. d'Alet de 1637 à 1677.
(4) Paul Hardy, théologal d'Alet et supérieur du séminaire, profès à la Trappe le 8 mars 1671, † le 5 avril 1675.
(5) V. le numéro 991.

995. — Le même. — *Let. au R. Père provincial des Célestins.* 15 juin 1670.

Au sujet des religieux qui s'étaient retirés à la Trappe.
(*Arch. de la Grande-Trappe.* Let. de piété 63. 1re série. 5 p. in-fol. Copie xviiie s.)

996. — Le même. — *Let. au R. P. abbé de Cîteaux* (1) 13 juillet 1670.

De la joie qu'il ressent de son élection.
(*Arch. de la Grande-Trappe.* 1 p. 1/2 in-12. Copie xviiie s.)

997. — Le même. — *Let. à une supérieure.* 28 septembre 1670.

Sur la mort d'un évêque.
(*Bibl. de l'Arsenal.* 2106. f. 56. v° 1 p. 1/4 in-4°. Copie xviiie s. — *Bibl. Mazarine.* 1214. let. 91, avec la date du 29 septembre. Copie xviiie s. — *Bibl. Sainte Geneviève.* Df. 49. let. 92. Copie xviiie s.)

998. — Le même. — *Let. aut. sig. « à Monsieur Ferrier, bourgeois, rue de la Truanderie, près le puits d'amour, pour faire tenir à M. l'abbé Favière, à Paris ».* 1er novembre 1670.

Sur M. et Mme d'Albon.
(*Bibl. de Clermont-Ferrand.* 344. f. 49. 2 p. in-8°. Cachet rouge aux armes de la Trappe. — Publiée par M. Gonod. 1846. p. 38.)

999. — Le même. — *Lettre à.....* 1er novembre 1670.

Réponse à diverses questions.
(*Bibl. de l'Arsenal.* 2106. f. 57 v°. 1 p. 1/4 in-4°. Copie xviiie s.)

1000. - Le même. — *Let. à une religieuse.* 1er décembre 1670.

De la pensée de la mort.
(*Bibl. de l'Arsenal.* 2106. f. 58. 1 p. 1/2 in-4°. Copie xviiie s. — *Bibl. Mazarine.* 1214. let. 93. Copie xviiie s. — *Bibl Sainte Geneviève.* Df. 49. let. 94. Copie xviiie s.).

1001. — Le même. — *Let. à une religieuse.* 1670.

Les principales vertus doivent être accompagnées d'une parfaite conformité à la volonté de Dieu. Il approuve une de ses

(1) Jean II Petit, abbé de Cîteaux du 20 juin 1670 au 15 janvier 1692,

nièces d'avoir supporté d'une manière ferme la mort de son oncle M. L. de T.

(*Bibl. Mazarine.* 1214. let. 70. 1 p. 1/4 in-8°. Copie xviiie s. — *Bibl. Sainte Geneviève.* Df. 49. let. 71. Copie xviiie s. — *Arch. de la Grande-Trappe.* Copie xviiie s.)

1002. — Le même. — *Let. à une supérieure.* 29 janvier 1671

Sur le changement de vie de Monsieur de…

(*Bibl. de l'Arsenal*, 2106. f. 59. 2 p. in-4°. Copie xviiie s. — *Bibl. Mazarine.* 1214. let. 95. Copie xviiie s. — *Bibl. Sainte Geneviève.* Df. 49 let. 96. Copie xviiie s. — Publiée dans les *let. de piété.* 1701. I. 141.)

1003. — Le même. — *Let. à des religieuses.* 26 février 1671.

Conseils.

(*Arch. de la Grande-Trappe.* 3 p. 1/2. in-12. Copie xviiie s.)

1004. — Le même. — *Let. à une supérieure.* 12 avril 1671.

Sur la solitude.

(*Bibl. de l'Arsenal.* 2106. f. 59. v° 1/2 p. in-4°. Copie xviiie s. — *Bibl. Mazarine.* 1214 let. 96. Copie xviiie s. — *Bibl. Sainte Geneviève.* Df. 49 let. 97. Copie xviiie s.)

1005. — Le même. — *Let. à la R. mère Marie-Louise, religieuse de l'Annonciade* (1). 26 avril 1671.

Conseils.

(*Arch. de la Grande-Trappe.* let. de piété 214. 2e série. 1 p. 1/4 in-fol. Copie xviiie s.)

1006. — Le même. — *Let. à Monsieur l'abbé…… à Paris.* 18 juin 1671.

Conseils.

(*Arch. de la Grande-Trappe.* Let. de piété 213. 2e série. 1 p. in-fol. Copie xviiie s.)

1007. — Le même. — *Let. à Madame…..* 1er juillet 1671.

Conseils.

(*Bibl. de l'Arsenal.* 2106. f. 60. 4 p. in-4°. Copie xviiie s.)

1008. — Le même. — *Let. à Monsieur…..* 5 juillet 1671.

Il répond à son dessein de se retirer à la Trappe.

(*Arch. de la Grande-Trappe.* let. de piété. 54. 1re série. 3 p. in-fol. Copie xviiie s.)

---

(1) Sa sœur.

1009. — Le même. — *Let. à Monsieur Favier, abbé commendataire de S. Symphorien* (1). 8 juillet 1671.

Sur la réforme de l'abbaye de Saint Symphorien qu'il le supplie d'établir.

(*Bibl. de l'Arsenal*. 2106. f. 62. 3 p. 1/4 in-4º. Copie XVIIIᵉ s.)

1010. — Le même. — *Let. à une religieuse*. 15 juillet 1671.

De l'obligation qu'ont les personnes religieuses de ne s'occuper que des pensées de l'Eternité.

(*Bibl. Mazarine*. 1214. let. 66. 1 p. 1/2 in-8º. Copie XVIIIᵉ s. — *Bibl. Sainte Geneviève*. Df. 49. let. 67. Copie XVIIIᵉ s. — *Arch. de la Grande-Trappe*. Copie XVIIIᵉ s. — Publiée dans les *lettres de piété*. 1701. I. 153.)

1011. — Le même. — *Let. au R. Père prieur et aux religieux de S. Symphorien*. 23 juillet 1671.

Conseils pour la réforme de l'abbaye.

(*Bibl. de l'Arsenal*. 2 06. f. 64. 3 p. 1/2 in-4º. Copie XVIIIᵉ s. — *Bibl. Mazarine*. 1214. let. 84. Copie XVIIIᵉ s. — *Bibl. Sainte Geneviève*. Df. 49. let. 85. Copie XVIIIᵉ s — Publiée à la suite de la « Description de l'abbaye de la Trappe. » Paris 1683, p. 77.)

1012. — Le même. — *Let. aut. non sig. à Monsieur Favier*. 3 août 1671.

Sur la réforme de S. Symphorien (2).

(*Bibl. de Clermont-Ferrand*. 344. f. 51. 1 p. 1/2 in-8º. Cachet abbatial (3). — *Bibl. de l'Arsenal*. 2106. f. 66. Copie XVIIIᵉ s. — Publiée par M. Gonod, 1846, p. 40.)

1013. — Le même. — *Let. au R. Père abbé de Citeaux*. 3 septembre 1671.

Sur les affaires de l'ordre.

(*Bibl. Mazarine*. 1214. let. 98. 5 p. 1/2 in-8º. s. d. Copie XVIIIᵉ s. — *Bibl. Sainte Geneviève*. Df. 49. let. 99. Copie XVIIIᵉ s.)

1014. — Le même. — *Let. à une religieuse*. 3 septembre 1671.

Réfléxions pieuses.

(*Bibl. Mazarine*. 1214. let. 100. 2 p. 1/2 in-8º. Copie XVIIIᵉ s. — *Bibl. Sainte Geneviève*. Df. 49 let. 101. Copie XVIIIᵉ s.)

---

(1) Voir le numéro 947.
(2) V. les numéros 947, 1009 et 1011.
(3) V. le numéro 632, note 1.

1015. — Le même. — *Let. à la R. mère Thérèse (1), religieuse des Clairets.* 30 septembre 1671.

    Sur la mort de l'abbesse des Clairets (2).
    (*Arch. de la Grande-Trappe.* Let. à imprimer. f. 24. 1 p. in-4º. Copie xviiiᵉ s.)

1016. — Le même. — *Let. au R. Père..... religieux célestin.* 4 octobre 1671.

    Motifs qui l'empêchent d'admettre le frère de ce religieux à la Trappe.
    (*Arch. de la Grande-Trappe.* Let. de piété. 86, 1ʳᵉ série. 2 p. in-fol. Copie xviiiᵉ s.)

1017. — Le même. — *Let. à des religieuses.* 13 octobre 1671.

    Conseils.
    (*Arch. de la Grande-Trappe.* 2 p. 1/2 in-12. Copie xviiiᵉ s.)

1018. — Le même. — *Let. à Monsieur.....* 19 octobre 1671.

    Il lui exprime ses regrets de ne pouvoir lui être utile.
    (*Bibl. de l'Arsenal.* 2106. f. 67. 1 p. in-4º. Copie xviiiᵉ s.)

1019. — Le même. — *Let. à Monsieur de Barillon, évêque de Luçon.* 26 octobre 1671.

    Il lui adresse ses compliments pour sa promotion à l'évêché de Luçon.
    (*Bibl. de Poitiers.* 65. Fonteneau. f. 599. Copie xviiiᵉ s.)

1020. — Le même. — *Let. à une religieuse.* 4 novembre 1671.
Conseils.

    (*Bibl. Mazarine.* 1214. let. 99. 2 p. 1/4 in-8º. Copie xviiiᵉ s. — *Bibl. Sainte Geneviève.* Df. 49. let. 100. Copie xviiiᵉ.)

1021. — Le même. — *Let. à M. de Barillon évêque de Luçon.* 20 novembre 1671.

    Il l'encourage dans la lourde tâche qui lui incombe.
    (*Bibl. de Poitiers.* 65 Fonteneau. f. 600. Copie xviiiᵉ s.)

---

(1) Sa sœur.
(2) Louise de Thou, fille de René et de Marie Faye, abbesse de 1640 à 1670.

1022 — Le même. — *Let. à la R. mère Louise-Henriette religieuse de la Visitation de Tours* (1) 3 décembre 1671.
>Conseils.
>(*Bibl. Mazarine.* 1214. let. 102. 2 p. 1/4 in-8°. Copie XVIIIe s.
>— *Bibl. Sainte Geneviève.* Df. 49 let. 103. Copie XVIIIe s.)

1023. — Le même. — *Let. à une religieuse.* 3 décembre 1671.
>Conseils.
>(*Bibl. Mazarine.* 1214. let. 65. 2 p 1/2 in-8°. Copie XVIIIe s. —
>— *Bibl. Sainte Geneviève.* Df. 49. let. 66. Copie XVIIIe s. —
>*Arch. de la Grande-Trappe.* Copie XVIIIe s.)

1024. — Le même. — *Let. au R. P. prieur de......* 4 décembre 1671.
>Des dispositions nécessaires pour être reçu à la Trappe.
>(*Arch. de la Grande-Trappe.* let. de piété. 212. 2e série. 2 p. in-fol. Copie XVIIIe s.)

1025. — Le même. — *Let. aut. sig. au R, Père Dom Robin.* 12 décembre 1671.
>Sur la réforme de son ordre.
>(*Catalogue d'une collection d'autographes.* Vente du 2 juin 1856. Laverdet. N° 376. 26 fr. 5 p. in-12. Cachet rouge (2).)

1026. — Le même. — *Let. à Monsieur......* 15 décembre 1671.
>Il le félicite de son désintéressement.
>(*Bibl. de l'Arsenal.* 2106. f. 67 v°. 1 1/2 p. in-4°. Copie XVIIIe s.)

1027. — Le même. — *Let. orig. aut. non sig.* « à M. [*Arnauld*] *d'Andilly.* » 27 décembre 1671.
>Au sujet de M. V. F.
>(*Bibl. de l'Arsenal.* Pap. de la famille Arnauld. 6037. f. 415. 1 p. in-12.)

1028. — Le même. — *Let. à M. l'évêque de......* 1671.
>Il ne peut se résoudre à fermer les portes de son monastère à des religieux qui s'y sont retirés.
>(*Arch. de la Grande-Trappe.* Let. de piété 21. 1re série. 1 p. in-fol. Copie XVIIIe s.)

---

(1) Henriette d'Albon, sa nièce.
(2) Dans une vente de Laverdet du 20 avril 1853. N° 1260, on retrouve la même lettre avec 4 p. in-12 seulement. Elle fut vendue alors 21 fr. 50.

1029. — Le même. — *Let. à une supérieure.* 4 janvier 1672.
Au sujet de l'une de ses religieuses.
(*Bibl. Mazarine.* 1214 let. 104. Copie XVIIIe s. — *Bibl. Sainte Geneviève.* Df. 49 let. 105. Copie XVIIIe s.)

1030. — Le même. — *Let. « au R. Père Dom Simon Guérin, chartreux, à Basseville ».* 20 janvier 1672.
De la vie dans la retraite.
(*Arch. de la Grande-Trappe.* let. de piété 192. 2e série. 3 p. in-fol. et let. à imprimer f. 31 2 p. in-4°. Copies XVIIIe s.)

1031. — Le même. — *Let. orig. non sig. à M. Arnauld d'Andilly.* 25 janvier 1672.
Sur les lettres de M. l'abbé de S. Cyran que M. Arnauld vient de lui envoyer.
(*Bibl. de l'Arsenal.* Pap. de la famille Arnauld. 6038. f. 3. 1 p. in-12.)

1032. — Le même. — *Let. à M. de Barillon, év. de Luçon.* 17 février 1672.
Sur M. Piquet, son successeur au prieuré de Boulogne.
(*Bibl. de Poitiers.* 65. Fonteneau. f. 601. Copie XVIIIe s.)

1033. — Le même. — *Let. à M. Jacques Bénigne Bossuet, évêque de Condom* (1). 22 février 1672.
Il est touché de ses bontés; il lui parle d'un livre qu'il lui a adressé.
(*Arch. de la Grande-Trappe.* let. à imp. f. 40. 1 p. 1/2 in-4°. Copie XVIIIe s.)

1034. — Le même. — *Let. à Monsieur.....* 1er avril 1672.
Au sujet de sa nièce.
(*Bibl. de l'Arsenal.* 2106. f. 68. 3 p. in-4°. Copie XVIIIe s.)

1035. — Le même. — *Let. au R. Père abbé de Citeaux* (2). 6 avril 1672.
Il plaide auprès de lui la cause de l'étroite observance.
(*Bibl. nationale.* lat. 11888. f. 186. s. d. 4 p. in-4°. Copie XVIIIe s. — Publiée dans la « Description de l'abbaye de la Trappe. » Paris. 1683. p. 23 avec la date du 6 avril 1672.)

---

(1) Cette lettre est bien adressée à Bossuet, mais il n'était plus titulaire de l'évêché de Condom, qu'il avait quitté en 1671 pour se consacrer à l'éducation du Dauphin.
(2) Jean Petit.

1036. — Le même. — *Let. au R. Père de Malebranche, prêtre de l'Oratoire* (1). 9 avril 1672.

Il l'encourage dans son dessein de vivre dans la retraite et de venir à la Trappe.

(*Arch. de la Grande-Trappe.* let. à imprimer. f. 48. 2 p. in-4°. Copie xviiie s.)

1037. — Le même. — *Let. à M. de Barillon, év. de Luçon.* 11 avril 1672.

Sur la mort de M. de Morangis (2).

(*Bibl. de Poitiers.* 65. Fonteneau. f. 600. 1/2 p. in-4°. Copie xviiie s.)

1038. — Le même. — *Let. au Maréchal de Bellefonds* (3). 1er mai 1672.

Il s'intéresse à tout ce qui le touche.

(*Arch. de la Grande-Trappe.* let. à imprimer. f. 56. 1 p. 1/2 in-4°. Copie xviiie s.)

1039. — Le même. — *Let. « au R. Père François Weber, religieux profès de N.-D. de Heisterbac* (4) ». 14 mai 1672.

En latin.

Il le recevra avec joie à la Trappe et lui expose la façon dont la règle de Citeaux y est observée.

(*Arch. de la Grande-Trappe.* let. à imprimer. f. 56. 1 p. 1/2 in-4°. Copie xviiie s.)

1040. — Le même. — *Let. « aux RR. PP. DD. Richard Lapp et Théodore Bourlez, profès de N.-D. d'Heisterbac, hospitalisés au monastère de Cambron* (5) *dans le Hainaut* ». 14 mai 1672.

(1) Nicolas Malebranche, né en 1638, mort en 1715.

(2) Antoine de Barillon de Morangis, conseiller d'Etat, oncle de l'évêque de Luçon. Il mourut le 4 avril 1672.

(3) Bernardin Gigault de Bellefonds, mort gouverneur de Vincennes le 5 décembre 1694. Il venait de passer la semaine sainte à la Trappe. (V. Lettre de Mme de Sévigné à Mme de Grignan, du 8 avril 1672. édit. 1818. II. 383.)

(4) Heisterbacum seu vallis S. Petri, abbaye de l'ordre de Citeaux, au diocèse de Cologne, fondée en 1188 par Philippe de Heinsberg, archevêque de Cologne. En 1672, l'abbé était Godefroid Brughausen.

(5) Cambero, de l'ordre de Citeaux, au diocèse de Cambrai, fondée en 1148.

En latin.

Il recevra avec joie leur frère (F. Weber) et leur envoie ses encouragements (1).

(*Arch. de la Grande-Trappe.* let. à imprimer. f. 67. 1 p. 1/2 in-4°. Copie XVIII° s.)

1041. — Le même. — *Let. aut. non sig. à Monsieur Favier.* 27 mai 1672.

Sur la réforme de S. Symphorien (2).

(*Bibl. de Clermont-Ferrand.* 344. f. 53. 1 p. 3/4 in-12. Cachet rouge brisé aux armes de la Trappe. — Publiée par M. Gonod. 1846. p. 42.)

1042. — Le même. — *Let. à M. de Barillon, év. de Luçon.* 2 juin 1672.

Il l'assure de ses prières.

(*Bibl. de Poitiers.* 65. Fonteneau. f. 762. 1/2 p. in-4°. Copie XVIII° s.)

1043. — Le même. — *Let. aut. sig. à Monsieur Favier.* 8 juin 1672.

Il le remercie d'un cadeau qu'il a fait à la Trappe.

(*Bibl. de Clermont-Ferrand.* 344 f. 55. 2 p. in-12. — Publiée par M. Gonod, 1846, p. 43.)

1044. — Le même. — *Let. orig. sig.* (3) *au R. Père Ronat, prieur des Célestins de Sens.* Juin 1672.

Il accueil sa demande d'entrer à la Trappe.

(*Bibl. de l'Arsenal.* 5098. f. 7. 1 p. in-4°. Cachet abbatial (4).)

1045. — Le même. — *Let. à Monsieur le Roy, abbé de Hautefontaine.* 6 juillet 1672.

Il condamne l'usage des fictions dans les répréhensions. Il

---

(1) Ces deux lettres répondaient à celle que les P. Lapp et Bourlez adressaient de Cambron à l'abbé de la Trappe, le 12 mai 1672 et dans laquelle ils se plaignaient du relâchement de leur monastère (en latin. Arch. de la Grande-Trappe, let. à imp. f. 65. 1 p. 1/2 in-4°. Copie XVIII° s.)

(2) V. les n°s 947, 1009, 1011 et 1012.

(3) La signature ressemble sensiblement à celle de l'abbé de Rancé ; elle ne paraît cependant pas autographe.

(4) La légende de ce cachet diffère un peu de celle que nous avons mentionnée sous le numéro 632 note 1. On lit : *Sig. F. Arm. Jo. abb. dom. Dei de Trappa.*

attend les religieux de Heisterbac qui ont passé par Hautefontaine.

(*Arch. de la Grande-Trappe.* let. de piété 68. 1re série. 3 p. 1/2 in-fol. et let. à imprimer. f. 76. 3 p. 1/4 in-4º. Copie XVIIIe s.)

1046. — Le même. — *Let. à Monsieur l'abbé de.....* 7 juillet 1672.

Sur ce qui s'est fait à Citeaux contre l'Observance de la Trappe.
(*Arch. de la Grande-Trappe.* 2 p. 1/4 in-4º. Copie XVIIIe s.)

1047. — Le même. — *Let. à Monsieur l'évêque d'Alet* (1). 23 juillet 1672.

Sur la profession de M. l'abbé Cordon (2) à la Trappe.
(*Arch. de la Grande-Trappe.* 1 p. in-4º. Copie XVIIIe s. — Publiée par M. Gonod. 1846. p. 345, avec date du 28 juillet.)

1048. — Le même. — *Let. à Monsieur l'évêque de Pamiers* (3). 23 juillet 1672.

Il souhaite la réalisation du projet qu'il forme d'établir une maison de l'ordre dans son diocèse.
(*Arch. de la Grande-Trappe.* let. à imprimer. f. 92. 1 p. in-4º. Copie XVIIIe s.)

1049. — Le même. — *Let. au Maréchal de Bellefonds.* 26 août 1672.

Il le console dans ses épreuves.
(*Arch. de la Grande-Trappe.* let. à imprimer. f. 103. 2 p. in-4º. Copie XVIIIe s. — Publiée dans les *lettres de piété.* 1701. I. 224.)

1050. — Le même. — *Let. à.....* 29 août 1672.

Au sujet de sa santé.
(*Bibl. de l'Arsenal.* 2106. f. 69 vº 2 p. in-4º. Copie XVIIIe s.)

1051. — Le même. — *Let. à Monsieur de Barillon, évêque de Luçon.* 26 octobre 1672.

Il le félicite d'avoir pu s'isoler des personnes avec lesquelles il était lié.
(*Bibl. de Poitiers.* 65. Fonteneau. f. 601. 1/2 p. in-4º. Copie XVIIIe s.)

(1) Nicolas Pavillon.
(2) D. Arsène Cordon, docteur en Sorbonne, vicaire à S. Merry, puis curé de S. Maurice sur Laveron, au diocèse de Sens. Il fit profession le 19 août 1672 et mourut le 10 février 1685.
(3) François-Etienne de Caulet, év. de Pamiers de 1644 à 1680.

1052. — Le même. — *Let. aut. non sig.* « *à Monsieur l'abbé Favière, à Thiert.* » 28 octobre 1672.
>
> Sur les méchants bruits que l'on fait courir sur la Trappe.
> (*Bibl. de Clermont-Ferrand.* 344. f. 57. 1 p. in-8º. — Publiée par M. Gonod. 1846. p. 44.)

1053. — Le même. — *Let. au R. Père prieur des Célestins.* 4 novembre 1672.
>
> Sur sa vocation à la vie religieuse.
> (*Arch. de la Grande-Trappe.* 3 p. 1/4 in-4º et let. à imprimer f. 148. 2 p. 1/4 in-4º. Copie XVIIIe s.)

1054. — Le même. — *Let. à M. de Barillon évêque de Luçon.* 16 novembre 1672.
>
> Sur la mort de Madame de Barillon (1), mère de l'évêque.
> (*Bibl. de Poitiers.* 65. Fonteneau. f. 602. 1 p. in-4º. Copie XVIIIe s.)

1055. — Le même. — *Let. au même.* 31 novembre 1672.
>
> Il le remercie de sa visite à la Trappe.
> (*Bibl. de Poitiers.* 65 Fonteneau. f. 603. 2 p. in-4º. Copie XVIIIe s.)

1056. — Le même. — *Let. à Monsieur.....* 7 décembre 1672.
>
> Au sujet de sa santé.
> (*Bibl. de l'Arsenal.* 2106. f. 70 vº. 1/2 p. in-4º. Copie XVIIIe s.)

1057. — Le même. — *Let. à M. l'évêque de Grenoble* (2). 23 décembre 1672.
>
> Devoirs des évêques. Conseils.
> (*Arch. de la Grande-Trappe.* Let. à imprimer f. 113. 6 p. in-4º. Copie XVIIIe s. — Publiée dans les *lettres de piété.* 1701. I. 397.)

1058. — Le même. — *Let. à la R. mère Thérèse, religieuse des Clairets.* (3), 4 janvier 1673.
>
> Il la remercie de ses vœux et de ses prières.
> (*Arch. de la Grande-Trappe.* Let. à imprimer. f. 121. 1 p. in-4º. Copie XVIIIe s.)

---

(1) Bonne Fayet. Elle avait épousé Jean Jacques de Barillon, président au Parlement de Paris.
(2) Etienne, cardinal Le Camus.
(3) Sa sœur.

1059. — Le même. — *Let. à M. de Barillon, év. de Luçon.* 17 janvier 1673.

Il souhaite de le voir bientôt à la Trappe.

« L'adresse que vous me demandez est : à l'abbaye de la Trappe à Mortagne au Perche et le messager de Mortagne demeure à la vallée de Misère, à Notre Dame de Boulogne ; il s'appelle M. Baron. »

(*Bibl. de Poitiers.* 65. Fonteneau. f. 605. 1 p. in-4º. Copie XVIIIe s.)

1060. — Le même. — *Let. à Monsieur Hermant* (1), *docteur de Sorbonne.* 28 janvier 1673.

Il le remercie de l'envoi de sa traduction des traités ascétiques de S. Basile et l'en félicite.

(*Arch. de la Grande-Trappe.* Let. à imprimer. f. 265. 1 p. 1/2 in-4º. Copie XVIIIe s.)

1061. — Le même. — *Let.* (2) *au même.* 28 janvier 1673.

Il lui signale certaines remarques sur sa traduction.

(*Arch. de la Grande-Trappe.* Let. à imprimer. f. 270. 2 p. 1/2 in-4º. Copies XVIIIe.)

1062. — Le même. — *Let. à M. de Barillon, év. de Luçon.* 31 janvier 1673.

Il lui donne son appréciation sur un livre traitant de la vie religieuse.

(*Bibl. de Poitiers* 65. Fonteneau. f. 606. 1 p. 1/2 in-4º. Copie XVIIIe s.) (3).

1063. — Le même. — *Let. à Monsieur.....* 3 février 1673.

Sur la pensée de l'Eternité.

(*Bibl. de l'Arsenal.* 2106. f. 71. vº 1 p. in-4º. Copie XVIIIe s.)

1064. — Le même. — *Let. à Monsieur.....* 9 février 1673.

De la difficulté d'établir des réformes.

(*Bibl. de l'Arsenal.* 2106. f. 71. vº 1 p. 1/4 in-4º. Copie XVIIIe s.)

(1) Chanoine de Beauvais.
(2) Cette lettre et la précédente sont différentes, bien qu'écrites le même jour. Elles n'en faisaient sans doute qu'une dans l'original.
(3) Nous ne mentionnerons qu'au supplément qui complétera cette bibliographie les autres lettres de l'abbé de Rancé contenues au manuscrit de Poitiers, car plusieurs d'entre elles présentent des erreurs de dates qu'il importe d'éclaircir par un examen attentif que nous ne pouvons faire en ce moment.

1065. — Le même. — *Let. à Monsieur l'abbé de.....* 14 février 1673.

Il lui parle de ses commentaires sur les Proverbes, l'Ecclésiaste et la Sagesse.
(*Arch. de la Grande-Trappe*. let. à imprimer. f. 277. 1 p. 1/4 in-4º. Copie xviiiᵉ s.)

1066. — Le même. — *Let à Monsieur de Tréville* (1). 25 février 1673.

De son désir de vivre loin des hommes.
(*Bibl. Mazarine*. 1214. let. 103. 3 p. in-8º. Copie xviiiᵉ s. — *Bibl. Sainte Geneviève*. Df. 49 let. 104. Copie xviiiᵉ s.)

1067. — Le même. — *Let. au Cardinal Bona*. 9 avril 1673.

Au sujet d'une contestation entre M. de Citeaux et les abbés de l'Etroite Observance. Il lui demande sa protection afin que cette affaire, portée devant les tribunaux séculiers, puis à Rome, ait une solution favorable aux dits abbés.
(*Arch. de la Grande-Trappe*. Let. à imprimer. f. 289. 4 p. in-4º. Copie xviiiᵉ s.)

1068. — Le même. — *Let. à Monsieur.....* 3 mai 1673.

Au sujet de sa santé.
(*Bibl. de l'Arsenal*. 2106. f. 72. vº 1 p. in-4º. Copie xviiiᵉ s.)

1069. — Le même. — *Let. aut. sig. « à Monsieur l'abbé Favière »*. 8 mai 1673.

Il le conjure de recevoir le frère Edmond.
(*Bibl. de Clermont-Ferrand*. 344. f. 59. 1 p. in-12. Cachet rouge aux armes de la Trappe. — Publiée par M. Gonod, 1846, p. 46.)

1070. — Le même. — *Let. au R. P. abbé de.....* 15 mai 1673.

Etat déplorable de l'Ordre.
(*Arch. de la Grande-Trappe*. Let. à imprimer. f. 293. 1 p. 1/2 in-4º. Copie xviiiᵉ s.)

1071. — Le même. — *Lettre à.....* 7 juin 1673.

Conseils.
(*Bibl. de l'Arsenal*. 2106. f. 72. vº 2 p. in-4º. Copie xviiiᵉ s.)

---

(1) Henri-Joseph du Peyrer ou de Peyre, comte de Troisvilles ou Tréville, membre de l'académie française, † le 13 ou 15 août 1708. La mort de Madame Henriette (29 juin 1670), le frappa tellement qu'il renonça dès lors au monde et se convertit.

1072. — Le même. — *Let. à une religieuse.* 7 juin 1673.

    De la reconnaissance qu'il doit à M. de Taignan.
    (*Arch. de la Grande-Trappe.* 1 p. in-12. Copie xviiie s.)

1073. — Le même. — *Let. orig. sig. à M.* Arnauld d'Andilly. 7 juin 1673.

    Il est heureux de le savoir au repos. Passage de Madame du Plessis (1) à la Trappe.
    (*Bibl. de l'Arsenal.* Pap. de la famille Arnauld. 6038. f. 73. 2 p. in-8º.)

1074. — Le même. — *Let. aut. sig. à Monsieur Favier.* 11 juin 1673.

    Sur le frère Edmond.
    (*Bibl. de Clermont-Ferrand.* 344. f. 61. 3 p. in-12. — Publiée par M. Gonod, 1846, p. 46.)

1075. — Le même. — *Let. orig. non sig.* « à M. Arnauld d'Andilly ». 19 juin 1673.

    Sur la mort de Madame Bouthillier (2).
    (*Bibl. de l'Arsenal.* Pap. de la famille Arnauld. 6038. f. 81. 1 p. in-8º.)

1076. — Le même. — *Let. orig. sig. à M. Arnauld d'Andilly.* » 2 juillet 1673.

    Au sujet de Monsieur de la Vernète.
    (*Bibl. de l'Arsenal.* Pap. de la famille Arnauld. 6038. f. 90. 1 p. 1/2 in-8º.)

1077. — Le même. — *Let. aut. sig. à Monsieur Favier.* 2 août 1673.

    Sur la mort de M. de Vernassal (3) et sur le frère Edmond.
    (*Bibl. de Clermont-Ferrand.* 344. f. 63. 2 p. 1/2 in-12. — Publiée par M. Gonod. 1846. p. 48).

1078. — Le même. — *Let. à Monsieur.....* 14 septembre 1673.

    Du bruit qu'occasionnent ses déplacements.
    (*Bibl. de l'Arsenal.* 2106. f. 73. vº 2 p. in-4º. Copie xviiie s.)

---

(1) Madame du Plessis-Guénégaud.

(2) Marie de Bragelongue, femme de Claude Bouthillier, sr de Pons-sur-Seine, tante de l'abbé de Rancé, mourut le 26 mai 1673.

(3) François Chalnet de Rochemonteix, sr de la Roche-Vernassal, son beau-frère. Il avait épousé sa sœur Marie.

1079. — Le même. — *Let. à.....* 16 septembre 1673.
Il implore le secours de ses prières.
(*Bibl. de l'Arsenal*, 2106. f. 74. v° 2 p. in-4°. Copie XVIII° s.)

1080. — Le même. — *Let. à Monseigneur.....* 25 octobre 1673.
Il le remercie de son souvenir.
(*Bibl. de l'Arsenal*. 2106. f. 75. 1 p. in-4°. Copie XVIII° s.)

1081. — Le même. — *Let. à la R. Mère.....* 27 octobre 1673.
Conseils.
(*Bibl. de l'Arsenal*. 2106. f. 75. v° 2 p. 1/4 in-4°. Copie XVIII° s.)

1082. — Le même. — *Let. aut. sig. à Monsieur Favier.* 29 décembre 1673.
Sur le frère Edmond. Sa requête au Roi pour les affaires de l'Observance.
(*Bibl. de Clermont-Ferrand*. 344. f. 65. 2 p. 1/2 in-12. — Publiée par M. Gonod. 1846. p. 50.)

1083. — Le même. — *Let. à une religieuse.* 21 janvier 1674.
Il la remercie de l'intérêt qu'elle lui porte.
(*Arch. de la Grande-Trappe.* 1 p. in-12. Copie XVIII° s.)

1084. — Le même. — *Let. à une religieuse.* 2 mars 1674.
Conseils. Règles de conduite pour une religieuse.
(*Bibl. Mazarine.* 1214. let. 94. Copie XVIII° s. — *Bibl. Sainte Geneviève.* Df. 49. let. 95. Copie XVIII°.)

1085. — Le même. — *Let. aut. non sig. à Monsieur Favier.* 24 avril 1674.
Sur Monsieur d'Albon et le frère Edmond.
(*Bibl. de Clermont-Ferrand*. 344. f. 67. 3 p. in-12. — Publiée par M. Gonod. 1846. p. 52.)

1086. — Le même. — *Let. à Monsieur.....* 7 juillet 1674.
Au sujet de sa santé.
(*Bibl. de l'Arsenal*. 2106. f. 77. 1 p. in-4°. Copie XVIII° s.)

1087. — Le même. — *Let. à Monsieur.....* 22 juillet 1674.
Même sujet.
(*Bibl. de l'Arsenal*. 2106. f. 77. v° 2 p. in-4°. Copie XVIII° s.)

1088. — Le même. — *Let. à des religieuses*: 30 juillet 1674.
Conseils.
(*Arch. de la Grande-Trappe.* 4 p. 1/4 in-12. Copie XVIII⁰ s.)

1089. — Le même. — *Let. à la R. mère Louise Henriette* (1), *religieuse de la Visitation de Tours.* 5 août 1674.
Conseils.
(*Bibl. de l'Arsenal.* 2106. f. 78. v⁰ 1 p. 1/4 in-4⁰. Copie XVIII⁰ s.)

1090. — Le même. — *Let à.....* 15 août 1674.
Son opinion sur M...
(*Bibl. de l'Arsenal.* 2106. f. 79. 1 p. 1/2 in-4⁰. Copie XVIII⁰ s.

1091. — Le même. — *Let. aut. sig. à Monsieur de Caumartin* (2). 9 septembre 1674.
Sur la Réforme.
(*Catalogue de lettres autographes.* Vente du 20 avril 1855. Laverdet. 2 p. 1/2 in-8⁰. 3 fr. 50.)

1092. — Le même. — *Let. à.....* 19 septembre 1674.
« L'état de celui qui souffre est le plus heureux. »
(*Bibl. de l'Arsenal.* 2106. f. 80. 2 p. 1/2 in 4⁰. Copie XVIII⁰ s.)

1093. — Le même. — *Let.* (3) *sig. à la R. mère Marie-Louise* (4), *religieuse de l'Annonciade.* 8 octobre 1674.
Conseils.
(*Arch. de la Grande-Trappe.* 4 p. in-12. Copie XVIII⁰ s.)

1094. — Le même. — *Let. sig. à une religieuse.* 20 décembre 1674.
Conseils.
(*Arch. de la Grande-Trappe.* 2 p. in-12. Copie XVIII⁰ s.)

1095. — Le même. — *Let. à la R. mère ..... religieuse de l'abbaye de Gif.* 1674.
Il lui montre l'obligation où elle est d'accepter la charge

---

(1) Henriette d'Albon, sa nièce.
(2) Louis-François Le Febvre de Caumartin, né le 16 juillet 1624, mort le 3 mars 1687, intendant de Champagne, conseiller d'Etat.
(3) Ecrite par le P. Le Nain.
(4) Sa sœur.

d'abbesse à la condition d'introduire dans son monastère l'étroite observance de la règle.
(*Arch. de la Grande-Trappe.* Let. à imprimer f. 278. 2 p. 1/2 in-4°. Copie xviii° s.)

1096. — Le même. — *Let. à M. de Troiville* (1). 3 mars 1675.
L'abbé de Rancé y manifeste de grands sentiments d'humilité.
(*Arch de la Grande-Trappe.* Let. à imp. f. 507. 1 p. in-4°. Copie xviii° s.)

1097. — Le même. — *Let. sig. à la R. mère Marie Louise, religieuse de l'Annonciade* (2). 10 avril 1675.
Il s'intéresse vivement à sa maladie.
(*Arch. de la Grande-Trappe.* 2 p. in-12.)

1098. — Le même. — *Let. à M. l'évêque d'Alet* (3). 15 avril 1675.
Sur la mort de M. Hardy [Dom Paul] religieux à la Trappe.
(*Arch. de la Grande-Trappe.* Let. de piété. 1re série. 2e cahier. 2 p. in-4° Copie xviii° s. (4).)

1099. — Le même. — *Let. « à la Très R. mère Agnès de Bellefonds* (5), *prieure des Carmélites du Faubourg S. Jacques. »* 4 juin 1675.
Au sujet de l'engagement de la sœur Louise de la Miséricorde (6) qui fait aujourd'hui profession.
(*Arch. de la Grande-Trappe.* 2 p. 1/2 in-12. Copie xviii° s.)

1100. — Le même. — *Let. au R. P.....* 10 juillet 1675.
Il le remercie de l'ouvrage sur S. Léon qu'il lui a envoyé et en fait l'éloge.
(*Arch. de la Grande-Trappe.* Let. à imp. f. 545. 2 p. in-4°. Copie xviii° s.)

(1) Ou de Tréville.
(2) Sa sœur.
(3) Nicolas Pavillon.
(4) Cette lettre porte simplement « en avril 1675 ». La date du 15 nous est fournie par une autre copie du xviii° s. faite sur feuille volante et conservée également à la Trappe.
(5) Mère Agnès de Jesus Maria, née Gigault de Bellefonds, sœur de la marquise de Villars, † le 24 juillet 1691.
(6) Madame de La Vallière. Elle fit en effet profession aux Carmélites, le 4 juin 1675.

1101. — Le même. — *Let. à la marquise de Sablé.* 5 août 1675.
Il lui exprime la part qu'il prend à sa maladie.
(*Arch. de la Grande-Trappe.* Let. à imp. f. 551. 1 p. 1/2 in-4°. Copie XVIII°.)

1102. — Le même. — *Let. au maréchal de Bellefonds.* 20 septembre 1675.
Sur la maladie de son fils, la conversion du cardinal de Retz et la mort de M. de Turenne.
(*Arch. de la Grande-Trappe.* Let. à imp. f. 562. 3 p. in-4°. Copie XVIII° s.)

1103. — Le même. — *Let. sig. à Monsieur Favier.* 3 octobre 1675.
Sur les « Entretiens de l'abbé Jean avec le prêtre Eusèbe » (1) de François Suel, curé de Châtres, et sur les faux bruits que l'on fait courir sur lui (2).
(*Bibl. de Clermond-Ferrand.* 344. f. 69. 7 p. 1/2 in-12. — Publiée par M. Gonod. 1846. p. 54.)

1104. — Le même. — *Let. à M. l'évêque de.....* 10 octobre 1675.
Il le remercie de sa visite à la Trappe.
(*Arch. de la Grande-Trappe.* Let. à imp. f. 574. 1 p. 1/2 in-4°. Copie XVIII° s.)

1105. — Le même. — *Let. au R. Père..... des Bernardins.* 10 octobre 1675.
De la vie de retraite.
(*Arch. de la Grande-Trappe.* Let. à imp. f. 576. 2 p. 1/4 in-4°. Copie XVIII° s.)

1106. — Le même. — *Let. à Mademoiselle de G.....* Novembre 1675.
Conseils.
(*Arch. de la Grande-Trappe.* let. à imp. f. 584. 3 p. 1/4 in-4°. Copie XVIII° s.)

1107. — Le même. — *Let. à M. de Troiville.* décembre 1675.
Sur M. l'évêque d'Alet.
(*Arch. de la Grande-Trappe.* let. à imp. f. 588. 1 p. 1/4 in-4°. Copie XVIII° s.)

---

(1) Publiés en 1674. Voir le numéro 456.
(2) La fin de la lettre, en postscriptum, est effacée.

1108. — Le même. — *Let. à Monsieur Nicole* (1), décembre 1675.

Il le félicite de son ouvrage : les *Essais de morale*, qu'il lui a envoyé.

(*Arch. de la Grande-Trappe.* let. à imp. f. 590. 1 p. 1/4 in-4º. Copie xviiiᵉ s.)

1109. — Le même. — *Let. à une religieuse.* Décembre 1675.

Consolations.

(*Arch. de la Grande-Trappe.* Let. à imp. f. 594. 1 p. 1/2 in-4º. Copie xviiiᵉ s.)

1110. — Le même. — *Let. à Monsieur l'évêque d'Alet* (2). Décembre 1675.

Du triste état de l'Observance.

(*Arch. de la Grande-Trappe,* Let. à imp. f. 616. 1 p. 1/2 in-4º. Copie xviiiᵉ s.)

1111. - Le même. — *Let. à une religieuse.* s. d. [1675].

Sur la mort de M. de Turenne (3), oncle de cette religieuse.

« Il faut avouer que cet événement vous présente une image de la grandeur humaine. Car que sert-il à M. de Turenne d'avoir esté un des plus grands hommes du monde ; tout ce qui l'a distingué et mis au-dessus de tant d'autres, l'a quitté et il n'est plus précisément que ce que l'a fait le jugement de Dieu auquel toute la gloire de la terre n'est qu'une vapeur qui n'a ny consistance, ny solidité, ny durée. »

(*Arch. de la Grande-Trappe.* 4 p. in-12. Copie xviiiᵉ s.)

1112. — Le même. — *Let. à une religieuse.* 1675.

Il lui fait part de ses sentiments sur le mauvais succès des affaires de la Réforme.

(*Arch. de la Grande-Trappe.* let. de piété 72. 1ʳᵉ série. 3 p. in-fol. Copie xviiiᵉ s.)

1113. — Le même. — *Let. à M. le Maréchal de Bellefonds.* 1675.

Sur un voyage qu'il fit à Paris et qui n'amena pas le succès de ses affaires.

(*Arch. de la Grande-Trappe.* Let. à imp. f. 513. 1 p. 1/2 in-4º. Copie xviiiᵉ s.)

(1) Pierre Nicole, né à Chartres en 1625 † le 11 novembre 1695, écrivain de Port-Royal.
(2) Nicolas Pavillon.
(3) Turenne fut tué à Saltzbach, le 27 juillet 1675.

1114. — Le même. — *Let. à la R. Mère Anne-Marie de Jesus, carmélite.* 1675.
>   Conseils.
>   (*Arch. de la Grande-Trappe*, Let. à imp. f. 553. 3 p. 1/4 in-4º. Copie xviiiᵉ s.)

1115. — Le même. — *Let. à Madame de Longueville* (1). 1675.
>   Du désir qu'il éprouve de se détacher de plus en plus du monde.
>   (*Arch. de la Grande-Trappe.* let. à imp. f. 557. 1 p. 1/2 in-4º. Copie xviiiᵉ s.)

1116. — Le même. — *Let. à la même.* 1675.
>   Sur M. de Troiville.
>   (*Arch. de la Grande-Trappe.* Let. à imp. f. 579. 1 p. 1/2 in-4º. Copie xviiiᵉ s.)

1117. — Le même. — *Let. à Madame de.....* février 1676.
>   Conseils.
>   (*Arch. de la Grande-Trappe.* Let. à imp. f. 618. 1 p. 1/2 in-4º. Copie xviiiᵉ s.)

1118. — Le même. — *Let. à Madame....* février 1676.
>   Conseils.
>   (*Arch. de la Grande-Trappe.* Let. à imp. f. 636. 3 p. in-4º. Copie xviiiᵉ s.)

1119. — Le même. — *Let. à Madame de Saint-Loup* (2). février 1676.
>   Conseils.
>   (*Arch. de la Grande-Trappe.* Let. à imp. f. 639. 2 p. 1/2 in-4º. Copie xviiiᵉ s.)

1120. — Le même. — *Let. à M. le Maréchal de Bellefonds.* 13 mars 1676.
>   Du détachement des choses de la terre et de la mort.
>   (*Arch. de la Grande-Trappe,* Let. à imp. f. 663. 2 p. 1/2 in-4º. Copie xviiiᵉ s.)

---

(1) Anne Geneviève de Bourbon, fille de Henri de Bourbon, prince de Condé, duchesse de Longueville. Elle se retira à la fin de sa vie chez les Carmélites du faubourg Saint-Jacques et mourut le 15 avril 1679.

(2) Diane Chasteignier de la Roche-Posay, dame de Saint-Loup. Elle épousa M. Le Page, financier.

1121. — Le même. — *Let. à Madame du Plessis* (1). Mars 1676.
Sur la mort de son mari.
(*Arch. de la Grande-Trappe.* Let. à imp. f. 660. 2 p. 1/2 in-4º. Copie xviiiᵉ s.)

1122. — Le même. — *Let. à M. le…..* 16 mai 1676.
Il le félicite du succès de ses affaires.
(*Arch. de la Grande-Trappe.* Let. à imp. f. 672. 1 p. 1/4 in-4º. Copie xviiiᵉ s.)

1123. — Le même. — *Let. à M. le Maréchal de Bellefonds.* 10 juin 1676.
Encouragements dans les difficultés qui lui surviennent.
(*Arch. de la Grande-Trappe.* Let. à imp. f. 674. 1 p. 1/2 in-4º. Copie xviiiᵉ s.)

1124. — Le même. — *Let. à Madame…..* 26 juillet 1676.
Conseils.
(*Arch. de la Grande-Trappe.* Let. à imp. f. 676. 4 p. 1/2 in-4º. Copie xviiiᵉ s.)

1125. — Le même. — *Let. sig. à Monsieur Favier.* 6 août 1676.
Sur le mauvais état de sa santé.
(*Bibl. de Clermont-Ferrand.* 344. f. 73. 2 p. 1/2 in-12. — Publiée par M. Gonod. 1846. p. 58.)

1126. — Le même. — *Let. à la R. Mère Anne-Marie de Jésus, carmélite.* 24 août 1676.
Conseils.
(*Arch. de la Grande-Trappe.* Let. à imp. f. 694. 2 p. in-4º. Copie xviiiᵉ s.)

1127. — Le même. — *Let. à la R. Mère* (2)….. *abbesse de Leyme.* 27 août 1676.
Sur les Us de l'ordre, dont il prépare la traduction. Conseils.
(*Arch. de la Grande-Trappe.* Let. à imp. f. 696. 2 p. in-4º. Copie xviiiᵉ s.)

(1) Madame du Plessis-Guénégaud (Isabelle de Choiseul-Praslin), perdit son mari le 16 mars 1676. Elle mourut au mois d'août 1677.
(2) Anne d'Orviré de la Vieuville, abbesse de Leyme, au diocèse de Cahors (Lumen Dei ou Gratia Dei) de 1656 à 1686.

1128. — Le même. — *Let. à Monsieur*..... 29 août 1676.
Sur le bruit qui a couru de sa mort.
(*Bibl. de l'Arsenal.* 2106. f. 81. 1 p. 1/2 in-4º. Copie xviiiᵉ s.)

1129. — Le même. — *Let. à S. A. R. Madame*..... 17 septembre 1676.
Du peu de cas qu'il fait du monde. Il la remercie d'avoir « songé à conserver Foucarmont (1) et à y maintenir l'observance » de la Trappe.
(*Arch. de la Grande-Trappe.* Let. à imp. f. 702. 2 p. 1/2 in-4º. Copie xviiiᵉ s.)

1130. — Le même. — *Let. à M. le Maréchal de Bellefonds.* 27 septembre 1676.
Sur la visite à la Trappe de Monsieur.....
(*Arch. de la Grande-Trappe.* Let. à imp. f. 707. 2 p. 1/2 in-4º. Copie xviiiᵉ s.)

1131. — Le même. — *Let. à la T. R. Mère Agnès de Bellefonds, prieure des Carmélites du faubourg Saint Jacques.* 2 novembre 1676.
Au sujet des attaques dont il est l'objet.
(*Arch. de la Grande-Trappe.* 3 p. in-12. Copie xviiiᵉ s.)

1132. — Le même. — *Let.. au R. P..... abbé du Val Richer* (2). 15 novembre 1676.
Conseils pour son noviciat.
(*Arch. de la Grande-Trappe.* Let. à imp. f. 740. 1 p. 1/2 in-4º. Copie xviiiᵉ s.)

1133. — Le même. — *Let. à Monsieur*..... 21 novembre 1676.
Sur certains bruits qui avaient couru à son sujet.
(*Arch. de la Grande-Trappe.* Let. à imp. f. 743 1 p. 1/2 in-4º. Copie xviiiᵉ s.)

1134. — Le même. — *Let. à la R. Mère Anne-Marie de Jésus, carmélite.* 29 novembre 1676.
Même sujet.
(*Arch. de la Grande-Trappe.* Let. à imp. f. 745. 3 p. in-4º. Copie xviiiᵉ s.)

---

(1) Fulcardi Mons, diocèse de Rouen, abbaye de l'ordre de Citeaux, fondée en 1130.
(2) Dominique Georges, abbé de 1651 à 1693. Vallis Richarii, abbaye de l'ordre de Citeaux, fondée en 1150 au diocèse de Bayeux.

1135. — Le même. — *Let à Madame de Saint Loup.* 6 décembre 1676.

Conseils.

(*Arch. de la Grande-Trappe.* Let. à imp. f. 752. 4 p. in-4º. Copie xviiiᵉ s.)

1136. — Le même. — *Let. à une religieuse.* 1676.

Conseils.

(*Bibl. Mazarine.* 1214. let. 105. 2 p. in-8º. Copie xviiiᵉ s. — *Bibl. Sainte-Geneviève.* Df. 49. let. 106. Copie xviiiᵉ s.)

1137. — Le même. — *Let. à la R. Mère* (1)..... *abbesse des religieuses bénédictines de Gif.* 1676.

Conduite que doit garder une supérieure, les qualités qu'elle doit avoir.

(*Bibl. nationale.* fr. 23497. 6 p. in-4º. Copie xviiiᵉ s.)

1138. — Le même. — *Let. à M. l'évêque de Grenoble* (2). 1676.

Sur les bruits qui courent à son sujet.

(*Arch. de la Grande-Trappe.* Let. de piété. 11. 1ʳᵉ série. 2 p. in-fol. Copie xviiiᵉ s.)

1139. — Le même. — *Let. à la R. Mère* (3)..... *abbesse de Leyme.* 1676.

Conseils.

(*Arch. de la Grande-Trappe.* Let. à imp. f. 624. 8 p. in-4º. Copie xviiiᵉ s.)

1140. — Le même. — *Let. à Monsieur.....* 4 janvier 1677.

Il se justifie de certaines attaques.

(*Bibl. nationale.* fr. 25080. 9 p. in-8º. Copie xviiiᵉ s.)

1141. — Le même. — *Let. à Madame la Comtesse de B.....* 14 janvier 1677.

Conseils.

(*Arch. de la Grande-Trappe.* Let. de piété. 134. 2ᵉ série. 1 p. 1/2 in-4º. et let. à imp. f. 780. 1 p. 1/2. in-8º. Copies xviiiᵉ s.)

---

(1) Anne-Victoire de Clermont de Montglat, abbesse de Gif, de 1675 à 1686.

(2) Le Cardinal Le Camus, évêque de 1671 à 1707.

(3) Anne d'Orviré de la Vieuville.

1142. — Le même. — *Let. à Monsieur.....* 14 janvier 1677.

Souhaits de nouvel an.

(*Arch. de la Grande-Trappe*. Let. à imp. f. 778. 1 p. 1/2 in-4º. Copie xviiie s.)

1143. — Le même. — *Let. à Madame de Saint Loup.* 20 janvier 1677.

Il se considère comme un grand pécheur.

(*Arch. de la Grande-Trappe*. Let. à imp. f. 785. 2 p. 1/4 in-4º. Copie xviiie s.)

1144. — Le même. — *Let. à Monsieur le duc de Chevreuse* (1). 22 janvier 1677.

Il rend hommage à la profession et aux vertus du duc.

(*Arch. de la Grande-Trappe*. Let. à imp. f. 788. 1 p. 1/2 in-4º. Copie xviiie s.)

1145. — Le même. — *Let. aut sig. « au R. Père Dom Bernard, sous-prieur des Bernardins, au collège des Bernardins à Paris. »* 27 janvier 1677.

Conseils.

(*Bibl. nationale.* fr. 23497. 3 p. in-8º. Cachet cire rouge aux armes de la Trappe. — Publiée par M. Gonod. 1846. p. 346. avec la date du 21 janvier.)

1146. — Le même. — *Let. à la R. Mère Marie-Louise* (2) *religieuse de l'Annonciade.* 8 février 1677.

Conseils.

(*Arch. de la Grande-Trappe.* 10 p. in-12. Copie xviiie s.)

1147. — Le même. — *Let. à la R. Mère Anne-Marie de Jésus, carmélite.* 14 février 1677.

Du mauvais état de sa santé.

Réflexions pieuses.

(*Arch. de la Grande-Trappe*. Let. à imp. f. 797. 2 p. 1/2 in-4º. Copie xviiie s.)

---

(1) Charles-Honoré d'Albert, duc de Luynes, de Chevreuse et de Chaulnes, pair de France, né le 7 octobre 1646 † le 5 novembre 1712. Il épousa Jeanne-Marie Colbert.

(2) Sa sœur.

1148. — Le même. — *Let. sig. à M. Favier.* 23 février 1677.

Sur Monsieur d'Albon (1) et les religieux de Grandmont (2).

(*Bibl. de Clermont-Ferrand.* 344. f. 75. 2 p. 1/4 in-12. — Publiée par M. Gonod, 1846, p. 59.)

1149. — Le même. — *Let. à Madame de*..... 8 mars 1677.

Conseils pour l'éducation de ses enfants.

(*Arch. de la Grande-Trappe.* Let. de piété. 28. 1re série. 3 p. 1/4 in-fol. et let. à imp. f. 603. 4 p. in-4º. Copies XVIIIe s.)

1150. — Le même. — *Let. à Monsieur le Prince de Soubise* (3). 28 mars 1677.

Il l'exhorte au service de Dieu et au mépris du monde.

(*Arch. de la Grande-Trappe.* Let. de piété 23. 2e série et let. à imp. f. 819. 2 p. 1/4 in-4º. Copies XVIIIe s.)

1151. — Le même. — *Let. à la R. Mère* (4)..... *abbesse de Leyme.* 4 avril 1677.

Sur M. l'abbé de... Conseils.

(*Arch. de la Grande-Trappe.* Let. à imp. f. 828. 3 p. 1/2 in-4º. Copie XVIIIe s.)

1152. — Le même. — *Let. à une religieuse, nièce de M. de Turenne.* avril 1677.

Conseils.

(*Arch. de la Grande-Trappe.* 2 p. 1/2 in-12. Copie XVIIIe s.)

1153. — Le même. — *Let. à Madame la marquise de*..... 3 juillet 1677.

Conseils.

(*Arch. de la Grande-Trappe.* Let. à imp. f. 840. 1 p. 1/4 in-4º. Copie XVIIIe s.)

---

(1) Gilbert-Antoine d'Albon, fils de François et d'Antoinette de Bigni, comte de Chazeul, chevalier d'honneur de la duchesse d'Orléans † en 1680. Il épousa Claude Bouthillier, veuve de René d'Averton, comte de Belin, sœur de l'abbé de Rancé.

(2) Grandis Mons, abbaye de l'ordre de Saint Benoit, au diocèse de Limoges, fondée en 1076.

(3) François de Rohan. Il épousa Anne de Rohan-Chabot.

(4) Anne d'Orviré de la Vieuville.

1154. — Le même. — *Let. à Madame de Saint-Loup.* 4 juillet 1677.

Sur M. N... médecin, venu à la Trappe.
(*Arch. de la Grande-Trappe.* Let. à imp. f. 843. 1 p. 1/2 in-4°. Copie xviii° s.)

1155. — Le même. — *Let. à Monsieur.....* 20 juillet 1677.

Conseils.
(*Bibl. de l'Arsenal.* 2106. f. 82. 1 p. 1/2 in-4°. Copie xviii° s.)

1156. — Le même. — *Let à Madame de Saint Loup.* 23 août 1677.

Réponse aux critiques sur ses relations avec M. l'abbé le Roy.
(*Arch. de la Grande-Trappe.* 3 p. in-12. Copie xviii° s.)

1157. — Le même. — *Let. à Madame la Comtesse de.....* 1er août 1677.

Conseils
(*Arch. de la Grande-Trappe.* Let. à imp. f. 847. 1 p. 1/2 in-4°. Copie xviii° s.)

1158. — Le même. — *Let. à Monsieur l'évêque de Tournay* (1). 15 août 1677.

De la « dissertation sur les humiliations » de M. l'abbé Le Roy.
(*Arch. de la Grande-Trappe.* Let. à imp. f. 855. 3 p. 1/2 in-4°. Copie xviii° s.)

1159. — Le même. — *Let. à Monsieur.....* 19 août 1677.

Du mauvais état de sa santé.
(*Arch. de la Grande-Trappe.* Let. à imp. f. 865. 1 p. in-4°. Copie xviii° s.)

1160. — Le même. — *Let. à une religieuse, nièce de M. de Turenne.* 3 septembre 1677.

Conseils.
(*Arch. de la Grande-Trappe.* 1 p. in-12. Copie xviii° s.)

(1) Gilbert II de Choiseul, évêque de Tournay de 1671 à 1689.

1161. — Le même. — *Let. à la Très R. mère Agnès de Bellefonds, prieure des Carmélites du Faubourg S. Jacques.* 12 septembre 1677.

> De l'intérêt qu'il prend à sa santé.
> (*Arch. de la Grande-Trappe.* 1 p. 1/4 in-12. Copie XVIIIe s.)

1162. — Le même. — *Let. à la même.* 14 septembre 1677.

> Sur la perte de M. de Saint Nicolas, directeur spirituel des Carmélites.
> (*Arch. de la Grande-Trappe.* 2 p. 1/2 in-12. Copie XVIIIe s.)

1163. — Le même. — *Let. à Madame la Duchesse de.....* (1). 15 septembre 1677.

> Conseils.
> (*Arch. de la Grande-Trappe.* Let. à imp. f. 874. 1 p. in-4º. Copie XVIIIe s.)

1164. — Le même. — *Let. à une religieuse, nièce de M. de Turenne.* 18 septembre 1677.

> Au sujet du rétablissement de la mère prieure.
> (*Arch. de la Grande-Trappe.* 1 p. 1/2 in-12. Copie XVIIIe s.)

1165. — Le même. — *Let. à M. le Comte de Brancas.* 20 septembre 1677.

> De son désir de vivre loin de tout commerce avec le monde. Sur M. l'évêque de Grenoble.
> (*Arch. de la Grande-Trappe.* Let. à imp. f. 875. 2 p. 1/2 in-4º. Copie XVIIIe s.)

1166. — Le même. — *Let. à Madame la Comtesse de.....* 20 septembre 1677.

> Conseils.
> (*Arch. de la Grande-Trappe.* Let. à imp. f. 878. 2 p. 1/4 in-4º. Copie XVIIIe s.)

1167. — Le même. — *Let. à une religieuse, nièce de M. de Turenne.* 21 septembre 1677.

> Il lui demande son intervention auprès de son frère, cardinal.
> (*Arch. de la Grande-Trappe.* 1 p. 1/4 in-12. Copie XVIIIe s.)

(1) Qui lui avait été écrit de Tourouvre.

1168. — Le même. — *Let. au cardinal de Rets.* 1ᵉʳ octobre 1677.

Il se plaint de ne pas avoir de ses nouvelles et lui demande des lettres de recommandation en faveur de sa réforme.
(*Arch. de la Grande-Trappe.* Let. à imp. f. 882. 2 p. 1/4 in-4º. Copie xviiiᵉ s.)

1169. — Le même. — *Let. au Pape Innocent XI.* 10 octobre 1677.

En latin.

Il expose au Saint Père la réforme de son monastère et lui demande, à l'exemple de son prédécesseur, Alexandre VII, qui l'a protégée, de l'ériger en stricte observance.
(*Arch. de la Grande-Trappe.* 6 p. 1/2 in-12. Copie xviiiᵉ s.)

1170. — Le même. — *Let. aut. sig. à Monsieur Nicole.* 16 octobre 1677.

Il lui adresse ses compliments sur son dernier ouvrage.
(*Bibl. nationale.* fr. 17755. 1 p. 1/2 in-8º. Cachet aux armes de la Trappe.)

1171. — Le même. — *Let. à Monsieur..... son beau-frère.* 22 octobre 1677.

Au sujet d'un libelle qui a paru contre lui et de la réception de deux brefs du Saint Siège en sa faveur.
(*Bibl. de l'Arsenal.* 2106. f. 83. 3 p. 1/2 in-4º. Copie xviiiᵉ s.)

1172. — Le même. — *Let. à Madame la Marquise d'Huxelles* (1). 2 décembre 1677.

Sur les moyens de vivre selon la volonté de Dieu.
(*Bibl. de l'Arsenal.* 3202. f. 68. 3 p. 1/4 in-4º. Copie xviiiᵉ s.)

1173. — Le même. — *Let. à Madame la Comtesse de.....* 2 décembre 1677.

Il l'engage à changer son genre de vie.
(*Arch. de la Grande-Trappe.* Let. à imp. f. 891. 1 p. 1/2 in-4º. Copie xviiiᵉ s.)

---

(1) Marie de Bailleul. Elle épousa en premières noces François de Brichanteau, marquis de Nangis et en secondes noces, le 5 octobre 1645, Louis Châlon du Blé, marquis d'Uxelles, lieutenant général.

1174. — Le même. — *Let. à Madame la Marquise de.....* 2 décembre 1677.

    Encouragements.

    (*Arch. de la Grande-Trappe*, Let. à imp. f. 893. 2 p. in-4°. Copie xviiie s.)

1175. — Le même. — *Let. à M. l'évêque de Grenoble* (1). 22 décembre 1677.

    De l'édification qu'il a donnée à ses frères. Sur la mort de M. le Premier Président.

    (*Arch. de la Grande-Trappe*. Let. à imp. f. 901. 2 p. in-4°. Copie xviiie s.)

1176. — Le même. — *Let. sig. à Madame.....* 1677.

    (*Catalogue Charavay*. 1858. Vente du Comte de.. .. 19 fr. 5 p. in-8°.)

1177. — Le même. — *Let. à la R. Mère.....* 1677.

    Conseils.

    (*Arch. de la Grande-Trappe*. 2 p. 1/2 in-4°. Copie xviiie s.)

1178. — Le même. — *Let. à Monsieur.....* docteur de Sorbonne. 4 février 1678.

    Question de l'étroite Observance.

    (*Arch. de la Grande-Trappe*. 3 p. in-4°. Copie xviiie s.)

1179. — Le même. — *Let. au R. Père abbé de ....* 6 février 1678.

    Encouragements et conseils.

    (*Arch. de la Grande-Trappe*. Let. à imp. f. 923. 2 p. 1/4 in-4°. Copie xviiie s.)

1180. — Le même. — *Let. à la R. Mère abbesse de Leyme* (2). 6 février 1678.

    Conseils.

    (*Arch. de la Grande-Trappe*. 3 p. in-fol. Copie xviiie s.)

1181. — Le même. — *Let. au R. Père Falconnet, prieur de Saint Victor de Paris*. 15 février 1678.

    Conseils.

    (*Arch. de la Grande-Trappe*. Let. à imp. f. 926. 1 p. 1/2 in-4°. Copie xviiie s.)

(1) Le Cardinal Le Camus.
(2) Anne d'Orviré de la Vieuville.

1182. — Le même. — *Let. au frère Philippe Loume, religieux de Grand Selve* (1). 21 février 1678.

Conseils.

(*Arch. de la Grande-Trappe*. 1 p. in-fol. Copie XVIIIe s.)

1183. — Le même. — *Let. au frère Jean Philippe.* 29 février 1678.

Conseils.

(*Arch. de la Grande-Trappe*. Let. à imp. f. 931. 2 p. in-4º. Copie XVIIIe s.)

1184. — Le même. — *Let. à Madame la Duchesse de Luynes.* 3 mars 1678.

Conseils.

(*Arch. de la Grande-Trappe*. Let. à imp. f. 933. 2 p. 1/2 in-4º. Copie XVIIIe s.)

1185. — Le même. — *Let. sig. à Monsieur Favier.* 5 mars 1678.

Conseils sur ce qu'il doit faire au sujet de son abbaye. Sur la réponse à la « dissertation » qui attaquait les humiliations. Bref du pape qui permet d'élire un prieur après sa mort.

(*Bibl. de Clermont-Ferrand*. 344. f. 77. 4 p. in-8º. — Publiée par M. Gonod. 1846. p. 61.)

1186. — Le même. — *Let. à la R. mère.....* 7 mars 1678.

Solutions à des difficultés qui se présentent dans son monastère.

(*Arch. de la Grande-Trappe*. Let. à imp. f. 939. 9 p. in-4º. Copie XVIIIe s.)

1187. — Le même. — *Let. à Monsieur du Suel, chanoine, grand pénitencier d'Arras.* 15 mars 1678.

Sur la solitude.

(*Arch. de la Grande-Trappe*. 1 p. 1/2 in-4º. Copie XVIIIe s.)

1188. — Le même. — *Let. à Monsieur.....* 15 mars 1678.

Il le félicite sur son ouvrage qu'il lui a envoyés.

(*Arch. de la Grande-Trappe*. Let. à imp. f. 950. 1 p. in-4º. Copie XVIIIe s.)

---

(1) Grandis Silva, abbaye de l'ordre de Citeaux, fondée en 1114 au diocèse de Toulouse.

1189. — Le même. — *Let. à Madame....* 24 mars 1678.
    Conseils.
    (*Arch. de la Grande-Trappe.* Let. à imp. f. 951. 1 p. 1/2 in-4º. Copie xviiiº s.)

1190. — Le même. — *Let. à Mademoiselle de Vertus* (1). 6 avril 1678.
    Conseils.
    (*Arch. de la Grande-Trappe.* Let. à imp. f. 953. 2 p. 1/2 in-4º. Copie xviiiº s.)

1191. — Le même. — *Let. aut. sig.* « *à Monsieur Desprez, libraire imprimeur rue S. Jacques pour Monsieur Nicole.* » 22 avril 1678.
    Remerciements pour ses ouvrages qu'il lui a envoyés.
    (*Bibl. nationale.* fr. 17755. 1 p. 1/2 in-8º. Cachet aux armes de la Trappe.)

1192. — Le même. — *Let. à M.....* 22 mai 1678.
    Conseils.
    (*Bibl. de l'Arsenal.* 2106. f. 84. vº 2 p. 1/2 in-4º. Copie xviiiº s.)

1193. — Le même. — *Let. à Monsieur de Barillon.* 15 juin 1678.
    Encouragements.
    (*Arch. de la Grande-Trappe.* Let. à imp. f. 960. 2 p. in-4º. Copie xviiiº s.)

1194. — Le même. — *Let. au R. Père.....* 11 juillet 1678.
    De son désir de se démettre de sa charge et de mourir simple religieux.
    (*Arch. de la Grande-Trappe.* 1 p. 1/2 in-12. Copie xviiiº s.)

1195. — Le même. — *Let. au R. Père.....* 17 juillet 1678.
    Même sujet.
    (*Arch. de la Grande-Trappe.* 1 p. in-12. Copie xviiiº s.)

1196. — Le même. — *Let. à Monsieur.....* 7 août 1678.
    Conseils.
    (*Bibl. de l'Arsenal.* 2106. f. 86. 1 p. 1/2 in-4º. Copie xviiiº s.)

---

(1) Catherine-Françoise de Bretagne, sœur de la duchesse de Montbazon † à Port Royal, le 21 novembre 1692. (Voir *Let. de Mme de Sévigné*, édit. 1818. III. 6. 227.)

1197. — Le même. — *Let. au R. Père*..... 26 septembre 1678.
>Sur leur correspondance réciproque.
>(*Catalogue de Laverdet*. Vente du 20 avril 1855. N° 1263. 3 fr. 25.)

1198. — Le même. — *Let. à M. le maréchal de Bellefonds.* 5 octobre 1678.
>Sur sa rentrée à la Cour.
>Conseils.
>(*Arch. de la Grande-Trappe*. Let. à imp. f. 973. 2 p. in-4°. Copie xviii° s.)

1199. — Le même. — *Let. au R. Père*..... 11 octobre 1678.
>Ils ont tout à gagner l'un et l'autre à vivre retirés du monde.
>(*Arch. de la Grande-Trappe*. 1 p. in-12. Copie xviii° s.)

1200. — Le même. — *Let. au R. Père*..... 5 novembre 1678.
>Au sujet d'un décret avantageux pour le maintien de la Réforme, obtenu à Rome par le Père abbé de Foucarmont (1), qui venait de mourir. Jugement sur le Père prieur de la Trappe.
>(*Arch. de la Grande-Trappe*. Let. à imp. f. 977. 4 p. in-4°. Copie xviii° s)

1201. — Le même. — *Let. à Monsieur l'évêque de Grenoble* (2). 5 novembre 1678.
>Sur la promotion de l'évêque de...
>(*Arch. de la Grande-Trappe*. Let. à imp. f. 981. 2 p. 1/4 in-4°. Copie xviii° s.)

1202. — Le même. — *Let. à la R. mère*..... 12 novembre 1678.
>Conseils.
>(*Arch. de la Grande-Trappe*. Let. à imp. 984. 2 p. in-4°. Copie xviii° s.)

1203. — Le même. — *Let. à la R. mère... abbesse de Leyme* (3). 12 novembre 1678.
>De la charité et de la douceur dans la conduite d'un supérieur.
>(*Arch. de la Grande-Trappe*. Let. à imp. f. 986. 2 p. 1/4 in-4°. Copie xviii° s.)

(1) Jacques Fleur de Montagne, abbé de 1672 à 1678.
(2) Le Cardinal Le Camus.
(3) Anne d'Orviré de la Vieuville.

1204. — Le même. — *Let. au R. Père T.....* 26 novembre 1678.
Du détachement du monde.
(*Arch. de la Grande-Trappe*, 1 p. 1/2 in-12. Copie XVIIIe s.)

1205. — Le même. — *Let. à Monsieur le Maréchal de Bellefonds* 30 novembre 1678.

Conseils et reflexions pieuses.
Cette lettre qui a été très répandue, commence par ces mots : « Il ne faut point douter, Monsieur, que la main de Dieu ne vous soutienne dans les lieux où la Providence vous engage..... » (*Bibl. Nationale*, fr. 24123. f. 57; fr. 6900, f. 339, 8 p. in fol. et f. 344; fr. 25080, 30 p. in-4º, incomplete. Quatre copies XVIIIe s. — *Bibl. Mazarine* 1241, 5 p. in-4º; A 15394, f 21, sans date, 7 pages in-8º; 2456, p. 31, 7 p. 1/2 in-4º, dans un " recueil de pièces diverses sur les événements arrivés depuis 1668 jusqu'en 1683 tant civilement que judiciairement que sous le rapport de la religion" Tome I de la Bible des Feuillants. Trois copies XVIIIe s. — *Bibl. de Toulouse*, 879, 3 p. pet. in-fol. Copie XVIIIe s. — *Bibl. de Grenoble*, 1046 f. 241, 4 p. pet. in-fol. Le maréchal de Villeroy y est désigné par erreur comme destinataire. Copie XVIIIe s. — *Bibl. de Lyon*. 1177 let 14, f., 22, vº, 6 p. 1/2 in 4º. Copie XVIIIe s. — *Collection H. Tournouër*. Deux copies XVIIIe s.)
Publiée par M. Gonod, 1846. p 360, par Marsollier dans la vie de l'abbé de Rancé, 1703, II, 63, et à part, Grenoble, 1679 in-4º Voir le nº 386 et Sainte-Beuve, Port-Royal tome IV, p. 76 à 80 et notes, p. 517 à 523.)

1206 — Le même. — *Let. au R. P. dom François d'Orival, religieux de la Congrégation de Saint Vanne à Luxeuil*, 8 décembre 1678.

Conseile. Il l'engage à venir à la Trappe.
(*Arch. de la Grande-Trappe*. Let. à imp. f. 1008. 1 p. 1/2 in-4º. Copie XVIIIe s.)

1207 — Le même. — *Let à Monsieur le comte de Brancas.* 1678.

Conduite du pape à l'égard de Monsieur Arnaud et de quelques jansénistes qui ont signé le Formulaire. L'abbé de Rancé se félicite de n'avoir pas donné son opinion en ce qui les concerne " Je suis bien heureux, Mr, de n'avoir jugé personne, où en serois-je réduit si j'avois condamné des gens que le Pape reçoit dans le fait mesme pour lequel je les aurois condamné et à quelle réparation ne serois-je point tenu si j'avois porté un jugement contre eux et que j'eusse donné sujet à d'autres de faire la mesme chose sur mon témoignage, car dans le fond j'aurois, contre le respect que je dois au Pape et contre ses intentions, condamné ceux qu'il justifie et considéré comme personnes qui sont dans l'erreur et dans la désobéissance celles dont il est satisfait et qu'il reçoit dans son sein et dans sa communion par une conduite pleine de charité et de sagesse... Je ne saurois m'empécher de vous dire encore un mot dans le dernière ouverture de mon cœur. Il n'y a rien de moins vray que ce que vous savez que l'on a dit que je faisois pénitence d'avoir signé le Formulaire, puisque je le signeray toutes les fois que mes supérieurs le désireront et que suis persuadé qu'en cela mon sentiment est le véritable; mais je ne nie point que dans le nombre presque infiny de crimes et de maux dont je me sens redevable à la justice de Dieu, celuy d'avoir imputé aux personnes que l'on appelle jansénistes, des opinions et des erreurs dont j'ay reconnu dans la suite qu'ils n'estaient point coupables, n'y puisse être compris. Estant encore dans le monde, avant que je ne pensasse sérieusement à mon salut, je me suis expliqué contre eux en toutes rencontres et me suis donné sur cela une entière liberté croyant que je le pouvais faire sur la relation de gens qui avoient de la piété et de la doctrine. Cependant je me suis mécontenté et ce ne sera point une excuse pour moi au jugement de Dieu d'avoir cru et d'avoir parlé sur le rapport et sur la foy des autres. Cela, Mr, m'a fait prendre deux résolutions que j'espère garder inviolablement avec la grâce de Dieu, l'une est de ne croire jamais de mal de personne quelle que soit la piété de ceux qui me le diront, à moins qu'ils me fassent voir une évidence, l'autre est de ne rien dire jamais à moins qu'avec l'évidence je m'y vois engagé par une nécessité indispensable .... »

(*Arch. de la Grande-Trappe.* 8 p. 1/2 in-12. Copie XVIIIe s.)

1208 — Le même. — *Let. au R. Père prieur de Saint-Victor de Paris.* 1678.

Conseils pour la réforme de son monastère.

(*Arch. de la Grande-Trappe.* Let. à imp. f. 908. 3 p. 1/4 in-4º. Copie XVIIIe s.)

1209 — Le même — *Let. au R. Père Henry de Fouchières, religieux bénédictin de la congrégation de Saint-Vanne,* envoié à la Trappe par Monsieur Arnaud. 4 janvier 1679.

Il l'encourage dans son dessein de venir à la Trappe.

(*Arch. de la Grande-Trappe.* 2 p. 1/2 in-12. Copie XVIIIe s.)

1210 — Le même. — *Let. sig. à un supérieur de l'Ordre.* 19 janvier 1679.

Il se plaint de l'abandon de l'ancienne observance.

(*Catalogue de lettres autographes.* Laverdet. Vente du 20 avril 1855. 2 p. 1/2 in-8º 12 fr. 50.)

1211 — Le même, — *Let à Monsieur le duc de.....* 24 janvier 1679.
>Conseils.
>(*Arch. de la Grande-Trappe.* Let. à imp. f. 1039. 2 p. 1/2 in-4º. Copie XVIIIᵉ s.)

1212 — Le même — *Let. aut. sig. à Monsieur....* 1ᵉʳ février 1679.
>Conseils.
>(*Bibl. de Clermond-Ferrand.* 344. f79 2 p. in-8º. Publiée par M. Gonod 1846 p. 64.

1213 — Le même. — *Let. à la R. Mère .... abbesse de Leyme* (1) 2 février 1679.
>Conseils.
>(*Arch. de la Grande-Trappe.* Let. à imp. f. 1017. 1 p .1/4 in-4º. Copie XVIII s.)

1214 — Le même. — *Let. aut. sig. « pour Madame la Comtesse d'Albon* (2). » 3 février 1679.
>Il l'encourage à persévérer dans la bonne voie et à se confier à la Providence.
>(*Bibl. de Clermont-Ferrand* 344 f. 81. 2 p. in-12. Cachet à froid aux armes de la Trappe. Publiée par M. Gonod. 1846 p. 66.)

1215 — Le même. — *Let. à la R. Mère Louise Henriette, religieuse à la Visitation de Tours* (3) 6 mars 1679.
>Conseils.
>(*Bibl. de l'Arsenal.* 2106. f. 86. vº 1 p. 1/2 in-4º. Copie XVIIIᵉ s.)

1216 — Le même. — *Let. à la R. Mère de.....* 11 mai 1679
>Conseils.
>(*Arch. de la Grande-Trappe.* Let. à imp. f. 1059. 2 p. 1/4 in-4º. Copie XVIIIᵉ s.)

1217 — Le même. *Let. à Monsieur.....* 18 mai 1679.
>Conseils.
>(*Bibl. de l'Arsenal.* 2106. f. 87. 1 p. in-4º. Copie XVIIIᵉ s.)

(1) Anne d'Orviré de la Vieuville.
(2) Claude Bouthillier, sa sœur.
(3) Henriette d'Albon, sa nièce.

1218 — Le même. — *Let au R. Père ..... abbé de..... 26 mai 1679.*

Sur sa sœur, religieuse aux Clairets qui devait aller à Vichy pour sa santé. Son sentiment sur la liberté que l'on donne aux religieuses de quitter leur maison sous prétexte de maladie.

(*Arch. de la Grande-Trappe.* Let. à imp. f. 1068. 1 p. 1/2 in-4°. Copie XVIII s.)

1219. — Le même. — *Let. au R. Père abbé d'Orval.* (1) 27 mai 1679.

Encouragements et Conseils.

(*Arch. de la Grande-Trappe.* Let. à imp. f. 1062. 2 p. 1/4 in-4°. Copie XVIIIe s.)

1220. — Le même. — *Let. à la R. Mère, abbesse de Leyme.* mai 1679

Conseils.

(*Arch. de la Grande-Trappe.* Let. à imp. f. 1026. 3 p. in-4°. Copie XVIII s.)

1221. — Le même. — *Let. à Monsieur..... 7 juin 1679.*

Eloge du P. des P.....

(*Arch. de la Grande-Trappe.* Let. à imp. f. 1072. 1 p. 1/2 in-4°. Copie XVIIIe s.)

1222. — Le même. — *Let. au R. Père..... 10 juin 1679.*

Conseils.

(*Arch. de la Grande-Trappe.* Let. à imp. f. 1076. 2 p. in-4°. Copie XVIIIe s.)

1223. — Le même. — *Let. sig. au R. Père.. .. prieur de Perseigne.* 20 juin 1679

Conseils sur la réception des novices.

(*Catalogue de lettres autographes.* Laverdet. Vente du 20 avril 1855 3 p. in-4° 8 fr.

1224. — Le même. — *Let. sig. au R. Père..... 3 juillet 1679.*

"Conduite à tenir envers plusieurs religieux, dont un particulièrement est d'une conduite peu régulière.

(*Catalogue de lettres autographes.* Laverdet. Vente du 20 avril 1855. 4 p. in-4° 7 fr. 75.)

---

(1) Aurea Vallis, au diocèse de Trèves, de l'ordre de Cîteaux, abbaye fondée en 1124.

1225. — Le même. — *Let. au R. Père..... abbé de.....* 10 juillet 1679.

Au sujet de l'Abbaye d'Orval et sur la mort prochaine de deux de ses religieux, le frère Palémon et Dom Bernard
(*Arch. de la Grande-Trappe.* Let. à imp. f. 1086. 2 p. in-4º. Copie XVIIIᵉ s.)

1226. — Le même. — *Let. à Monsieur l'évêque de Chalons* (1) 22 juillet 1679.

Réflexions pieuses.
(*Arch. de la Grande-Trappe.* Let. à imp. f. 1104. 1 p. 1/4 in-4º. Copie XVIIIᵉ s.)

1227. — Le même. — *Let. à Monsieur.....* 29 juillet 1679.

Sur la pensée de la mort.
(*Bibl. de l'Arsenal.* 2106. f. 87. vº1 p. 1/4 in-4º. Copie XVIIIᵉ s.)

1228. — Le même. — *Let à Monsiuer.....* 30 juillet 1679.

De l'état de sa santé.
(*Arch. de la Grande-Trappe.* Let à imp. f. 1106 2 p. in-4º Copie XVIIIᵉ s.)

1229. — Le même. — *Let. au R Père.....* 3 août 1679.

Il approuve ses constitutions mais il en discute certains chapitres.
(*Arch. de la Grande-Trappe.* Let. à imp. f. 1108. 4 p. in-4º Copie XVIIIᵉ s.)

1230. — Le même. — *Let. à Mademoiselle de... .* 10 août 1679.

Conseils.
(*Arch. de la Grande-Trappe.* f. 1112 2 p. 1/4 in-4º. Copie XVIIIᵉ s.)

1231. — Le même. — *Let. à la R. Mère..... abbesse de Leyme* (2) 17 août 1679.

Conseils.
(*Arch. de la Grande-Trappe.* Let. à imp. f. 1117 1 p. 1/2 in-4º. Copie XVIIIᵉ s.)

---

(1) Félix III Vialard de Herse, évêque de Chalons-sur-Marne de juillet 1642 au 11 juin 1680.
(2) Anne d'Orviré de la Vieuville.

1232. — Le même. — *Let. au R. Père..... abbé de Châtillon* 17 août 1679.

Sur la réforme d'Orval.
(*Arch. de la Grande-Trappe*. Let. à imp. f. 1119. 3 p. 1/4 in-4°. Copie XVIII° s.)

1233. — Le même. — *Let à Madame la duchesse de Luynes* 25 août 1679.

Sur la perte de sa fille.
(*Arch. de la Grande-Trappe*. f. 1126. 2 p. in-4°. Copie XVIII° s.)

1234. — Le même. — *Let. à Monsieur de.....* 3 septembre 1679.

De la joie qu'il aurait de le voir à la Trappe. Sur la mort un cardinal de Retz et sur la visite de Monsieur de Luçon (1) à la Trappe.
(*Arch. de la Grande-Trappe*. Let. à imp. f. 1129 3 p in-4° Copie XVIII° s.)

1235. — Le même. — *Let. aut. sig. au R. Père..... prieur de Perseigne*. 6 septembre 1679.

De la nécessité d'établir le bien dans l'Observance.
(*Catalogue de lettres autographes*. Laverdet. Vente du 20 avril 1855. 1 p. in-4°, 8 fr.).

1236. — Le même. — *Let. à Monsieur de.....* 9 septembre 1679.

Sur la solitude.
(*Arch. de la Grande-Trappe*. Let. à imp. f. 1134. 2 p. 1/2 in-4°. Copie XVIII° s.)

1237. — Le même. — *Let. au R. Père... abbé de la Colombe* (2) 19 septembre 1679.

Sur la pluralité des bénéfices.
(*Arch. de la Grande-Trappe*. Let. à imp. f. 1137. 1 p. 1/4 in-4°. Copie XVIII° s.)

1238. — Le même. — *Let. à Monsieur l'évêque de Grenoble* (3) 9 novembre 1679.

Sur le séjour du P. de Mouchy à la Trappe.
(*Arch. de la Grande-Trappe*. Let. à imp. f. 1145 2 p. in-4°. Copie XVIII° s.)

---

(1) Henri de Barillon.
(2) Columba ou Colona, au diocèse de Limoges, de l'ordre de Citeaux, abbaye fondée en 1146.
(3) Cardinal Le Camus.

1239. — Le même. — *Let. à Monsieur de Pomponne* (1) 3 décembre 1679

    Réflexions pieuses.
    (*Arch. de la Grande-Trappe.* Let. à imp. f. 1153, 1 p. in-4°. Copie. XVIII° s. Publiée par M. Gonod. 1846. p. 370.)

1240. — Le même. — *Let. à Monsieur le duc de Mazarin* (2) 20 décembre 1679.

    Sur la mort de M. d'Albon. (3)
    (*Arch. de la Grande-Trappe.* Let. à imp. f. 1154. 1 p in-4° Copie XVIII° s.)

1241. — Le même. — *Let. à Madame d'Albon* (4) 20 déc. 1679.

    Sur la mort de son mari.
    (*Arch. de la Grande-Trappe.* Let. à imp. f. 1155. 2 p. in-4°. Copie XVIII° s.)

1242. — Le même. — *Let. à Madame.....* 28 décembre 1679.

    Conseils.
    (*Bibl. de l'Arsenal.* 2106. f. 89. v° 2 p. in-4°. Copie XVIII° s.)

1243. — Le même. — *Let. à Monsieur l'abbé Favier*, déc. 1679.

    Sur la grave maladie qu'il vient d'avoir. Les statuts de la Trappe.
    (*Arch. de la Grande-Trappe.* Let. à imp. f. 1150 2. 1/2 in-4°. Copie XVIII° s.)

1244. — Le même. — *Let. au P. Père Faconnet de Saint-Victor* 1679.

    Il se recommande à ses prières.
    (*Arch. de la Grande-Trappe.* 1 p. in-12. Copie XVIII° s.)

1245. — Le même. — *Let. au R. Père.....* 1679

    Au sujet de Monsieur de la..... qui voulait entrer à la Trappe. Il ne put y rester et fut trouvé mort près de la Grande Chartreuse d'où il revenait.
    (*Arch. de la Grande-Trappe.* Let. à imp. f. 1023 3 p. in-4°. Copie XVIII° s.)

(1) Simon Arnauld d'Andilly, Mis de Pomponne. Voir le n° 900 et note I.
(2) Arnauld Charles de la Porte duc de la Meilleraye Il épousa Hortense Mancini, nièce du Cardinal de Mazarin qui lui fit prendre son nom.
(3) Gilbert Antoine d'Albon, comte de Chazeul, chevalier d'honneur de la duchesse d'Orléans.
(4) Claude Bouthillier, sœur de l'abbé de Rancé.

1246. — Le même. — *Let. au R. Père*..... 1679.
   Sur le mauvais état des affaires de la réforme.
   (*Arch. de la Grande-Trappe*. Let. à imp. f. 1029. 2 p. in-4°
   Copie xviii° s.)

1247. — Le même. — *Let. à la R. Mère*..... abbesse d'Essay. (1) 1679.
   Sur l'humilité.
   (*Arch. de la Grande-Trappe*. Let. à imp. f. 1052 1 p. 1/2 in-4°. Copie xviii° s)

1248. — Le même. — *Let. au Maréchal de Bellefonds*. 4 janvier 1680.
   Réflexions pieuses.
   (*Arch. de la Grande-Trappe*. Let. à imp. f. 1206. 1 p. 1/4 in-4°. Copie xviii° s.)

1249. — Le même. — *Let. à* ..... 6 janvier 1680.
   Conseils.
   (*Bibl. de l'Arsenal*. 2106, f. 90. 2 p. in-4°. Copie xviii° s.)

1250. — Le même. — *Let. à Monsieur*..... 8 janvier 1680.
   Vœux de nouvel an.
   (*Arch. de la Grande-Trappe*. 1. p. 1/2. in-12 Copie xviii° s.)

1251. — Le même. — *Let. à la R. Mère*..... 10 janvier 1680.
   Conseils.
   (*Arch. de la Grande-Trappe*. Let. à imp. f 1211. 2 p. in-4°. Copie xviii° s.)

1252. — Le même. — *Let. au R. Père*..... 13 janvier 1680.
   Nouvelles de la Trappe. Mort de Dom Rigobert.
   (*Arch. de la Grande-Trappe*. Let. à imp. f. 1213. 2 p. in-4°. Copie xviii° s.

1253. — Le même, — *Let. au R. Père*..... 18 janvier 1680.
   Il l'engage à venir à la Trappe.
   (*Arch. de la Grande-Trappe*. Let. à imp. f. 1215. 1 p. in-4°. Copie xviii° s.)

(1) Françoise Trotti de la Chétardie.

1254. — Le même. — *Let. au R. Père..... de l'ordre, visiteur* 20 janvier 1680.

    Conseils.
    (*Arch. de la Grande-Trappe*. Let. à imp. f. 1225 1 p. in-4º. Copie xviiiº s.)

1255 — Le même. — *Let. au Frère Benoit Castelain, religieux de Vaucelles* (1). 22 janvier 1680.

    Il le recevra avec joie à la Trappe.
    (*Arch. de la Grande-Trappe*. Let. à imp. f. 1226. 1 p. in-4º. Copie xviiiº s.)

1256. — Le même. — *Let. à la R. Mère Thérèse, religieuse des Clairets* (2). 22 janvier 1680.

    Sur la marquise de Tourouvre et sa famille.
    (*Arch. de la Grande-Trappe*. Let. à imp. f. 1221. 1 p. in-4º. Copie xviiiº s.)

1257. — Le même. — *Let. au R. Père Jean de Bethune, capucin.* 24 janvier 1680.

    Il lui conseille de ne pas quitter l'ordre des capucins.
    (*Arch. de la Grande-Trappe*. Let. à imp. f. 1223. 1 p. 1/2 in-4º. Copie xviiiº s.)

1258. — Le même. — *Let. à Monsieur Duhamel, docteur de Sorbonne.* 27 janvier 1680.

    Conseils.
    (*Arch. de la Grande-Trappe*. Let. à imp. f. 1239. 6 p. in-4º. Copie xviii s.)

1259. — Le même. — *Let. au R. Père D. Guy, religieux de la Colombe.* 29 janvier 1680.

    Conseils.
    (*Arch. de la Grande-Trappe*. Let. à imp. f. 1249. 1 p. 1/2 in-4º. Copie xviiiº s.)

1260. — Le même. — *Let. à Monsieur le premier président de la Cour des Aydes.* (3). 29 janvier 1680.

---

(1) Vallis Cella ou Valcella, au diocèse de Cambrai, de l'ordre de Cîteaux fondée en 1131.
(2) Sa sœur.
(3) Nicolas Le Camus, mort en 1715, frère du cardinal.

Il admire la conduite de l'évêque de Grenoble, frère du premier président.

(*Arch. de la Grande-Trappe.* Let. à imp. f. 1247. 2 p. in-4º. Copie XVIII s.)

1261. — Le même. — *Let. au R. Père de Mouchy.* 30 janvier 1680.

Du jugement que l'on porte sur lui dans le monde.

(*Arch. de la Grande-Trappe.* Let. à imp. f. 1255 1 p. 1/2 in-4º. Copie XVIIIe s.)

1262. — Le même. — *Let. au R. Père.... abbé de Châtillon* 31 janvier 1680.

Conseils pour la formation de sa maison. Mort de dom Rigobert.

(*Arch. de la Grande-Trappe.* Let. à imp. f. 1251. 2 p. in-4 Copie XVIIIe s.)

1263. — Le même. — *Let. au R. Père..... abbé de.....* 31 janvier 1680.

Du triste état de ses affaires touchant l'Observance.

(*Arch. de la Grande-Trappe.* Let à imp. f. 1253 2 p. in-4º Copie XVIIIe s.)

1264. — Le même. — *Let. à Madame la Comtesse de la Barge* (1) janvier 1680.

Conseils.

(*Arch. de la Grande-Trappe.* Let. à imp. f. 1203. 4 p. in-4º. Copie XVIIIe s.)

1265. — Le même. — *Let. à Monsieur l'abbé.....* 1er fév. 1680.

Sur la mort de Monsieur d'Albon. Conseils.

(*Arch. de la Grande-Trappe.* Let. à imp. f. 1257. 2 p. 1/2 in-4º. Copie XVIIIe s.)

1266. — Le même. — *Let au R. Père Dom B.....B....., chartreux.* 8 février 1680.

Il lui conseille de ne pas changer d'observance.

(*Arch. de la Grande-Trappe.* Let. à imp. f. 1264. 2 p. 1/2 in-4º. Copie XVIIIe s.)

(1) Catherine d'Albon, mariée à François Christophe, sr de la Barge, nièce de l'abbé de Rancé.

1267 — Le même. — *Let. à Monsieur.....* 11 février 1680.
    Réflexions pieuses.
    (Arch. de la Grande-Trappe. Let. à imp. f. 1269. 2 p. in-4º. Copie xviiiº s.)

1268. — Le même. — *Let. à une religieuse.* 14 février 1680.
    Sur la mort.
    (*Arch. de la Grande-Trappe*, 3 p. 1/4 in-12. Copie xviiiº s.)

1269. — Le même. — *Let. à Monsieur.....* 18 février 1680.
    Conseils.
    (Arch. de la Grande-Trappe. Let. à imp. f. 1272 1 p 1/2 in-4º Copie xviiiº s.)

1270. — Le même. — *Let. à .....* 22 février 1680.
    Conseils.
    (*Bibl. de l'Arsenal.* 2106. f. 91 vº, 1 p. in-4º. Copie xviiiᵉ s.)

1271. — Le même. — *Let. sig. à Monsieur de Caumartin* (1) 5 mars 1680.
    En faveur de dom Garreau, prieur de Buscy relégué dans un des monastères de la Trappe.
    (*Catalogue de lettres autographes.* Laverdet. Vente du 20 avril 1855. 3 p. 1/2 in-4º, 6 fr.)

1272. — Le même. — *Let. au R. Père... religieux de Saint-Vanne.* 12 mars 1680.
    Il l'engage à réfléchir avant de venir à la Trappe.
    (*Arch. de la Grande-Trappe.* Let. à imp. f. 1274. 1 p. 1/2 in-4º. Copie xviiiº s.)

1273 — Le même. — *Let. à la R. Mère..... abbesse de Leyme* (2) 14 mars 1680.
    Du mauvais état de sa santé.
    (*Arch. de la Grande-Trappe.* Let. à imp. f. 1276. 2 p. 1/2 in-4º. Copie xviiiº s.)

(1) Louis François Le Febvre de Caumartin, conseiller d'Etat, né en 1624 † en 1687.
(2) Anne d'Orviré de la Vieuville.

1274. — Le même. — *Let. sig. à Monsieur l'abbé Nicaise.* 25 mars 1680.

Il se rappelle avec plaisir le voyage qu'il fit avec lui en Italie et l'invite à venir le trouver dans son "désert".
(*Bibl. Nationale* fr. 9363 f. 2. 2 p. in-8°. Publiée par M. Gonod, 1846. p. 85.)

1275 — Le même — *Let. à un religieux.* 8 avril 1680.

Il le remercie d'un ouvrage qu'il lui a envoyé.
(*Arch. de la Grande-Trappe.* 3 p. in-12. Copie XVIIIe s.)

1276 — Le même, — *Let à Monsieur le curé de St-Jacques du Haut-Pas.* 24 avril 1680.

Sur l'attitude de Monsieur d'A..... vis à vis de son évêque.
(*Arch. de la Grande-Trappe.* Let. à imp. f. 1279. 2 p. in-4°. Copie XVIIIe s.)

1277. — Le même. — *Let. à M. l'archevêque de Paris* (1). Avril 1680.

Il l'exhorte à la réformation de la morale et à la défense de la vérité.
(*Arch. de la Grande-Trappe.* 2 p. in-fol. Copie XVIIIe s.)

1278. — Le même. — *Let. à Monsieur de Bonnejoie.* 16 mai 1680.

Il l'engage à venir à la Trappe.
(*Arch. de la Grande-Trappe.* Let. à imp. f. 1290. 1 p .1/4 in-4°. Copie XVIII s.)

1279. — Le même. — *Let. au même.* 30 mai 1680.

Même sujet.
(*Arch. de la Grande-Trappe.* Let. à imp. f. 1292. 1/2 p. in-4°. Copie XVIIIe s.)

1280 — Le même. — *Let. à Monseigneur le.....* 2 juin 1680.

Sur un « gentilhomme de Madagascar » retiré à la Trappe.
(*Arch. de la Grande-Trappe.* Let. à imp. f. 1293 2 p. 1/4 in-4° Copie XVIIIe s.)

1281. — Le même. — *Let. à .....* 7 juin 1680.

Conseils.
(*Bibl. de l'Arsenal.* 2106. f. 91 v°, 1 p. 1/4 in-4°. Copie XVIIIe s.)

---

(1) François II de Harlay de Champvallon, archev. de Paris du 12 mars 1671 au 6 Août 1695.

1282. — Le même. — *Let. à la R. mère... abbesse de Leyme* (1). 9 juin 1680.

> Sur la comparaison que l'on fait de lui avec M. de S.... .
> (*Arch. de la Grande-Trappe*. Let. à imp. f. 1296. 2 p in-4°
> Copie xviiie s.)

1283. — Le même. — *Let. au R. Père..... supérieur des Carmes de la Grande Rue de Besançon*. 13 juin 1680.

> Il l'encourage dans son dessein d'entrer à la Trappe.
> (*Arch. de la Grande-Trappe*. 1 p. 1/2 in-12. Copie xviiie s.)

1284 — Le même. — *Let. au R. Père..... abbé de.....* 16 juin 1680.

> Mauvaises dispositions de certains religieux de son monastère.
> (*Arch. de la Grande-Trappe*. Let. à imp. f. 1302 1 p. 1/4 in-4°. Copie xviiie s.)

1185. — Le même. — *Let. à un religieux.* 18 juin 1680.

> Il se justifie des accusations portées contre lui. Des *Conférences* dans la règle de Citeaux et en général des différentes dispositions de cette règle comparée à celle de St-Benoit.
> (*Arch. de la Grande-Trappe*. 8 p. in-12. Copie xviiie s.)

1286. — Le même. — *Let. sig. à Monsieur l'abbé Nicaise.* 26 juin 1680.

> Il le remercie d'un ouvrage du P. Boccone qu'il lui avait envoyé. Il approuve la résolution de ce père de ne pas entrer à la Trappe. Calomnies dont fut l'objet l'abbé Nicaise.
> (*Bibl. Nationale* fr. 9363 f. 3. 2 p. 1/4 in-12. Cachet à froid aux armes de la Trappe. Publiée par M. Gonod. 1846 p. 86.)

1287. — Le même. — *Let. au R. Père de Champagny.* 1er juillet 1680.

> Il refute certaines calomnies à son adresse.
> (*Arch. de la Grande-Trappe*. Let. à imp. f. 1304. 2 p. in-4°. Copie xviiie s.)

1288. — Le même. — *Let. à la R. Mère* (2)..... *abbesse de Gif* (3) 18 juillet 1680.

---

(1) Anne d'Orviré de la Vieuville.

(2) Anne Victoire de Clermont de Montglat, abbesse de 1675 à 1686, † en 1701.

(3) Giffum, au diocèse de Paris, de l'ordre de S. Benoit, abbaye fondée en 1180

Sur un religieux de la Congrégation des Célestins mort à la Trappe. Conseils.
(*Arch. de la Grande-Trappe*. Let. à imp. f. 1306. 3 p. 1/4 in-4º. Copie XVIIIᵉ s.)

1289. — Le même. — *Let. sig. à Monsieur de Canumartin.* 29 juillet 1680.
Sur dom Garreau.
(*Catalogue de lettres autographes*. Laverdet. Vente du 20 avril 1855 1 p. in-4º, 4 fr.

1290 — Le même. — *Let. au R. P..... chanoine régulier à .....* 30 juillet 1680.
En latin.
Il le recevra avec joie à la Trappe.
(*Arch. de la Grande-Trappe*. Let. à imp. f. 1310. 1 p. 1/4 in-4º. Copie XVIIIᵉ s.)

1291. — Le même. — *Let. à la R. mère.... abbesse de Leyme* (1) 30 juillet 1680.
Conseils.
(*Arch. de la Grande-Trappe*. Let. à imp. f. 1312. 2 p. in-4º. Copie XVIIIᵉ s.)

1292. — Le même. — *Let. à la R. mère..... religieuse de.....*
Conseils.
(*Arch. de la Grande-Trappe*. Let. à imp. f. 1314. 2 p. 1/4 in-4º. Copie XVIIIᵉ s.)

1293. — Le même. — *Let à .....* 1ᵉʳ août 1680.
Sur l'humilité.
(*Bibl. de l'Arsenal*. 2106. f. 92 vº. 2 p. in-4º. Copie XVIIIᵉ s.)

1294. — Le même. — *Let. au R Père du .....* 6 août 1680.
Conseils.
(*Arch. de la Grande-Trappe*. Let. à imp. f. 1317. 1 p. 1/2 in-4º. Copie XVIIIᵉ s.)

1295. — Le même. — *Let. sig. au R. Père..... prieur de Perseigne.* 24 août 1680.

(1) Anne d'Orviré de la Vieuville.

Affaires de discipline et d'observation des règles.
(*Catalogue de lettres autographes*. Laverdet. Vente du 20 avril 1855. 2 p. 1/2 in-4º. Cachet aux armes de la Trappe. 6 fr. 75).

1296. — Le même. — *Let. à Monsieur l'abbé Favier*, 28 août 1680.
Du bruit qui avait couru de sa mort.
(*Arch. de la Grande-Trappe*. Let. à imp. f. 1319 1 p. 1/2 in-4º. Copie XVIIIᵉ s.)

1297. — Le même. — *Let. sig. au même*. 3 septembre 1680.
Sur sa nièce de Vernassal (1) et sur M. Pellisson.
(*Bibl. de Clermont-Ferrand*. 344. f 83 2 p. in-8º. Publiée par M. Gonod, 1846 p. 67.)

1298. — Le même. — *Let. au R. Père.....* 12 septembre 1680.
Sur la mort de l'évêque de Pamiers (2). Conseils.
(*Arch. de la Grande-Trappe*. Let. à imp. f. 1326. 4 p. in-4º. Copie XVIIIᵉ.)

1299. — Le même. — *Let. au R. Père de Ch.....* 18 septembre 1680.
Que c'est une erreur de croire qu'un homme de bien ne peut pas vivre dans le monde.
(*Arch. de la Grande-Trappe*. Let. à imp. f. 1345. 1 p. 1/2 in-4º. Copie XVIIIᵉ. s.)

1300 — Le même — *Let. au Maréchal de Bellefonds*. Septembre 1680.
Réflexions pieuses.
(*Arch. de la Grande-Trappe*. Let. à imp. f. 1330. 2 p. 1/4. in-4º. Copie XVIIIᵉ s.)

1301. — Le même. — *Let. à Monsieur l'abbé de.....* Septembre 1680.
Consolations sur la mort de son frère.
(*Arch. de la Grande-Trappe*. Let. à imp. f. 1335. 1 p 1/4 in-4º. Copie XVIIIᵉ s.)

---

(1) Fille de Marie Bouthillier et de François Chalvet de Rochemonteix sʳ de la Roche-Vernassal.
(2) François Etienne de Caulet mort le 7 août 1680.

1302. — Le même. — *Let. au R. Père.... abbé de Septfons* Septembre 1680.

De l'intérêt qu'il prend à ce qui touche son monastère.
(*Arch. de la Grande-Trappe.* Let. à imp. f. 1343. 2 p. in-4º Copie XVIIIᵉ s.)

1303. — Le même. — *Let. à Monsieur Goisdan, curé d'A... à D...* 10 octobre 1680.

Il sera heureux de le recevoir à la Trappe.
(*Arch. de la Grande-Trappe.* Let. à imp. f. 1349 1 p. 1/4 in 4º. Copie XVIIIᵉ s.)

1304. — Le même. — *Let. à Monsieur l'évêque de Grenoble* (1). 27 octobre 1680.

Marques d'amitié
(*Arch. de la Grande-Trappe.* Let. à imp. f. 1351. 2 p. in-4º. Copie XVIIIᵉ s.)

1305. — Le même. — *Let. au P. Père Dom Garreau.* 31 octobre 1680.

Consolations.
(*Arch. de la Grande-Trappe.* Let. à imp. f. 1358, 2 p. in-4º Copie XVIIIᵉ s.)

1306. — Le même. — *Let. à une religieuse.* 31 octobre 1680.

Conseils.
(*Bibl. de l'Arsenal.* 2106. f. 93 vº, 2 p. 1/4 in-4º. Copie XVIIIᵉ s.)

1307. — Le même. — *Let. à Monsieur .....* 4 novembre 1680.

Sur la maladie de M. d'Aurat,
(*Arch. de la Grande-Trappe.* in-12. Copie XVIIIᵉ s.)

1308. — Le même. — *Let. à la R. Mère..... abbesse de .....* 11 novembre 1680.

Il lui marque sa soumission à ses volontés.
(*Arch. de la Grande-Trappe.* Let. à imp. f. 1373. 1 p. in-4º. Copie XVIIIᵉ s.)

1309. — Le même. — *Let. à Monsieur l'évêque de Luçon* (2) 13 novembre 1680.

(1) Cardinal Le Camus.
(2) Henri de Barillon.

Il voudrait que les évêques fissent ce que l'évêque de Grenoble et lui ont fait touchant la morale.
(*Arch. de la Grande-Trappe.* Let. à imp. f. 1374 1 p. 1/4 in-4º. Copie XVIII s.)

1310. — Le même. — *Let. à la R. Mère..... prieure de Maubuisson* (1). 14 novembre 1680.

Préceptes de la règle de St-Benoit.
(*Bibl. Nationale.* fr. 23497. 7 p. 1/2 pet. in-fol. et 10 p. 1/4 p. in-folio. Deux copies XVIIIᵉ s. — Publiée à la suite de la *Description de la Trappe.* P. 1683. p. 58 et par M. Gonod, 1846 p. 371.)

1311. — Le même. — *Let. à Monsieur de F....., maître des requêtes.* 15 novembre 1680.

De l'heureux souvenir qu'il a gardé de son voyage à la Trappe.
(*Arch. de la Grande-Trappe.* Let à imp. f. 1376 1 p. 1/4 in-4º Copie XVIIIᵉ s.)

1312. — Le même. — *Let. au R. Père.....* 18 novembre 1680.

Du détachement du monde.
(*Arch. de la Grande-Trappe.* 2 p. 1/4 in-12. Copie XVIIIᵉ s.)

1313. — Le même. — *Let. à Monsieur Duhamel, docteur de Sorbonne.* 20 novembre 1680.

Sur divers sujets.
(*Arch. de la Grande-Trappe.* Let. à imp. f. 1382. 2 p. in-4º. Copie XVIIIᵉ s.)

1314. — Le même. — *Let. à Monsieur....., à Amiens.* 20 novembre 1680.

Il l'encourage dans son désir de vivre dans la retraite.
(*Arch. de la Grande-Trappe.* Let à imp. f. 1387 1 p. 1/2 in-4º. Copie XVIIIᵉ s.)

1315. — Le même. — *Let. sig. au R. Père..... prieur de Perseigne.* 20 novembre 1680.

Il le loue de la régularité qu'il veut établir dans sa maison.
(*Catalogue de lettres autographes.* Laverdet. Vente du 20 avril 1855. 2 p. in-4º, 6 fr.) Cachet aux armes de la Trappe. — *Collection H. Tournouër.)*

---

(1) Malus Dumus ou sancta Maria regalis, N. D. la Royale, au diocèse de Paris, de l'ordre de Citeaux, abbaye fondée en 1241.

1316. — Le même. — *Let. à sa nièce.* 21 novembre 1680.
    Conseils.
    (*Bibl. de l'Arsenal.* 2106. f. 94 v°, 1 p. 1/2 in-4°. Copie XVIIIe s.)

1317. — Le même. — *Let. sig. à Monsieur de Caumartin, conseiller d'Etat ordinaire.* 24 novembre 1680.
    Sur Dom Garreau.
    (*Catalogue de lettres autographes.* Laverdet. Vente du 20 avril 1855. 2 p. pet. in-4°, 5 fr. 50. Cachet aux armes de la Trappe).

1318. — Le même. — *Let. à Monsieur.....* 28 novembre 1680.
    Conseils.
    (*Arch. de la Grande-Trappe.* Let. à imp. f. 1301. 1 p. 1/2 in-4° Copie XVIIIe s.)

1319. — Le même. — *Let. à .....* 29 novembre 1680.
    Conseils.
    (*Bibl. de l'Arsenal.* 2106. f. 95 v°, 2 p. 1/2 in-4°. Copie XVIIIe s.)

1320. — Le même. — *Let. à la R. Mère....., abbesse de Leyme* (1) 30 novembre 1680.
    Sur l'état de sa santé.
    (*Arch. de la Grande-Trappe.* Let. à imp. f. 1388 1 p. 1/2 in-4°. Copie XVIIIe s)

1321. — Le même. — *Let. à Monsieur de Fonsal.* 5 déc. 1680.
    Réflexions pieuses.
    (*Arch. de la Grande-Trappe.* Let. à imp. f. 1395. 1 p. 1/2 in-4°. Copie XVIIIe s.)

1322. — Le même. — *Let. à Monsieur.....* 12 décembre 1680.
    Conseils.
    (*Arch. de la Grande-Trappe.* Let. à imp. f. 1404 2 p. 1/2 in-4°. Copie XVIIIe s.)

1323. — Le même. — *Let. sig. à Monsieur l'abbé Nicaise.* 12 décembre 1680.
    Au sujet du P. Soyrot, ancien religieux Carme de Dijon qui s'était retiré à la Trappe. Affaire de succession.
    (*Bibl. Nationale* fr. 9363 f. 5. 3 p. in-8°. Cachet noir aux armes de la Trappe, — Publiée par M. Gonod 1846 p. 88.)

(1) Anne d'Orviré de la Vieuville.

1324. — Le même. — *Let. à la R. Mère Louise Magdeleine, abbesse de Maubuisson* (1). 12 décembre 1680,

    Conseils.
    Au bas, on lit :
    " Fourny par le P. de Braines qui l'a copiée sur l'original à la Trappe même. "
    (*Arch. de la Grande-Trappe.* 3. p. 1/2. in-12 Copie XVIIIe s.)

1325. — Le même. — *Let. à Monsieur l'évêque de Léon* (2). 18 décembre 1680.

    Regrets de n'avoir pu le voir à la Trappe, en réponse à une lettre de l'évêque de Léon datée du même jour, de Mortagne, dans laquelle il s'excusait de ne pouvoir aller jusqu'au monastère.
    (*Arch. de la Grande-Trappe.* 1 p. 1/2 in-4°. Copie XVIIIe s.)

1326. — Le même. — *Let à Monsieur de Courselles.* 19 décembre 1680.

    Conseils.
    (*Arch. de la Grande-Trappe.* 1 p. in-12. Copie XVIIIe s.)

1327. — Le même. — *Let. au R. Père..... procureur de l'abbaye de Prières* (3). 30 décembre 1680.

    Sur la mort de l'abbé de Prières.
    (*Arch. de la Grande-Trappe.* 2 p. 1/2 in-12. Copie XVIIIe s.)

1328. — Le même. — *Let. à Monseigneur.....* 30 décembre 1680.

    Vœux de nouvel an. Qu'il faut se faire oublier des hommes.
    (*Arch. de la Grande-Trappe.* Let. à imp. f. 1409. 2 p. in-4°. Copie XVIIIe s.)

1329. — Le même. — *Let. à Monsieur l'évêque de Grenoble* (4). 31 décembre 1680.

    Vœux qu'il forme pour lui.
    (*Arch. de la Grande-Trappe.* Let. à imp. f. 1411. 2 p. in-4°. Copie XVIIIe s.

---

(1) Louise Marie Hollandine, princesse palatine de Bavière, fille de Frédéric IV, roi de Bohême, comte palatin du Rhin, abbesse de Maubuisson de 1664 à 1709.

(2) Pierre III Le Neboux de la Brosse, évêque de Léon, de 1672 au 18 septembre 1701.

(3) Preces, au diocèse de Vannes, de l'ordre de Citeaux, fondée en 1252.

(4) Cardinal Le Camus.

1330. — Le même. — *Let. à un religieux de Champagne* (1). 31 décembre 1680.
    Il le félicite d'être revenu à Champagne.
    (*Arch. de la Grande-Trappe.* Let. à imp. f. 1413. 1 p. 1/4 in-4°. Copie XVIII° s.)

1331. — Le même. — *Let. sig. au R. Père.....* 1680.
    Conseil à un prieur.
    (*Vente du comte de..... Charavay.* 1858. 2 p. in-4° 10 fr. Cachet aux armes de la Trappe.)

1332. — Le même. — *Let. à Monsieur l'abbé de.....* 1680.
    Conseils.
    (*Arch. de la Grande-Trappe.* Let. à imp. f. 1159. 3 p. 1/2 in-4°. Copie XVIII°. s.)

1333. — Le même. — *Let. au Maréchal de Bellefonds.* 1680.
    Sur M. le Comte de.....
    (*Arch. de la Grande-Trappe.* Let. à imp. f. 1163. 3 p. in-4°. Copie XVIII°.)

1334. — Le même. — *Let. à Madame....* 1680.
    Conseils.
    (*Arch. de la Grande-Trappe.* Let. à imp. f. 1168. 2 p. in-4°. Copie XVIII° s.)

1335. — Le même. — *Let. au R. Père G....., de St-Victor.* 1680.
    Conseils.
    (*Arch. de la Grande-Trappe.* Let. à imp. f. 1170. 1 p. in-4°. Copie XVIII° s.)

1336. — Le même. — *Let. à Monsieur.....* 1680.
    Du bonheur de vivre dans la retraite.
    (*Arch. de la Grande-Trappe.* Let. à imp. f. 1181. 2 p. in-4°. Copie XVIII s.)

1337. — Le même. — *Let. à Monsieur....., conseiller de la Grande Chambre.* 1680.
    Sur la mort de sa femme. Consolations et Conseils.
    (*Arch. de la Grande-Trappe.* Let. à imp. f. 1183 4 p. in-4°. Copie XVIII° s.)

(1) Campania, au diocèse du Mans, de l'ordre de Citeaux, abbaye fondée en 1188.

1338. — Le même — *Let. au R. Père....., religieux de l'ordre.* 1680.
    Conseils.
    (Arch. de la Grande-Trappe. Let. à imp. f. 1190. 2 p. 1/2 in-4°. Copie XVIII° s.)

1339. — Le même. — *Let. au R. Père Albert, religieux de..... à Liège.* 1680.
    Il saluera son retour à la Trappe avec joie.
    (Arch. de la Grande-Trappe. Let. à imp. f. 1193. 1 p. 1/4. in-4°. Copie XVIII° s.)

1340. — Le même. — *Let. à la R. Mère..... abbesse de.....*1680.
    Conseils.
    (Arch. de la Grande-Trappe. Let. à imp. f. 1233. 2 p. in-4°. Copie XVIII° s.)

1341. — Le même. — *Let. à Monsieur...,.* 1680.
    Réflexions pieuses.
    (Arch. de la Grande-Trappe. Let. à imp. f. 1271. 1 p. in-4°. Copie XVIII° s.)

1342. — Le même. — *Let à Mademoiselle.....* 1680.
    Affaires de famille.
    (Arch. de la Grande-Trappe. Let. à imp. f. 1245. 2 p. in-4°. Copie XVIII° s.)

1343. — Le même. — *Let. à Madame d'Albon* (1). 1680.
    Sur le mariage de sa nièce.
    (Arch. de la Grande-Trappe Let. à imp. f. 1353. 2 p. in-4°. Copie XVIII° s.)

1344. — Le même. — *Let. à Monsieur de Chenevières* (2). 1680.
    (Arch. de la Grande-Trappe. Let. à imp. f. 1358. 1 p. in-4°. Copie XVIII° s)

1345. — Le même. — *Let. sig. à Monsieur l'abbé Nicaise.* 20 janvier 1681.
    Au sujet du P. Soyrot, religieux carme de Dijon.
    (Bibl. Nationale fr. 9363 f. 7. 2 p. in-8°. Publiée par M. Gonod, 1846. p. 90.)

(1) Sa sœur.
(2) Commis (?) de M. Colbert (note du manuscrit).

1346. — Le même. — *Let. au R. Père de* ..... 1ᵉʳ février 1681.

Au sujet des actes de stabilité faits par trois religieux de la Trappe, à Champagne.
(*Arch. de la Grande-Trappe.* Let. à imp. f. 1462. 1 p. in-4º. Copie xviiiᵉ s.)

1347. — Le même. — *Let. au R. Père..... abbé de P....., en Alsace.* 2 février 1681.

Au sujet du relèvement d'une abbaye.
(*Arch. de la Grande-Trappe.* Let. à imp. f. 1458. 1 p. in-4º. Copie xviiiᵉ s.)

1348. — Le même. — *Let. à Monsieur.....* 3 février 1681.

Avis sur plusieurs sujets.
(*Bibl. de l'Arsenal.* 2106. f. 96 vº. 3 p. in-4º. Copie xviiiᵉ s.)

1349. — Le même. — *Let. au R. Père..... prieur de Perseigne.* 6 février 1681.

Divers avis touchant Perseigne.
(*Arch. de la Grande-Trappe.* Let. à imp. f. 1460. 1 p. 1/4 in-4º. Copie xviiiᵉ s.)

1350. — Le même. — *Let. à un religieux.* 13 février 1681.

Il lui conseille de recevoir les ordres sacrés par obéissance, bien que les moines, par leur état, ne soient pas destinés à la cléricature.
(*Arch. de la Grande-Trappe.* 3 p. in-12. Copie xviiiᵉ s.)

1351. — Le même. — *Let. à la R. Mère Marie Louise, religieuse de l'Annonciade* (1). 9 mars 1681.

Sur la mort de l'abbé de Prières. (2)
(*Arch. de la Grande-Trappe.* 3 p. 1/2 in-12. Copie xviiiᵉ s.)

1352. — Le même. — *Let. à la R. Mère.....* 12 mars 1681.

Reflexions pieuses.
(*Arch. de la Grande-Trappe.* Let. à imp. f. 1463. 2 p. in-4º. Copie xviiiᵉ s.)

---

(1) Sa sœur.
(2) Hervé du Tertre, mort le 8 décembre 1680.

1353. — Le même. — *Let. sig. au R. Pére.....* 20 mars 1681.

Sur le frère Etienne.

(*Catalogue de lettres autographes. Laverdet*. Vente du 20 avril 1855. 2 p. in-4º 5 fr. 25. — Cabinet du Comte de V..... Vente du 4 décembre 1882.)

1354. — Le même. — *Let. à Monsieur le Prince de Soubise* (1) 21 mars 1681.

Sur la perte de la sœur du Prince.

(*Arch. de la Grande-Trappe*. Let. à imp. f. 1468 1 p. 1/2 in-4º Copie XVIIIº s.)

1355. — Le même. — *Let. à Mademoiselle de G.....* 21 avril 1681.

Sur la perte de sa sœur, Mademoiselle de G.....

(*Arch. de la Grande-Trappe*. Let. à imp. f. 1470. 2 p .1/4 in-4º. Copie XVIII s.)

1356. — Le même. — *Let. à Monsieur l'évèque de Meaux* (2). 24 avril 1681.

Il le remercie du livre qu'il lui a envoyé et en fait l'éloge.

(*Arch. de la Grande-Trappe*. Let. à imp. f. 1473. 1 p. 1/4 in-4º. Copie XVIIIº s.)

1357. — Le même. — *Let. à Madame la duchesse de Luynes*. 27 avril 1680.

Conseils.

(*Arch. de la Grande-Trappe*. Let. à imp. f. 1475. 1 p. 1/4 in-4º. Copie XVIIIº s.)

1358. — Le même. — *Let. à la R. Mère..... prieure de la Chaise Dieu* (3). 11 mai 1681.

Réflexions pieuses.

(*Arch. de la Grande-Trappe*. Let. à imp. f. 1477 1 p 1/2 in-4º Copie XVIIIº s.)

---

(1) François de Rohan, prince de Soubise. Il épousa la veuve du marquis de Nonant et en 2ᵉˢ noces Anne de Rohan-Chabot.

(2) Bossuet ne fut nommé à l'évêché de Meaux que le 2 mai.

(3) Casa Dei, au diocèse de Clermont, de l'ordre de S. Benoit, abbaye fondée en 1043.

1359. — Le même. — *Let. à la R. Mère Luce de Saint-Pierre, religieuse de Sainte-Claire, à Alençon.* 19 mai 1681.

Il lui promet le secours de ses prières.
(Arch. de la Grande-Trappe. Let. à imp. f. 1479. 2 p. in-4º. Copie XVIIIe s.)

1360. — Le même. — *Let. sig. " à Messieurs Ferrier, marchands, rue de la Truanderie, près le puits d'amour, pour Monsieur l'abbé Favier, à Paris."* 25 mai 1681.

Il se défend d'être l'auteur des Constitutions de la Trappe.
(Bibl. de Clermont-Ferrand 344 f. 85. 3 p. in-12. Cachet à froid aux armes de la Trappe. Publiée par M. Gonod. 1846, p. 68.)

1361. — Le même. — *Let. sig. "à Monsieur Choüesse, marchand, pour le Révérend Père prieur de Perseigne, à Alençon"* 29 mai 1681.

Conduite à tenir pour la réception d'un novice.
(Catalogue de lettres autographes. Laverdet. Vente du 20 avril 1855. 1 p. 1/2 in-4º. 4 fr. 25).

1362. — Le même. — *Let. à Monsieur......* 30 mai 1681.

Sur le livre des "Devoirs de la vie monastique".
(Bibl. de l'Arsenal. 2106. f. 98. 4 p. 1/4 in-4º. Copie XVIIIe s.)

1363. — Le même. — *Let. au R. Père B....., de l'Oratoire.* 2 juin 1681.

Au sujet de Madame la duchesse de Lesdiguières.
(Arch. de la Grande-Trappe. Let. à imp. f. 1431. 1 p. 1/4 in-4º Copie XVIIIe s.)

1364. — Le même. — *Let. à Monsieur l'évêque de Grenoble* (1) 15 juin 1681.

Il le félicite d'avoir échappé à un accident.
(Arch. de la Grande-Trappe. Let. à imp. f. 1483. 1 p. 1/4 in-4º. Copie XVIIIe s.)

1365. — Le même. — *Let. à Monsieur l'abbé Favier.* 22 juin 1681.

Conseils.
(Arch. de la Grande-Trappe. Let. à imp. f. 1485. 1 p. 1/4 in-4º. Copie XVIIIe s.)

(1) Cardinal Le Camus.

1366. — Le même. — *Let. au R. Père de Mouchy.* 29 juin 1681.

    Arrivée d'un chanoine de Liège à la Trappe. Réflexions diverses.
    (*Arch. de la Grande-Trappe.* Let. à imp. f. 1495. 1 p. 1/4 in-4°. Copie xviii° s.)

1367. — Le même. — *Let. à Monsieur l'abbé.....* juin 1681.

    Conseils.
    (*Arch. de la Grande-Trappe.* Let. de piété 176. 1re série. Copie xviii° s.)

1368. — Le même. — *Let. à Monsieur.....* 25 juillet 1681.

    Conseils.
    (*Bibl. de l'Arsenal.* 2106 f. 100 v° 4 p. in-4°. Copie xviii° s.)

1369. — Le même. — *Let. à Madame.....* 28 juillet 1681.

    Conseils.
    (*Bibl. de l'Arsenal.* 2106. f. 102 v° 4 p. in-4°. Copie xviii° s.)

1370. — Le même. — *Let. à Monsieur le duc de Beauvilliers* (1) 25 août 1681.

    Il lui promet le secours de ses prières.
    (*Arch. de la Grande-Trappe.* Let. à imp. f. 1505. 1/2 p. in-4°. Copie xviii° s.)

1371. — Le même. — *Let. au R. Père provincial de l'ordre de Sainte-Croix en France.* 25 août 1681.

    Il lui donne des nouvelles de l'un de ses religieux.
    (*Arch. de la Grande-Trappe.* Let. à imp. f. 1507. 1 p. 1/4 in-4°. Copie xviii° s.)

1372. — Le même. — *Let. à Monsieur Dirois, docteur de la faculté de Paris, à Rome.* 25 août 1681.

    Au sujet de deux brefs obtenus par les religieux des Congrégations de S. Maur et de S. Vanne qui leur interdit de quitter leurs observances pour passer à la Trappe.
    (*Arch. de la Grande-Trappe.* Let. à imp. f. 1509. 2 p. in-4° Copie xviii° s.)

---

(1) Paul de Beauvilliers, comte de S. Aignan (1648-1714), fils de François, premier duc de S. Aignan, gouverneur du duc de Bourgogne, puis du duc d'Anjou, ministre d'Etat.

1373. — Le même. — *Let. à la R. Mère Louise-Henriette, religieuse de la Visitation de Tours* (1) 26 août 1681.
    Conseils.
    (*Bibl. de l'Arsenal*. 2106. f. 104 v°. 2 p. 1/2 in-4°. Copie XVIIIe s.)

1374. — Le même. — *Let. au R. Père. général de la Congrégation de Cluny*. 29 août 1681.
    Au sujet d'un de ses religieux retiré à la Trappe.
    (*Arch. de la Grande-Trappe*. Let. à imp. f. 1511. 1 p. in-4°. Copie XVIIIe s.)

1375. — Le même. — *Let. à Monsieur l'abbé....* 30 août 1681.
    De l'intérêt qu'il prend à tout ce qui touche sa personne et sa maison.
    (*Arch. de la Grande-Trappe*. Let. à imp. f. 1512. 1 p. 1/4 in-4° Copie XVIIIe. s.)

1376. — Le même. — *Let. au R. Père..... abbé de la Colombe* (2). 31 août 1681.
    Il lui annonce un religieux.
    (*Arch. de la Grande-Trappe*. Let. à imp. f. 1514. 4 p. 1/2 in-4°. Copie XVIIIe s.)

1377. — Le même. — *Let. à un religieux de la Colombe*. 31 août 1681.
    Sur la paix.
    (*Arch. de la Grande-Trappe*. Let. à imp. f. 1516. 1 p. 1/2 in-4°. Copie XVIIIe s.)

1378. — Le même. — *Let. à la R. Mère Louise-Henriette, religieuse de la Visitation de Tours* (3). 31 août 1681.
    Conseils.
    (*Arch. de la Grande-Trappe*. Let. à imp. f. 1518. 2 p. in-4°. Copie XVIIIe s.)

1379. — Le même. — *Let. à Monsieur l'évêque de Grenoble* (4). Août 1681.
    Il lui recommande un ecclésiastique.
    (*Arch. de la Grande-Trappe*. Let. à imp. f. 1500. 1 p. 1/2 in-4° Copie XVIIIe s.)

(1) Sa nièce.
(2) Columba, abbaye de l'ordre de Citeaux, au diocèse de Limoges, fondée en 1146. Pierre de la Salle était alors abbé, depuis 1667.
(3) Sa nièce.
(4) Le Cardinal Le Camus.

1380. — Le même. — *Let. sig. au R. Père.....* Août 1681.

Au sujet de religieux de son monastère retirés à la Trappe
(*Arch. de la Grande-Trappe.* Let. à imp. f. 1502. 1 p. in-4º.
Copie XVIIIᵉ s.)

1381. — Le même. — *Let. à la R. Mère..... abbesse de Leyme* (1). Août 1681.

Conseils.
(*Arch. de la Grande-Trappe.* Let. à imp. f. 1503 2 p. in-4º.
Copie XVIIIᵉ s.)

1382. — Le même. — *Let. à Monsieur l'abbé Favier.* 8 septembre 1681.

Conseils.
(*Arch. de la Grande-Trappe.* Let. à imp. f. 1524. 3 p. in-4º.
Copie XVIIIᵉ s.)

1383. — Le même. — *Let. au R. Père..... abbé de Chatillon* (2). 11 septembre 1681.

Il le félicite de garder ses religieux. Il lui parle du monastère d'Orval.
(*Arch. de la Grande-Trappe.* Let. à imp. f. 1527. 1 p. 1/2 in-4º. Copie XVIIIᵉ s.)

1384. — Le même. — *Let. au R. Père....., prieur de.....* 13 septembre 1681.

Il l'engage à ne pas quitter son monastère pour aller prendre les eaux.
(*Arch. de la Grande-Trappe.* Let. à imp. f. 1529 1 p. 1/4 in-4º. Copie XVIIIᵉ s.)

1385. — Le même. — *Let. à la R. Mère..... souprieure de Maubuisson* (3). 13 septembre 1681.

Conseils.
(*Arch. de la Grande-Trappe.* Let. à imp. f. 1531. 2 p. in-4º. Copie XVIIIᵉ s.)

---

(1) Anne d'Orviré de la Vieuville.

(2) Castellio, abbaye de l'ordre de Citeaux au diocèse de Verdun, fondée en 1153.

(3) Sancta Maria regalis, Malodunum, abbaye de l'ordre de Citeaux au diocèse de Paris, fondée en 1241.

Lettre et Signature autographes de Dom Jacques de la Cour, abbé de la Trappe, du 7 janvier 1700.

(Collection H. TOURNOUER).

connoissons point d'autre bien ni d'autre avantage que celuy de luy plaire, et de jouïr du bonheur qu'il nous a promis. Que sont, ajoute ce Saint, tous les biens, ou tous les maux de cette Vie ? Regardons les avec indifference, puisque les uns et les autres passeront en peu de momens, et que la prosperité ne nous rend point heureux, ni l'adversité malheureux, les tenebres et la lumiere du monde estant comme la mesme chose. Apres les travaux de cette Vie, Dieu nous fera jouir d'un repos et d'une felicité eternelle, et c'est a cette felicité que nous tendons par le mespris de celle qui n'est que temporelle. C'est ce que ce grand Saint disoit autrefois, et c'est ce que je vous souhaitte maintenant, vous aimant, Montres honoré Pere, plus pour l'Eternité que pour le temps, quelque grand que soit l'amour que j'aye pour vous, et pour ma tres honorée Mere que je salue de tout mon coeur.

Ce 19. Octobre. 68. f. Pierre Relig. de la Trape

Lettre et Signature autographes de Dom Pierre Le Nain, sous-prieur de la Trappe, du 19 octobre 1681.
Collection H. Tournouër.

1386. — Le même. — *Let. à la R. Mère. ... abbesse de Maubuisson* (1). 13 septembre 1681.

    Conseils.
    (*Arch. de la Grande-Trappe*. Let à imp. f. 1533. 2 p. in-4º Copie xviiiᵉ s.)

1387. — Le même. — *Let. au R. Père de Mouchy*. 17 septembre 1681.

    Sur la maladie de Monsieur l'évêque de Grenoble. Réflexions pieuses.
    (*Arch. de la Grande-Trappe*. Let. à imp. f. 1535. 1 p. in-4º. Copie xviiiᵉ s.)

1388. — Le même — *Let. au R. Père..... abbé de Thamié* (2). 20 septembre 1681.

    Sur plusieurs religieux.
    (*Arch. de la Grande-Trappe*. Let. à imp. f. 1536. 2 p. 1/4 in-4º. Copie xviiiᵉ s.)

1389. — Le même. — *Let. à la R. Mère de la Roche*. 22 septembre 1681.

    Réflexions pieuses.
    (*Arch. de la Grande-Trappe*. Let. à imp. f. 1539. 1 p. in-4º. Copie xviiiᵉ s.)

1390. — Le même. — *Let. à Monsieur l'abbé de.....* 24 septembre 1681.

    Sur la perte de son frère.
    (*Arch. de la Grande-Trappe*. Let. à imp. f. 1540. 2 p. in-4º Copie xviiiᵉ s.)

1391. — Le même. — *Let. à Monsieur de..... Conseiller d'Etat*. Septembre 1681.

    De la brièveté de la vie.
    (*Arch. de la Grande-Trappe*. Let. à imp. f. 1522. 1 p. 1/4 in-4º. Copie xviiiᵉ s.)

---

(1) Louise Marie Hollandine, princesse palatine de Bavière, fille de Frédéric IV, roi de Bohême, comte palatin du Rhin, née en 1622, abbesse de Maubuisson du 20 août 1664 au 11 février 1709, date de sa mort.

(2) Stamedium, abbaye de l'ordre de Citeaux au diocèse de Tarentaise, fondée en 1132. Jean Antoine de la Forest de Somont était abbé depuis 1665.

1392. — Le même. — *Let. au R. Père de Mouchy.* 9 oct. 1681.
   De la soumission à la volonté de Dieu.
   (*Arch. de la Grande-Trappe.* Let. à imp. f. 1550. 1 p. 1/4. in-4º. Copie xviiiº s.)

1393. — Le même. — *Let. à Monsieur.....* 16 octobre 1681.
   Il préfére être blamé que loué des hommes.
   (*Arch. de la Grande-Trappe.* 1 p. in-12. Copie xviiiº s.)

1394. — Le même. — *Let. au R. Père.....* 22 octobre 1681.
   Des obligations d'un abbé Commendataire.
   (*Arch. de la Grande-Trappe.* Let. à imp. f. 1552. 3 p. in-4º. Copie xviiiº s.)

1395. — Le même. — *Let. à la R. Mère..... abbesse de Maubuisson* (1). 2 novembre 1681.
   Conseils.
   (*Arch. de la Grande-Trappe.* Let. à imp. f. 1555. 1 p. 1/2 in-4º. Copie xviiiº s.)

1396. — Le même. — *Let. à Monsieur Gourdan* (2). 15 novembre 1681.
   Réponse à quelques objections qu'il lui avait soumises sur son genre de vie. Conseils.
   (*Arch. de la Grande-Trappe.* 6 p. in-12. Copie xviiiº s.)

1397. — Le même. — *Let. sig. à Monsieur l'abbé Nicaise* (3). 28 novembre 1681.
   Au sujet de deux vocations.
   (*Bibl. Nationale* fr. 9363 f. 8. 2 p. in-8º. Publiée par M. Gonod, 1846. p. 92.)

1398. — Le même. — *Let. à M.....* 4 décembre 1681.
   Conseils.
   (*Bibl. de l'Arsenal.* 2106. f. 105 vº, 3 p. 1/2 in-4º. Copie xviiiº s.)

1399. — Le même. — *Let. au R. Père..... prieur de Perseigne.* 9 décembre 1681.
   Conseils.
   (*Arch. de la Grande-Trappe.* Let. à imp. f. 1565. 1 p. 1/2 in-4º. Copie xviiiº s.)

(1) Louise Marie Hollandine, princesse palatine de Bavière..
(2) Voir p. 166, nº 641, note 3.
(3) Claude Nicaise né à Dijon, † en 1701 à Villy près Dijon. Voyez page 162 note 2.

1400. — Le même. — *Let. à Monsieur*..... 11 décembre 1681.
Réflexions pieuses.
(*Arch. de la Grande-Trappe*. Let. à imp. f. 1567. 1 p. 1/2 in-4º Copie xviiiᵉ s.)

1401. — Le même. — *Let. à la R. Mère*..... *abbesse de Leyme* (1). 14 décembre 1681.
Conseils.
(*Arch. de la Grande-Trappe*. Let. à imp. f. 1569. 2 p. in-4º. Copie xviiiᵉ s.)

1402. — Le même. — *Let. au R. Père Dom Garreau*. 14 décembre 1681.
Sur sa sortie de Fonfroide.
(*Arch. de la Grande-Trappe*. Let. à imp. f. 1571. 2 p. 1/4 in-4º. Copie xviiiᵉ s.)

1403. — Le même. — *Let. à Monsieur*..... 20 décembre 1681.
De l'inutilité des occupations chez la plupart des hommes.
(*Arch. de la Grande-Trappe*. Let. à imp. f. 1574. 1 p. 1/4. in-4º. Copie xviiiᵉ s.)

1404. — Le même. — *Let. à la R. Mère Louise de la Miséricorde* (2). 1681.
Il prend part à tout ce qui la regarde et lui promet le secours de ses prières.
(*Arch. de la Grande-Trappe*. Let. à imp. f. 1417. 1 p. in-4º. Copie xviiiᵉ s.)

1405. — Le même. — *Let. à Monsieur le duc de Beauvilliers.* 1681.
Il admire la vie qu'il mène au milieu de la cour.
(*Arch. de la Grande-Trappe*. Let. à imp. f. 1418. 1 p. 1/2 in-4º. Copie xviiiᵉ s.)

1406. — Le même. — *Let. au R. Père*..... *supérieur des religieux de*....., *à R*..... 1681.
Il lui demande de ne pas reprendre l'un de ses religieux retiré à la Trappe.
(*Arch. de la Grande-Trappe*. Let. à imp. f. 1420. 1 p. in-4º. Copie xviiiᵉ s.)

(1) Anne d'Orviré de la Vieuville.
(2) Madame de La Vallière.

1407. — Le même. — *Let. à Monsieur l'abbé.....*, engagé dans une congrégration religieuse. 1681.
    Conseils.
    (*Arch. de la Grande-Trappe.* 3 p. 1/2 in-12. Copie XVIIIe s.)

1408. — Le même. — *Let. à Monsieur de P.....* 1681.
    Il lui demande sa protection pour les religieux de Chalade (1).
    (*Arch. de la Grande-Trappe.* Let. à imp. f. 1415. 1 p. in-4º. Copie XVIIIe s.)

1409. — Le même. — *Let. à Monsieur l'abbé Nicaise.* 1681.
    Il lui rappelle le voyage qu'ils firent ensemble en Italie.
    (*Arch. de la Grande-Trappe.* Let. à imp. f. 1416. 1 p in-4º. Copie XVIIIe s.)

1410. — Le même. — *Let. au R. Père..... prieur de Perseigne.* 1681.
    (*Catalogue Charavay* : Vente des 16 et 17 janvier 1856. 3 fr. 50. 2 p. 1/2 in-8º.)

1411. — Le même. — *Let. à la R. Mère Louise-Henriette, religieuse de la Visitation de Tours* (2). 1681.
    Conseils.
    (*Arch. de la Grande-Trappe.* Let. à imp. f. 1422. 2 p. in-4º. Copie XVIIIe s.)

1412. — Le même. — *Let. à Monsieur l'évêque de Sées* (3). 1681.
    De l'humilité.
    (*Arch. de la Grande-Trappe.* Let. à imp. f. 1424. 1 p. 1/4 in-4º. Copie XVIIIe s.)

1413. — Le même. — *Let. à la R. Mère..... abbesse d'Essay* (4). 1681.
    Sur la vocation religieuse de Mademoiselle de Tourouvre. « Monsieur le marquis de Tourouvre et Madame, sa femme, qui sont mes amis intimes, aiant dessein de mettre en religion une

---

(1) Caladia, abbaye de l'ordre de Citeaux au diocèse de Verdun, fondée en 1127.
(2) Sa nièce.
(3) Jean Forcoal, évêque de Séez de 1671 à 1682.
(4) L'abbesse d'Essay devait être en 1681 Françoise Trotti de la Chetardie, bien qu'elle ne fût consacrée qu'en 1684.

de Mesdemoiselles leurs filles, j'ay cru et je leur ay dit qu'ils ne pouvoient mieux faire que de la mettre dans vostre maison... Ils ont escouté avec plaisir la proposition que je leur ay faite... Je vous diray que se sont des personnes à qui je suis lié d'une amitié très étroite et qui, dans la vérité, vivent avec tant de règle et d'édification qu'ils font leur capital de servir Dieu et de penser à leur salut. »
(*Arch. de la Grande-Trappe.* Let. à imp. f. 1426, 2 p. in-4º. Copie XVIIIᵉ s.)

1414. — Le même. — *Let. au R. Père..... abbé de Septfons* (1). 1681.

Sur la résignation.
(*Arch. de la Grande-Trappe.* Let. à imp. f. 1431. 1 p. 1/4 in-4º. Copie XVIIIᵉ s.)

1415. — Le même. — *Let. à Monsieur l'abbé de Sazilly* (2). 1681.

Regrets de n'avoir pu avoir sa visite.
(*Arch. de la Grande-Trappe.* Let. à imp. f. 1433. 1 p. 1/4 in 4º. Copie XVIIIᵉ s.)

1416. — Le même. — *Let. au R. Père André de la Croix, Théatin.* 1681.

Il juge que Monsieur Rousseau n'est pas dans les dispositions nécessaires pour demeurer à la Trappe.
(*Arch. de la Grande-Trappe.* Let. à imp. f. 1435. 1 p. 1/2 in-4º. Copie XVIIIᵉ s.)

1417. — Le même. — *Let. au R. Père S ...., célestin.* 1681.

Mort de Dom Placide. De l'humiliation que fit subir Dom Rigobert à Dom Paul dans une conférence.
(*Arch. de la Grande-Trappe.* Let. à imp. f. 1437. 1 p. 1/4 in-4º. Copie XVIIIᵉ s.)

1418. — Le même. — *Let. à la R. Mère Thérèse de Jésus, religieuse de l'abbaye de Grâce.* 1681.

Conseils.
(*Arch. de la Grande-Trappe.* Let. à imp. f. 1439. 1 p. 1/4 in-4º. Copie XVIIIᵉ s.)

---

(1) Septem Fontes in Burgundia, abbaye de l'ordre de Citeaux, au diocèse d'Autun, fondée en 1132. Eustache de Beaufort était alors abbé, depuis 1656; il mourut en 1709. On disait de lui et de l'abbé de Rancé : Hi sunt duæ olivæ et duo candelabra lucentia ante Dominum.
(2) ou Fazilly.

1419. — Le même. — *Let. à Monsieur Pinette.* 1681.
    Il lui promet le secours de ses prières.
    (*Arch. de la Grande-Trappe.* Let. à imp. f. 1444. 1 p. in-4º. Copie xviiiᵉ s.)

1420. — Le même. — *Let. à Monsieur l'évêque de Grenoble* (1). 1681.
    Sur la visite de Monsieur Lions à la Trappe. De l'arrivée des religieux de Savoie à la Trappe.
    (*Arch. de la Grande-Trappe.* Let. à imp. f. 1442. 1 p. 1/2 in-4º. Copie xviiiᵉ s.)

1421. — Le même. — *Let. au R. Père..... prieur de Perseigne.* 1681.
    Conseils au sujet de plusieurs religieux.
    (*Arch. de la Grande-Trappe.* Let. à imp. f. 1444. 1 p. 1/2 in-4º. Copie xviiiᵉ s.)

1422. — Le même. — *Let. au R. Père de Mouchy.* 1681.
    De l'arrivée à la Trappe d'un chanoine de Liège.
    Réflexions pieuses.
    (*Arch. de la Grande-Trappe.* Let. à imp. f. 1446. 2 p. in-4º. Copie xviiiᵉ s.)

1423. — Le même. — *Let. à Monsieur l'abbé Sazilly* (2). 1681.
    Réflexions pieuses.
    (*Arch. de la Grande-Trappe.* Let. à imp. f. 1448. 3 p. in-4º. Copie xviiiᵉ s.)

1424. — Le même. — *Let. à la R. Mère..... abbesse de...* 1681.
    Conseils.
    (*Arch. de la Grande-Trappe.* Let. à imp. f. 1455. 2 p. 1/4 in-4º. Copie xviiiᵉ s.)

1425. — Le même. — *Let. au R. Père..... abbé général de l'ordre de....., à Lyon.* 1681.
    Il lui demande son agrément pour recevoir à la Trappe l'un de ses religieux, le Père Garnoyrin.
    (*Arch. de la Grande-Trappe.* Let. à imp. f. 1499. 1 p. in-4º. Copie xviiiᵉ s.)

(1) Le Cardinal Le Camus.
(2) Ou Fazilly.

1426. — Le même. — *Let. à la R. Mère.....* 1ᵉʳ janvier 1682.
    Conseils.
    (*Arch. de la Grande-Trappe.* Let. à imp. f. 1576. 1 p. 1/2 in-4º. Copie xviiiᵉ s.)

1427. — Le même. — *Let. à Monsieur de.....* 1ᵉʳ janvier 1682.
    Sur la mort d'un ecclésiastique. Conseils.
    (*Arch. de la Grande-Trappe.* Let. à imp. f. 1578. 3 p. in-4º. Copie xviiiᵉ s.)

1428. — Le même. — *Let. à la R. Mère..... prieure de ....* 5 janvier 1682.
    Vœux de nouvel an.
    (*Arch. de la Grande-Trappe.* Let. à imp. f. 1585. 1 p. in-4º. Copie xviiiᵉ s.)

1429. — Le même. — *Let. à la R. Mère.....* 8 janvier 1682.
    Conseils.
    (*Arch. de la Grande-Trappe.* Let. de piété 5. 1ʳᵉ série. 8 p. in-fol. Copie xviiiᵉ.)

1430. — Le même. — *Let. à Monsieur d'Etréchy chez M. le Procureur général du Parlement de Paris.* 12 janvier 1682.
    Il le remercie de ses conseils.
    (*Arch. de la Grande-Trappe.* Let. à imp. f. 1596. 1 p. 1/2 in-4º Copie xviiiᵉ s.)

1431. — Le même. — *Let. à la R. Mère.....* 8 janvier 1682.
    Conseils.
    (*Arch. de la Grande-Trappe.* Let. à imp. f. 1590. 5 p. 1/4 in-4º. Copie xviiiᵉ s.)

1432. — Le même. — *Let. à Monsieur.....* 15 janvier 1682.
    De la conduite des prêtres.
    (*Arch. de la Grande-Trappe.* Let. à imp. f. 1598. 8 p. in-4º. Copie xviiiᵉ s.)

1433. — Le même. — *Let. à la R. Mère..... abbesse de Leyme* (1). 25 janvier 1682
    Consolations.
    (*Arch. de la Grande-Trappe.* Let. à imp. f. 1607. 1 p. 1/2 in-4º. Copie xviiiᵉ s.)

(1) Anne d'Orviré de la Vieuville.

1434. — Le même. — *Let. à la R. Mère*..... 29 Janvier 1682.
    Conseils.
    (*Arch. de la Grande-Trappe*. Let. de piété 26. 2ᵉ série, 1 p. in-fol. Copie xviiiᵉ s.)

1435. — Le même. — *Let. à Monsieur F....., à B.....* 30 janvier 1682.
    Conseils.
    (*Arch. de la Grande-Trappe*. Let à imp. f. 1609 1 p. 1/4 in-4º. Copie xviiiᵉ s)

1436. — Le même. — *Let. au R. Père....., bernardin.* Janvier 1682.
    Conseils.
    (*Arch. de la Grande-Trappe*. 6 p. in-4º. Copie xviiiᵉ s.)

1437. — Le même. — *Let. au R. Père.....* janvier 1682.
    Conseils.
    (*Arch. de la Grande-Trappe*. Let. de piété, 6ᵉ cahier, 2ᵉ série, 1/2 p. in folio. Copie xviiiᵉ s.)

1438. — Le même. — *Let. à la R. Mère.* ... 12 février 1682.
    Réflexions pieuses.
    (*Arch. de la Grande-Trappe*. Let. à imp. f. 1610 1 p. 1/2 in-4º. Copie xviiiᵉ s.)

1439. — Le même. — *Let. sig. à Monsieur l'abbé Nicaise.* 15 février 1682.
    Au sujet de vocations.
    (*Bibl. Nationale*. fr. 9363. f. 9. 2 p. in-8º. — Publiée par M. Gonod. 1846. p. 93.)

1440. — Le même. — *Let. à Madame.....* 23 février 1682.
    Conseils.
    (*Arch de la Grande-Trappe*. Let. à imp. f. 1614. 3 p. 1/2 in-4º. Copie xviiiᵉ s.)

1441. — Le même. — *Let. à la R. Mère.....* Février 1682.
    Conseils.
    (*Arch. de la Grande-Trappe*. Let. de piété. 6ᵉ cahier. 2ᵉ série. 1 p. 1/4 in-folio. Copie xviiiᵉ s.)

1442. — Le même. — *Let. à Madame.....* Février 1682.
Conseils.
(Arch. de la Grande-Trappe. Let de piété 172. 1e série. 2 p. in-fol. Copie XVIIIe s.)

1443. — Le même. — *Let. à Monsieur...., de Chartres.* 1er mars 1682.
Qu'il est « malaisé de persuader aux religieux de ne point parer les novices à la prise d'habits; c'est un usage si établi et si général, qu'on ne l'abolira jamais ».
(Arch. de la Grande-Trappe. Let. à imp. f. 1622. 1 p. 1/2 in-4º. Copie XVIIIe s.)

1444. — Le même. — *Let. au R. Père de la Cour, à Saint-Jean des Vignes.* 6 mars 1682.
Conseils.
(Arch. de la Grande-Trappe. Let. à imp. f. 1624. 2 p. in-4º. Copie XVIIIe s.)

1445. — Le même. — *Let. à Madame de Saint-Loup* (1). 8 mars 1682.
Il se félicite de la solution de certaines affaires.
(Arch. de la Grande-Trappe. 4 p. in-12. Copie XVIIIe s.)

1446. — Le même. — *Let. à Madame.....* 10 mars 1682.
Il se montre touché de l'intérêt de Madame la p. P.
(Arch. de la Grande-Trappe. 2 p. 1/2 in-12. Copie XVIIIe s.)

1447. — Le même. — *Let. sig. à la R. Mère Marie-Louise* (2), *religieuse de l'Annonciade.* 23 mars 1682.
Sur la mort de l'évêque de Sées (3) Conseils.
(Arch de Grande-Trappe. 2 p. 1/2 in-8º. Cachet br., aux armes de la Trappe.)

1448. — Le même. — *Let au R. Père de la Court, chanoine régulier.* Mars 1682.
Règles pour accepter ou refuser la conduite des autres.
(Arch. de la Grande-Trappe. Let. de piété 178. 1re série. 2 p. in-folio. Copie XVIIIe s.)

---

(1) Voir p. 249, note 2.
(2) Sa sœur.
(3) Monseigneur Forcoal, mort le 27 février 1682.

1449. — Le même. — *Let. à la R. Mère..... abbesse d'Essay* (1). Mars 1682.

    Conseils.

    (*Arch. de la Grande-Trappe.* Let. de piété 179. 1re série. 1 p. in-folio. Copie XVIIIe s.)

1450. — Le même. — *Let. à Monsieur du Hamel, chanoine de Notre-Dame de Paris.* Mars 1682.

    Conseils.

    (*Arch. de la Grande-Trappe.* Let. de piété 180. 1re série. 2 p. in-fol. Copie XVIIIe s.)

1451. — Le même. — *Let. à la R. Mère.... (2), abbesse de Leyme.* Mars 1682.

    Consolations et Conseils.

    (*Arch. de la Grande-Trappe.* Let. à imp. f. 1618. 2 p. in-4º. Copie XVIIIe s.)

1452. — Le même. — *Let. à la R. Mère.....* Mars 1682.

    Conseils.

    (*Arch. de la Grande-Trappe.* Let. à imp. f. 1620. 1 p. 1/2 in-4º. Copie XVIIIe s.)

1453. — Le même. — *Let. à M. l'Archevêque de Paris* (3). 13 avril 1682.

    Il l'exhorte à procurer la paix à l'Eglise.

    (*Arch. de la Grande-Trappe.* Let. à imp. f. 1650. 2 p. 1/2 in-4º. Copie XVIIIe s.)

1454. — Le même. — *Let. à M. l'Archevêque de.....* Avril 1682.

    Il l'exhorte à travailler à la réformation du monde.

    (*Arch. de la Grande-Trappe.* Let. de piété 1. 1re série. 3 p. in-fol. Copie XVIIIe s.)

1455. — Le même. — *Let. au R. Père....., chanoine régulier.* Avril 1682.

    Conduite à tenir dans un monastère où les règles ne sont pas observées.

    (*Arch. de la Grande-Trappe.* Let. de piété 93. 1re série 5 p. in-fol. Copie XVIIIe s.)

---

(1) Françoise Trotti de la Chétardie.
(2) Anne d'Orviré de la Vieuville.
(3) François de Harlai de Champvallon.

1456. — Le même. — *Let. à M. le Maréchal de Bellefonds.* Avril 1682.

Quels doivent être les sentiments des gens du monde.
(*Arch. de la Grande-Trappe.* Let. de piété 94. 1re série. 2 p. in-fol. et let. à imp. f. 1644. 2 p. 1/4 in-4º. Copies XVIIIe s.)

1457. — Le même. — *Let. à Monsieur Ameline, grand-archidiacre de Paris.* Avril 1682.

De la retraite.
(*Arch. de la Grande-Trappe.* Let. de piété 95. 1re série. 2 p. 1/2 in-fol. et let. à imp. f. 1647. 3 p. in-4º. Copie XVIIIe s.)

1458. — Le même. — *Let. à la R. Mère..... (1), abbesse de Leyme.* Avril 1682.

Conseils.
(*Arch. de la Grande-Trappe.* Let. de piété 182. 1re série. 1 p. 1/2 in-fol. Copie XVIIIe s.)

1459. — Le même. — *Let. au R. Père Dom Robert Itar, Visiteur de la congrégation de St-Maur.* Avril 1682.

Conseils.
(*Arch. de la Grande-Trappe.* Let. à imp. f. 1640. 1 p. 1/4 in-4º. Copie XVIIIe s.)

1460. — Le même. — *Let. à Monsieur Favier.* Avril 1682.

Réflexions pieuses.
(*Arch. de la Grande-Trappe.* Let. à imp. f. 1642. 2 p. in-4º. Copie XVIIIe s.)

1461. — Le même. — *Let. à Monsieur de Barillon* (2). 7 mai 1682.

Sur la mort de Madame de Barillon (3), sa mère.
(*Arch. de la Grande-Trappe.* Let. à imp. f. 1655. 1 p. 1/2 in-4º. Copie XVIIIe s.)

(1) Anne d'Orviré de la Vieuville.
(2) Paul de Barillon d'Amoncourt, frère de l'évêque de Luçon, Conseiller d'Etat, ambassadeur en Angleterre (1677-1689). Il épousa Marie Mangot et mourut le 23 juillet 1691.
(3) Bonne Fayet, dame de Maugarny, fille d'Olivier Fayet, président aux enquêtes à Paris et de Marie Marguerite L'Huillier d'Orville. Elle épousa en 1627 Jean Jacques Barillon et mourut le 20 avril 1682. Cette date qui paraît certaine et qui nous est fournie par le cabinet de titres de la Bibl. Nat. (dossier bleu 61) est en désaccord avec la lettre du 16 novembre 1672 que nous avons enregistrée sous le nº 1054, p. 240. Il y a donc là encore, à n'en pas douter, erreur dans le manuscrit de Poitiers.

1462. — Le même. — *Let. à Monsieur l'évêque de Luçon* (1) 7 mai 1682.

> Sur la mort de Madame de Barillon, sa mère.
> (*Arch. de la Grande-Trappe*. Let. à imp. f. 1657. 1 p. 1/4 in-4º Copie XVIIIᵉ s.)

1463. — Le même. — *Let. à la R. Mère Marie-Louise* (2), *religieuse de l'Annonciade*. 7 mai 1682.

> Sur la mort de l'évêque de Sées. Eloge de M. Pinette. Conseils.
> (*Arch. de la Grande-Trappe*. Let. à imp. f. 1661. 2 p. in-4º. Copie XVIIIᵉ s.)

1464. — Le même. — *Let. à la R. Mère Marie-Luce, religieuse de l'Annonciade.* 7 mai 1682.

> Conseils.
> (*Arch. de la Grande-Trappe*. Let. à imp. f. 1663. 1 p. in-4º. Copie XVIIIᵉ s.)

1465. — Le même. — *Let. à Monsieur..... curé de.....* 9 mai 1682.

> Réflexions pieuses.
> (*Arch. de la Grande-Trappe*. Let. à imp. f. 1626. 2 p. in-4º. Copie XVIIIᵉ s.)

1466. — Le même. — *Let. à M. l'Archevêque de Paris* (3). 12 mai 1682.

> Sur la mort de son frère (4).
> (*Arch. de la Grande-Trappe*. Let. à imp. f. 1630. 1 p. 1/4 in-4º. Copie XVIIIᵉ s.)

1467. — Le même. — *Let. à la R. Mère Thérèse* (5), *religieuse des Clairets*. 13 mai 1682.

> Sur la mort de l'évêque de Séez. Réflexions pieuses.
> (*Arch. de la Grande-Trappe*. Let. à imp. f. 1659. 1 p. 1/2 in-4º. Copie XVIIIº. s.)

---

(1) Henri de Barillon.
(2) Sa sœur.
(3) François de Harlai de Champvallon.
(4) François Bonaventure de Harlai, marquis de Bréval, sʳ de Champvallon, lieutenant général des armées du Roi, fils de Achilles de Harlai et de Oudette de Vaudetar. Il épousa en 1644 Geneviève de Forti et mourut le 16 mars 1682.
(5) Sa sœur.

1468. — Le même. — *Let. à Monsieur l'évêque de Grenoble* (1). 20 mai 1682.

Part qu'il prend à sa maladie.

(*Arch. de la Grande-Trappe*. Let. à imp. f. 1664. 1 p. 1/2 in-4°
Copie xviiie s.)

1469. — Le même. — *Let. à Monsieur de Saint-Gilles.* 24 mai 1682.

Sur l'opposition que met M. de Saint-Gilles à la détermination de son fils de quitter l'armée pour vivre dans la retraite, après avoir reçu l'agrément du Roi.

(*Arch. de la Grande-Trappe*. Let. à imp. f. 1666. 1 p. 1/2 in-4°. Copie xviiie s.)

1470. — Le même. — *Let. à Monsieur du Hamel, docteur de Sorbonne.* 24 mai 1682.

Consolations.

(*Arch. de la Grande-Trappe*. Let. à imp. f. 1668. 2 p. 1/2 in-4°. Copie xviiie s.)

1471. — Le même. — *Let. à Monsieur l'abbé Savary* (2). 24 mai 1682.

Lettre d'hommage et de soumission.

(*Arch. de la Grande-Trappe*. Let. à imp. f. 1671. 1 p. in-4°. Copie xviiie s.)

1472. — Le même. — *Let. à Monsieur Bodeau* (?). 24 mai 1682.

Conseils.

(*Arch. de la Grande-Trappe*. Let. à imp. f. 1672. 1 p. 1/2 in-4°. Copie xviiie s.)

1473. — Le même. — *Let. à la R. Mère......* 30 mai 1682.

Sur la mort de Mademoiselle de Bouillon (3).

(*Arch. de la Grande-Trappe*. 2 p. 1/4 in-fol. Copie xviiie s.)

---

(1) Le Cardinal Le Camus.
(2) L'abbé Savary venait d'être nommé à l'évêché de Séez.
(3) Louise de la Tour, fille de Frédéric Maurice de la Tour, duc de Bouillon, et d'Eléonore Catherine Fébronie de Bergh. D'après Moréri elle ne serait morte que le 16 mai 1683, mais la lettre de l'abbé de Rancé fait foi.

1474. — Le même. — *Let. à Monsieur l'évêque de Grenoble* (1). Mai 1682.

    Réflexions pieuses.
    (*Arch. de la Grande-Trappe*. Let. de piété 177. 1re série. 1 p. in-fol. Copie XVIIIe s.)

1475. — Le même. — *Let. à la R. Mère Marie-Louise* (2), *religieuse de l'Annonciade*. Mai 1682.

    Conseils.
    (*Arch. de la Grande-Trappe*. Let. de piété 176. 1re série. 1 p. 1/2 in-folio. Copie XVIIIe s.)

1476. — Le même. — *Let. au R. Père de Mouchy, de l'Oratoire*. Mai 1682.

    Conseils.
    (*Arch. de la Grande-Trappe*. Let. de piété 175. 1re série. 1 p. 1/2 in-fol. Copie XVIIIe s.)

1477. — Le même. — *Let. à Monsieur du Hamel*. Mai 1682.

    Consolations dans la souffrance.
    (*Arch. de la Grande-Trappe*. Let. de piété 96. 1re série. 3 p. in-folio. Copie XVIIIe s.)

1478. — Le même. — *Let. au R. Père Gourdan* (3), *de Saint-Victor*. Mai 1682.

    Conduite à observer pour ceux qui se trouvent dans un monastère dont le supérieur n'a d'autorité et de lumière que pour affaiblir et même détruire les règles.
    (*Arch. de la Grande-Trappe*. Let. à imp. f. 1632. 7 p. 1/4 in-4º Copie XVIIIe s.)

1479. — Le même. — *Let. au R. Pére de Mouchy, de l'Oratoire*. Mai 1682.

    Conseils.
    (*Arch. de la Grande-Trappe*. Let. à imp. f. 1653. 2 p. in-4º. Copie XVIIIe s.)

---

(1) Le Cardinal Le Camus.
(2) Sa sœur.
(3) Fils d'Antoine Gourdan, secrétaire du Roi, et de Marie de Villaines, né à Paris le 24 mars 1646. Il entra dans l'ordre des Chanoines réguliers de St-Victor le 25 janvier 1661. En 1673 il voulut se retirer à la Trappe mais l'abbé de Rancé le détourna de son projet. Il mourut le 10 mars 1729.

1480. — Le même. — *Let. à Madame la princesse d'Harcourt* (1). 13 juin 1682.
 Conseils.
 (*Arch. de la Grande-Trappe*. Let. à imp. f. 1674. 1 p. 1/2 in-4º. Copie xviiiᵉ s.)

1481. — Le même. — *Let. au frère Théodore, religieux de l'Etoile* (2). 13 juin 1682.
 Il le félicite de l'accomplissement de ses desseins.
 (*Arch. de la Grande-Trappe*. Let. à imp. f. 1676. 1 p. 1/2 in-4º. Copie xviiiᵉ s.)

1482. — Le même. — *Let. à M. l'évêque de Tournay* (3). 20 juin 1682.
 Réflexions pieuses.
 (*Arch. de la Grande-Trappe*. Let. à imp. f. 1678. 1 p. 1/4 in-4º. Copie xviiiᵉ s.)

1483. — Le même. — *Let. au R. Père.. .., abbé de Chatillon* (4). 27 juin 1682.
 Conseils.
 (*Arch. de la Grande-Trappe*. Let. à imp. f. 1680. 2 p. in-4º. Copie xviiiᵉ s.)

1484. — Le même. — *Let. à M. Jacques-Benigne Bossuet évêque de Meaux*. 27 juin 1682.
 Il le supplie de ne pas mettre au jour un manuscrit qu'il a entre les mains et qui contient quelques instructions données par lui, l'abbé de Rancé, à ses frères touchant les devoirs et les obligations principales de leur profession.
 (*Arch. de la Grande-Trappe*. Let. à imp. f. 1684. 1 p. in-4º. Copie xviiiᵉ s.)

1485. — Le même. — *Let. au R. Père....., abbé de la Colombe* (5). 27 juin 1682.
 Conseils.
 (*Arch. de la Grande-Trappe*. Let. à imp. f. 1685. 1 p. in-4º. Copie xviiiᵉ s.)

---

(1) Françoise de Brancas, mariée en 1667 à Alphonse-Henri-Charles de Lorraine, prince d'Harcourt. Elle fut dame du palais de la reine.
(2) Stella, abbaye de l'ordre de Citeaux, au diocèse de Poitiers, fondée en 1124.
(3) Gilbert de Choiseul.
(4) Castellio, abbaye de l'ordre de Citeaux, au diocèse de Verdun, fondée en 1153. Claude Le Maître était alors abbé (1669-1693).
(5) Pierre de la Salle.

1486. — Le même. — *Let. au R. Père*..... juin 1682.

Dispositions nécessaires pour être reçu à la Trappe.
(*Arch. de la Grande-Trappe*. Let. de piété 13. 2ᵉ série. 1 p. in-fol. Copie xviiiᵉ s.)

1487. — Le même. — *Let. à Madame la princesse d'Harcourt*. Juin 1682.

Conseils.
(*Arch. de la Grande-Trappe*. Let. de piété 31. 2ᵉ série. 2 p. in-fol. Copie xviiiᵉ s.)

1488. — Le même. — *Let. à M. l'évêque de Grenoble* (1). 4 juillet 1682.

Réflexions pieuses.
(*Arch. de la Grande-Trappe*. Let. de piété 10. 1ʳᵉ série. 6 p. 1/4 in-fol. Copie xviiiᵉ s.)

1489. — Le même. — *Let. à la R. Mère de la Roche, religieuse de la Visitation de Tours*. 4 juillet 1682.

Conseils.
(*Arch. de la Grande-Trappe*. Let. à imp. f. 1691. 2 p. in-4º. Copie xviiiᵉ s.)

1490. — Le même. — *Let. à la R. Mère....., abbesse de Leyme* (2). 4 juillet 1682.

Réflexions pieuses.
(*Arch. de la Grande-Trappe*. Let. à imp. f. 1693. 2 p. 1/2 in-4º. Copie xviiiᵉ s.)

1491. — Le même. — *Let. à Monsieur des Chassey* (?). 6 juillet 1682.

Sur la perte de son fils.
(*Arch. de la Grande-Trappe*. Let. de piété 7ᵉ cah. 2º série. 1 p. in-fol. et let. à imp. f. 1696. 1 p. in-4º. Copies xviiiᵉ s.)

1492. — Le même. — *Let. à la R. Mère..... abbesse de Maubuisson* (3). 6 juillet 1682.

Sur l'éducation des novices.
(*Arch. de la Grande-Trappe*. Let. à imp. f. 1697, 1 p. in-4º. Copie xviiiᵉ s.)

(1) Le Cardinal Le Camus.
(2) Anne d'Orviré de la Vieuville.
(3) Louise Marie Hollandine, princesse palatine de Bavière.

1493. — Le même. — *Let. à la R. Mère L....., religieuse de Maubuisson.* 6 juillet 1682.

    Conseils.

    (*Arch. de la Grande-Trappe.* Let. à imp. f. 1698. 1 p. in-4º. Copie XVIIIᵉ s.)

1494. — Le même. — *Let. à M. l'évêque de Grenoble* (1). 6 juillet 1682.

    Conseils.

    (*Arch. de la Grande-Trappe.* Let. à imp. f. 1699. 1 p. 1/2 in 4º. Copie XVIIIᵉ s.)

1495. — Le même. — *Let. à M. l'Archevêque de Paris* (2). 6 juillet 1682.

    Il l'encourage à contribuer à la paix de l'Eglise.

    (*Arch. de la Grande-Trappe.* Let. à imp. f. 1701. 1 p. in-4º. Copie XVIIIᵉ s.)

1496. — Le même. — *Let. au R. Père Faconnet, prieur de St-Victor de Paris.* 6 juillet 1682.

    Conseils.

    (*Arch. de la Grande-Trappe.* Let. à imp. f. 1703. 2 p. in-4º. Copie XVIIIᵉ s.)

1497. — Le même. — *Let. à Monsieur de Barillon* (3). 6 juillet 1682.

    Réflexions pieuses.

    (*Arch. de la Grande-Trappe.* Let. à imp. f. 1705. 2 p. in-4º. Copie XVIIIᵉ s.)

1498. — Le même. — *Let. à Sœur Emeline, carmélite.* 6 juillet 1682.

    Conseils.

    (*Arch. de la Grande-Trappe.* Let. à imp. f. 1707. 2 p. in-4º. Copie XVIIIᵉ s.)

---

(1) Le Cardinal Le Camus.
(2) Monseigneur de Harlai de Champvallon.
(3) Ambassadeur en Angleterre.

1499. — Le même. — *Let. au R. Père J....., religieux de Sainte-Croix de Paris.* 7 juillet 1682.
> Conseils.
> (*Arch. de la Grande-Trappe.* Let. à imp. f. 1709. 2 p. in-4°. Copie XVIII° s.)

1500. — Le même. — *Let. à Madame Joly.* 18 juillet 1682.
> Sur la perte de son frère.
> (*Arch. de la Grande-Trappe.* Let. à imp. f. 1711. 2 p. in-4°. Copie XVIII° s.)

1501. — Le même. — *Let. à Madame la Marquise d'Alègre* (1). 20 juillet. 1682
> Conseils.
> (*Arch. de la Grande-Trappe.* Let. à imp. f. 1713. 5 p. 1/2 in-4°. Copie XVIII° s.)

1502. — Le même. — *Let. à Madame la marquise de.....* 21 juillet 1682.
> Conseils.
> (*Arch. de la Grande-Trappe.* Let. de piété 6. 1re série. 7 p. 1/4 in-fol. Copie XVIII° s.)

1503. — Le même. — *Let. à Madame de Goisle* (?). 23 juillet 1682.
> Conseils.
> (*Arch. de la Grande-Trappe.* Let. à imp. f. 1719. 4 p. 1/4 in-4°. Copie XVIII° s.)

1504. — Le même. — *Let. à Mademoiselle Greslo.* 23 juillet 1682.
> Réflexions pieuses.
> (*Arch. de la Grande-Trappe.* Let. de piété 82. 1re série, 4 p. in-fol. Copie XVIII° s.)

1505. — Le même. — *Let. à Madame la Comtesse d'Albon* (2). 30 juillet 1682
> Consolations.
> (*Arch. de la Grande-Trappe.* Let. à imp. f. 1724. 1 p. in-4°. Copie XVIII° s.)

---

(1) Jeanne-Françoise de Garaud. Elle épousa Yves, marquis d'Alègre.
(2) Claude Bouthillier, sœur de l'abbé de Rancé, qui avait épousé en secondes noces Gilbert Antoine d'Albon.

1506. — Le même. — *Let. à Monsieur.....* 30 juillet 1682.
>Sur Monsieur Aubert.
>(*Arch. de la Grande-Trappe.* Let. à imp. f. 1725. 1 p. 1/4 in-4°. Copie xviii° s.)

1507. — Le même. — *Let. au R. Père..... prieur de.....* 30 juillet 1682.
>Sur les pensions des religieux.
>(*Arch. de la Grande-Trappe.* Let. de piété 38. 2° série. 1 p. in-fol. Copie xviii° s.)

1508. — Le même. — *Let. à M. l'évêque de Grenoble* (1). Juillet 1682.
>Conseils.
>(*Arch. de la Grande-Trappe.* Let. à imp. f. 1686. 4 p. 1/4 in-4°. Copie xviii° s.)

1509. — Le même. — *Let. à la R. Mère.....* Juillet 1682.
>Conseils.
>(*Arch. de la Grande-Trappe.* Let. de piété 220. 2° série, 1. p. 1/2 in-fol. Copie xviii° s.)

1510. — Le même. — *Let. à la R. Mère de....., religieuse de la Visitation.* Juillet 1682.
>Conseils.
>(*Arch. de la Grande-Trappe.* Let. de piété 219. 2° série. 2 p. 1/4 in-fol. Copie xviii° s.)

1511. — Le même. — *Let. à Monsieur de Barillon* (2). Juillet 1682.
>Réflexions que doivent faire ceux qui occupent de hautes situations dans le monde.
>(*Arch. de la Grande-Trappe.* Let. de piété 58. 2° série. 1 p. in-fol. Copie xviii° s.)

1512. — Le même. — *Let. au R. Père.....* 5 août 1682.
>Sur les pensions des religieux.
>(*Arch. de la Grande-Trappe.* Let. de piété 38. 1re série. 1 p. in-fol. Copie xviii° s.)

(1) Le Cardinal Le Camus.
(2) Ambassadeur en Angleterre.

1513. — Le même. — *Let. à Monsieur du Hamel, docteur de Sorbonne, curé de S. M.....* 6 août 1682.
    Encouragements.
    (*Arch. de la Grande-Trappe.* Let. à imp. f. 1727. 3 p. in-4º. Copie xviiie s.)

1514. — Le même. — *Let. à.....* 6 août 1682.
    Sur le soin qu'il faut donner à sa santé tout en désirant la mort.
    (*Bibl. de l'Arsenal.* 2106 f. 108 vº. 1 p. 1/4 in-4º. Copie xviiie s.)

1515. — Le même. — *Let. au R. Père de Mouchy.* 6 août 1682.
    Consolations dans la souffrance.
    (*Arch. de la Grande-Trappe.* Let. de piété 133. 1re série 2 p. in-fol. Copie xviiie s.)

1516. — Le même. — *Let. à M. l'évêque de Grenoble* (1). 10 août 1682.
    Il l'engage à continuer sa vie de mortification.
    (*Arch. de la Grande-Trappe.* Let. à imp. f. 1730. 2 p. in-4º. Copie xviiie s.)

1517. — Le même. — *Let. à M..... directeur de religieuses.* 13 août 1682.
    Sur la clôture des religieuses.
    (*Arch. de la Grande-Trappe.* Let. de piété 140. 1re série. 1 p. in-fol. Copie xviiie s.)

1518. — Le même. — *Let. à Madame de.....* 16 août 1682.
    Conseils.
    (*Arch. de la Grande-Trappe.* Let. à imp. f. 1732. 2 p. in-4º. Copie xviiie s.)

1519. — Le même. — *Let. à la R. Mère..... abbesse de.....* 20 août 1682.
    Des misères du monde.
    (*Arch. de la Grande-Trappe.* Let. de piété 151. 1re série. 1 p. in-fol. Copie xviiie s.)

(1) Le Cardinal Le Camus.

1520. — Le même. — *Let. à M. l'évêque de Grenoble* (1). 20 août 1682.

Il l'exhorte à persévérer dans la vie austère.

(*Arch. de la Grande-Trappe.* Let. de piété 135. 1re série. 1 p. 1/4 in-fol. Copie xviiie s.)

1521. — Le même. — *Let. à la R. Mère..... (2), abbesse d'Essay.* 22 août 1682.

Réflexions pieuses.

(*Arch. de la Grande-Trappe.* Let. à imp. f. 1734. 2 p. in-4o. Copie xviiie s.)

1522. — Le même. — *Let. au R. Père..... chanoine régulier.* 25 août 1682.

De la fidélité à la règle.

(*Arch. de la Grande-Trappe.* Let. de piété 168. 1re série. 1 p. in-4o. Copie xviiie s.)

1523. — Le même. — *Let. à la R. Mère Louise-Françoise, religieuse de la Visitation de Tours.* 25 août 1682.

Conseils.

(*Arch. de la Grande-Trappe.* Let. à imp. f. 1736. 1 p. 1/4 in-4o et let. de piété 64. 2e série. 1 p. 1/4 in-fol. Copies xviiie s.)

1524. — Le même. — *Let. au R. Père Dom Mabillon* (3). 26 août 1682.

Sur Saint Bernard.

(*Arch. de la Grande-Trappe.* Let à imp. f. 1741. 4 p. in-4o Copie xviiie s.)

1525. — Le même. — *Let. au R. Père Gourdan.* 27 août 1682.

Sur l'interdiction aux femmes d'entrer dans les monastères d'hommes.

(*Arch. de la Grande-Trappe.* Let. à imp. f. 1745. 4 p. in-4o et let. de piété 81. 1re série. 2 p. in-fol. Copies xviiie s.)

1526. — Le même. — *Let. à Monsieur l'abbé.....* 30 août 1682.

Il le dissuade d'entrer à la Trappe.

(*Arch. de la Grande-Trappe.* Let. de piété 25. 2e série. 1 p. in-fol. Copie xviiie s.)

(*1*) Le Cardinal Le Camus.
(2) Françoise Trotti de la Chétardie.
(3) Réponse à une lettre de Dom Mabillon datée de St-Germain-des-

1527. — Le même. — *Let. à la R. Mère...*(1) *abbesse de Leyme.* 31 août 1682.
    Conseils.
    (Arch. de la Grande-Trappe. Let. à imp. f. 1749. 4 p. 1/2 in-4º et let. de piété 146. 1ʳᵉ série. Copies xviiiᵉ s.)

1528. — Le même. — *Let. à Monsieur l'abbé Le T.....* 31 août 1682.
    Sur le choix d'un état.
    (Arch. de la Grande-Trappe. Let. à imp. f. 1754. 1 p. 1/2 in-4º. Copie xviiiᵉ s.)

1529. — Le même. — *Let. au R. Père.....* 6 septembre 1682.
    Il lui exprime ses regrets de ne pouvoir le recevoir à cause de sa mauvaise santé.
    (Arch. de la Grande-Trappe. Let. à imp. f. 1756. 1 p. 1/4 in-4º. Copie xviiiᵉ s.)

1530. — Le même. — *Let. à Madame la duchesse de Luynes* (2). 6 septembre 1682.
    Sur le mariage de sa fille avec le duc de Bournonville. Conseils.
    (Arch. de la Grande-Trappe. Let. à imp. f. 1758. 2 p. 1/2 in-4º et let. de piété 141. 1ʳᵉ série 1 p. 1/2 in-fol. Copies xviiiᵉ s.)

1531. — Le même. — *Let. à Madame la marquise d'Alègre.* 6 septembre 1682.
    Conseils.
    (Arch. de la Grande-Trappe. Let. à imp. f. 1761. 4 p. in-4º et let. de piété 142. 1ʳᵉ série. 1 p. 1/2 in-fol. Copies xviiiᵉ s.)

1532. — Le même. — *Let. à la R. Mère Marie-Louise, religieuse de l'Annonciade* (3). 10 septembre 1682.
    Conseils.
    (Arch. de la Grande-Trappe. Let. de piété 157. 1ʳᵉ série, 2 p. in-fol. Copie xviiiᵉ s.)

Prés, 18 août 1682 (*Arch. de la Grande-Trappe.* Let. à imp. f. 1739. 2 p. 1/2 in-4º. Copie xviiiᵉ s.) qui lui demande quelques éclaircissements touchant St-Bernard pour une réimpression qu'il va faire de ses ouvrages.
    (1) Anne d'Orviré de la Vieuville.
    (2) Anne de Rohan, fille d'Hercule, duc de Montbazon et de Marie de Bretagne d'Avaugour, seconde femme de Louis-Charles d'Albert, duc de Luynes, pair de France, qu'elle épousa en 1661. Elle mourut le 29 octobre 1684. L'une de ses filles, Charlotte-Victoire, épousa, le 29 août 1682, Alexandre-Albert-François-Barthélemy, prince de Bournonville, et mourut le 22 mai 1701.
    (3) Sa sœur.

1533. — Le même. — *Let. à la R. Mère*..... (1) *abbesse d'Essay*. 10 septembre 1682.
    Réflexions pieuses.
    (*Arch. de la Grande-Trappe*. Let. à imp. f. 1765. 2 p. in-4°. Copie XVIIIe s.)

1534. — Le même. — *Let. à Monsieur de*... 13 septembre 1682.
    Conseils.
    (*Arch. de la Grande-Trappe*. Let. à imp. f. 1768. 1 p. in-4°. Copie XVIIIe s.)

1535. — Le même. — *Let. au R. Père*..... *prieur de Saint-Jacques de Provins* (2). 13 septembre 1682.
    Au sujet d'ecclésiastiques qui voulaient se retirer à la Trappe.
    (*Arch. de la Grande-Trappe*. Let. à imp. f. 1766. 2 p. in-4° et let. de piété 156, 2e série. 1 p. 1/4 in-fol. Copies XVIIIe s.)

1536. — Le même. — *Let. à Monsieur de*..... 13 septembre 1682.
    Conseils
    (*Arch. de la Grande-Trappe*. Let. à imp. f. 1768. 1 p in-4°. Copie XVIIIe s.)

1537. — Le même. — *Let. à la R. Mère Marie-Louise* (3), *religieuse de l'Annonciade*. 16 septembre 1682.
    Conseils
    (*Arch. de la Grande-Trappe*. Let. à imp. f. 1769. 3 p. 1/4 in-4° Copie XVIIIe s.)

1538. — Le même. — *Let. à Monsieur l'abbé de Fazilly* (4). 1er octobre 1682.
    Comment il faut recevoir les maladies et autres maux de la vie.
    (*Arch. de la Grande-Trappe*. Let. à imp. f. 1775. 2 p. in-4° et let. de piété 158. 1 p. 1/4 in-fol. Copies XVIIIe s.)

(1) Françoise Trotti de la Chétardie.
(2) S. Jacobus Pruvinensis, au diocèse de Sens, abbaye de l'ordre de Saint-Augustin, fondée en 1146.
(3) Sa sœur.
(4) Ou Sazilly.

1539. — Le même. — *Let. à Madame de la Houssaye.* 1ᵉʳ octobre 1682.

    Eloge de son fils.
    (*Arch de la Grande-Trappe.* Let. à imp. f. 1773. 2 p. in-4°. Copie XVIIIᵉ s.)

1540. — Le même. — *Let. à Monsieur de M.....* 5 octobre 1682.

    De la vocation religieuse.
    (*Arch. de la Grande-Trappe.* Let. à imp. f. 1777. 2 p. in-4° et let. de piété 159. 1 p. 1/4 in-fol. Copies XVIIIᵉ s.)

1541. — Le même. — *Let. à une religieuse.* 12 octobre 1682.

    Conduite à tenir pour les religieux dans les maisons où la règle est mal observée.
    (*Arch. de la Grande-Trappe.* Let. de piété 166. 1/2 p in-fol. Copie XVIIIᵉ s.)

1542. — Le même. — *Let. à la R. Mère..... prieure de l'Annonciade.* 12 octobre 1682.

    Obligations des religieux.
    (*Arch. de la Grande-Trappe.* Let de piété 160. 1/2 p. in-folio. Copie XVIIIᵉ s.)

1543. — Le même. — *Let. à la R. Mère Marie Luce.* 12 octobre 1682.

    Conseils
    (*Arch. de la Grande-Trappe.* Let de piété 161. 1 p. in-fol. Copie XVIIIᵉ s.)

1544. — Le même. — *Let. à la R. Mère Louise-Marie.* 12 octobre 1682.

    Conseils.
    (*Arch de la Grande-Trappe.* 1/2 p. in-fol. Copie XVIIIᵉ s.)

1545. — Le même. — *Let. à la R. Mère..... (1) abbesse de Leyme.* 14 octobre 1682.

    Conseils.
    (*Arch. de la Grande-Trappe.* Let. de piété 162. 2 p. in-fol. et let. à imp. f. 1779. 4 p. in-4°. Copies XVIIIᵉ s)

(1) Anne d'Orviré de la Vieuville.

1546. — Le même. — *Let. au R. Père de la Cour, chanoine régulier de Saint-Jean des Vignes, à Soissons.* 19 octobre 1682.

Sur le changement de monastère.
(*Arch. de la Grande-Trappe.* Let. de piété 163. 1 p. 1/2 in-fol. et let. à imp. f. 1783. 3 p. 1/2 in-4º. Copies XVIIIe s.)

1547. — Le même. — *Let. à Monsieur de T.....* 29 octobre 1682.

Il lui marque sa surprise d'avoir été mal jugé par lui.
(*Arch de la Grande-Trappe.* Let. à imp. f. 1787. 1 p. in-4º. Copie XVIIIe s.)

1548. — Le même. — *Let. à une religieuse.* 31 octobre 1682.

Conseils.
(*Arch. de la Grande-Trappe.* Let. de piété 164. 1/2 p. in-fol. Copie XVIIIe s.)

1549. — Le même. — *Let. à la R. Mère Louise-Henriette, religieuse à la Visitation de Tours* (1). 2 novembre 1682.

Conseils
(*Arch. de la Grande-Trappe.* Let. à imp. f. 1789. 1 p. 1/4 in-4º. Copie XVIIIe s.)

1550. — Le même. — *Let. à la R. Mère de la Roche.* 2 novembre 1682.

Conseils.
(*Arch. de la Grande-Trappe.* Let à imp. f. 1791 1 p. 1/2. in-4º Copie XVIIIe s.)

1551. — Le même. — *Let. à Monsieur du Hamel, docteur de Sorbonne, curé de Saint-Maurice.* 7 novembre 1682.

Réflexions pieuses.
(*Arch. de la Grande-Trappe.* Let à imp. f. 1793. 2 p. in-4º. Copie XVIIIe s.)

1552. — Le même. — *Let. à Monsieur l'abbé...* 7 novembre 1682.

Sur lés frères Convers de la Trappe.
« ... La condition des Convers, puisque vous voulez savoir qu'elle elle est, est pénible et laborieuse ; il passent les journées dans le travail des mains, les uns au jardin, les autres à la

---

(1) Henriette d'Albon, sa nièce.

cuisine, à la boulangerie, aux étables et généralement on les occupe à toutes les choses dont on peut avoir besoin au monastère. Ils ne parlent qu'au supérieur, à celui qui a soin de leur conscience et au cellerier qui leur distribue les travaux. Ils ne sortent point de l'enceinte de la maison..., ils se lèvent les jours de fêtes et dimanches comme les religieux à une heure et assistent à tous les offices... Ils ont un chœur à part dans l'église, un dortoir à part... Ils mangent dans le réfectoire commun des religieux... Ils observent un silence si rigoureux qu'ils ne le rompent jamais. »

(*Arch. de la Grande-Trappe*. Let. de piété 6ᵉ cahier. 2ᵉ série. 1 p. in-fol. Copie XVIIIᵉ s.)

1553. — Le même. — *Let. à Monsieur du Hamel*. 9 novembre 1682.

Sur la mort.
(*Arch. de la Grande-Trappe*. Let. de piété 165. 1 p in-fol. Copie XVIIIᵉ s.)

1554. — Le même. — *Let. à la R. Mère Louise-Françoise, à Tours*. 10 novembre 1682.

Réflexions pieuses.
(*Arch. de la Grande-Trappe*. Let. à imp. f. 1795. 1 p. in-4º. Copie XVIIIᵉ s.)

1555. — Le même. — *Let. à Madame la marquise d'Alègre*. 15 novembre 1682.

Conseils
(*Arch. de la Grande-Trappe*. Let. de piété 166. 1 p. in-fol. et let. à imp. f. 1796. 2 p. in-4º. Copies XVIIIᵉ s.)

1556. — Le même. — *Let. à Madame la duchesse de Guise* (1). 19 novembre 1682.

Réflexions pieuses.
« Vostre A. R., Madame, me permettra de lui dire qu'on ne peut pas estre plus touché que nous l'avons été de l'accident qui luy arriva près de Tourouvre le jour qu'elle partit d'Alençon; nous ne pouvons encore y penser sans trembler. »
(*Arch. de la Grande-Trappe*. Let. à imp. f. 1798. 1 p. 1/4 in-4º Copie XVIIIᵉ s.)

---

(1) Elisabeth d'Orléans, fille de Gaston de France et de Marguerite de Lorraine-Vaudemont, née le 26 décembre 1646, mariée à Louis-Joseph, duc de Guise, en 1676, morte en 1696.

1557. — Le même. — *Let. à la R. Mère*..... (1) *abbesse de Leyme.* 19 novembre 1682.

Esprit de la règle de Saint-Benoit.
(*Arch. de la Grande-Trappe.* Let. à imp. f. 1800. 3 p. in-4º. Copie xviiiᵉ s.)

1558. — Le même. — *Let. à la R. Mère...., abbesse de......* 19 novembre 1682.

Règles pour la réception des sujets dans les monastères.
(*Arch. de la Grande-Trappe.* Let. de piété 165. 1/2 p. in-fol. Copie xviiiᵉ s.)

1559. — Le même. — *Let. à Monsieur l'évêque de Meaux* (2). 19 novembre 1682.

Il le remercie des livres qu'il lui a adressés.
(*Arch. de la Grande-Trappe.* Let. à imp. f. 1803. 1/2 p. in-4º. Copie xviiiᵉ s.)

1560. — Le même. — *Let. à Madame.....* 30 novembre 1682.

Conseils.
(*Arch. de la Grande-Trappe.* Let. de piété. 7ᵉ cahier 2ᵉ série, 1 p. 1/2 in-fol. Copie xviiiᵉ s.)

1561. — Le même. — *Let. à M. l'évêque de Grenoble* (3). 7 décembre 1682.

Sur la règle de St-Benoit et sur M. de Luçon.
(*Arch. de la Grande-Trappe.* Let. à imp. f. 1804. 1 p. 1/2 in-4º. Copie xviiiᵉ s.)

1562. — Le même. — *Let. au R. Père Gourdan* (4). 9 décembre 1682.

Conseils.
(*Arch. de la Grande-Trappe.* Let. à imp. f. 1806, 3 p. in-4º, et let. de piété 48. 2 p. 1/2 in-fol. Copies xviiiᵉ s.)

1563. — Le même. — *Let. au R. Père de.....* 14 décembre 1682.

Réflexions pieuses.
(*Arch. de la Grande-Trappe* Let. à imp. f. 1809. 1 p. in-4º. Copie xviiiᵉ s.)

(1) Anne d'Orviré de la Vieuville.
(2) Bossuet.
(3) Le Cardinal Le Camus.
(4) Simon Gourdan, fils d'Antoine, secrétaire du Roi, et de Marie Vil-

1564. — Le même. — *Let. à la R. Mère..... prieure de Maubuisson.* 14 décembre 1682.

Conseils.
(*Arch. de la Grande-Trappe.* Let. à imp. f. 1811. 1 p. 1/2 in-4º. Copie xviiiº s.)

1565. — Le même. — *Let. à la R. Mère..... de Maubuisson.* 15 décembre 1682.

Réflexions pieuses.
« La plus grande joie que vous puissiez avoir est de trouver occasion de renoncer, pour l'amour de Dieu, à ce rang, cette qualité et cette naissance royale qu'il luy a plu de vous donner. »
(*Arch. de la Grande-Trappe.* Let. à imp. f. 1813. 1 p. in-4º. Copie xviiiº s.)

1566. — Le même. — *Let. à Monsieur le curé de Saint-Louis-en-l'Isle, à Paris.* 17 décembre 1682.

Réflexions pieuses.
(*Arch. de la Grande-Trappe.* Let. à imp. f. 1814. 1 p. 1/2 in-4º. Copie xviiiº s.)

1567. — Le même. — *Let. à Monsieur l'abbé.....* 20 décembre 1682.

Sur la mort de Monsieur du Hamel.
(*Arch. de Grande-Trappe.* Let. à imp. f. 1816. 1 p. 1/4 in-4º. Copie xviiiº s.)

1568. — Le même. — *Let. à Monsieur du Hamel, curé de Saint.....* 22 décembre 1682.

Sur la mort de son oncle.
(*Arch. de la Grande-Trappe.* Let. à imp. f. 1838. 2 p. in-4º. Copie xviiiº s.)

1569. — Le même. — *Let. à Monsieur l'évêque de Luçon* (1). Décembre 1682.

Joie qu'il a eue de sa visite.
(*Arch. de la Grande-Trappe.* Let. à imp. f. 1820. 1 p. 1/2 in-4º. Copie xviiiº s)

---

laines, né le 24 mars 1646, mort le 10 mars 1729. Chanoine régulier de St-Victor. Il eut, en 1673, la pensée de se retirer à la Trappe, mais l'abbé de Rancé l'en détourna.

(1) Henri de Barillon.

1570. — Le même. — *Let. à la R. Mère*..... (1) *abbesse de Leyme*. 1682.
    Conseils.
    (*Arch. de la Grande-Trappe*. Let. de piété 147. 3 p. in-fol. Copie XVIIIe s.)

1571. — Le même. — *Let. à Madame*..... 1682.
    Conseils.
    (*Arch. de la Grande-Trappe*. Let. de piété 162. 1 p. in-fol. Copie XVIIIe s.)

1572. — Le même. — *Let. au R. Père*..... *abbé de*... 1682.
    Encouragements dans son œuvre.
    (*Arch. de la Grande-Trappe*. Let. de piété 52. 2e série. 1 p. in-fol. Copie XVIIIe s.)

1573. — Le même. — *Let. à la R. Mère*.., *abbesse de*..... 1682.
    Avis pour le bien de sa maison.
    (*Arch. de la Grande-Trappe*. Let. de piété. 6e cahier. 2e série. 1 p. 1/4 in-fol. Copie XVIIIe s.)

1574. — *Let. à Monsieur*..... *supérieur de Chanoines réguliers*. 1682.
    Il lui conseille de renoncer à une pension qu'il s'était réservée sur un bénéfice.
    (*Arch. de la Grande-Trappe*. Let. de piété. 6e cahier. 2e série. 1 p. in-fol. Copie XVIIIe s.)

1575. — Le même. — *Let. à M. l'évêque de Grenoble* (2). 1er janvier 1683.
    Vœux de nouvel an.
    (*Arch. de la Grande-Trappe*. Let. à imp. f. 1822. 2 p. in-4º. Copie XVIIIe s.)

1576. — Le même. — *Let. à Monsieur Pinette*. 4 janvier 1683.
    Vœux de nouvel an.
    (*Arch. de la Grande-Trappe*. Let. à imp. f. 1824. 1 p. in-4º. Copie XVIIIe s.)

(1) Anne d'Orviré de la Vieuville.
(2) Le Cardinal Le Camus

1577. — Le même. — *Let. à Dom Alain.* 6 janvier 1683.
   Conseils.
   (*Arch. de la Grande-Trappe.* Let. à imp. f. 1825. 1 p. 1/4 in-4º. Copie xviiie s.)

1578. — Le même. — *Let. à Monsieur l'abbé Nicaise.* 14 janvier 1683.
   Conseils.
   (*Arch. de la Grande-Trappe.* Let. de piété. 7e cahier. 2e série. 1 p. 1/2 in-fol et let. à imp. f. 1831. 1 p. 1/2 in-4º. Copies xviiie s.)

1579. — Le même. — *Let. à la R. Mère..... abbesse de.....* 14 janvier 1683.
   Conseils.
   (*Arch. de la Grande-Trappe.* Let. de piété. 7e cahier. 2e série. 1 p. in-fol. et let. à imp. f. 1833. 1. p. 1/4 in-4º. Copies xviiie s.)

1580. — Le même. — *Let. à une religieuse.* 20 janvier 1683.
   Conseils.
   (*Arch. de la Grande-Trappe.* Let. de piété 24. 2e série. 2 p. in-fol. Copie xviiie s.)

1581. — Le même. — *Let. à une religieuse.* 21 janvier 1683.
   Conseils.
   (*Arch. de la Grande-Trappe.* Let. de piété 55. 10 p. in-folio. Copie xviiie s.)

1582. — Le même. — *Let. à la R. Mère Thérèse, religieuse des Clairets* (1). 21 janvier 1683.
   Conseils.
   (*Arch. de la Grande-Trappe.* Let. de piété 129. 1 p. in-fol. et let. à imp. f. 1837. 1 p. 1/2 in-4º. Copies xviiie s.)

1583. — Le même. — *Let. à la R. Mère..... abbesse de.....* 21 janvier 1683.
   Conseils.
   (*Arch. de la Grande-Trappe.* Let. de piété. 7e cahier. 2e série. 1 p. 1/4 in-fol. Copie xviiie s.)

(1) Sa sœur.

1584. — Le même. — *Let. à la R. Mère..... abbesse de.....* 21 janvier 1683.

    Conseils.
    (Arch. de la Grande-Trappe. Let. de piété. 7e cahier. 2e série. 1 p. 1/2 in-folio. Copie XVIIIe s.)

1585. — Le même. — *Let. à Monsieur le Président de Mesmes.* 4 février 1683.

    Réflexions pieuses.
    (*Arch. de la Grande-Trappe.* Let. à imp. f. 1839. 2 p. in-4º. Copie XVIIIe s.).

1586. — Le même. — *Let. à Monsieur Pinette.* 7 février 1683.

    Difficultés avec M. de Clairvaux.
    (Arch. de la Grande-Trappe. Let. de piété 50. 2e série. 1 p. in-fol. et let. à imp. f. 1843. 2 p. in-4º. Copies XVIIIe s.)

1587. — Le même. — *Let. à Monsieur le chevalier de Rancé* (1). 7 février 1683.

    Témoignages d'affection.
    (Arch. de la Grande-Trappe. Let. à imp. f. 1841. 1/2 p. in-4º. Copie XVIIIe s.)

1588. — Le même. — *Let. à Dom Paul, religieux de Barbau* (2). 7 février 1683.

    Conseils.
    (*Arch. de la Grande-Trappe.* Let. à imp. f. 1845. 1 p. 1/4 in-4º. Copie XVIIIe s.)

1589. — Le même. — *Let. à la R. Mère Marie-Louise, religieuse de l'Annonciade* (3). 11 février 1683.

    Conseils.
    (*Arch. de la Grande-Trappe.* Let. de piété 7e cahier. 2e série. 2 p. in-fol. Copie XVIIIe s.)

1590. — Le même. — *Let. à Monsieur l'abbé de la Magdelaine.* 11 février 1683.

    De sa résignation à la mort.
    (*Arch. de la Grande-Trappe* Let. à imp. f. 1847. 1 p. in-4º. Copie XVIIIe s.)

---

(1) Henri de Rancé, son frère.
(2) Barbellum, abbaye de l'ordre de Citeaux, fondée en 1147, au diocèse de Sens.
(3) Sa sœur.

1591. — Le même. — *Let. à Madame de Matignon* (1). 11 février 1683.
>Sur la mort de son mari.
>*(Arch. de la Grande-Trappe.* Let. à imp. f. 1848. 1 p. in-4º. Copie xviiiᵉ s.)

1592. — Le même. — *Let. à Madame de la ....ière, à Tourouvre.* 11 février 1683.
>Conseils pour le carême.
>*(Arch. de la Grande-Trappe.* Let. à imp. f. 1849. 1 p. in-4º. Copie xviiiᵉ s.)

1593. — Le même. — *Let. au R. Père..... abbé de Chatillon.* 12 février 1683.
>De la stricte observance, à l'occasion de la réunion du chapitre général. Sur l'abbé de Vaucler et l'abbé d'Orval.
>*(Arch. de la Grande-Trappe.* Let. à imp. f. 1828. 2 p. 1/2 in-4º. Copie xviiiᵉ s.)

1594. — Le même. — *Let. au R. Père.....* 17 février 1683.
>Résignation dans la maladie.
>*(Arch. de la Grande-Trappe.* Let. de piété 175. 1 p. in-fol. Copie xviiiᵉ s.)

1595. — Le même. — *Let. à la R. Mère Thérèse, religieuse des Clairets* (2). 20 février 1683.
>Conseils.
>*(Arch. de la Grande-Trappe.* Let. à imp. f. 1850. 2 p. in-4º. Copie xviiiᵉ s.)

1596. — Le même. — *Let. à Monsieur.....* 21 février 1683.
>Conseils.
>*(Arch. de la Grande-Trappe.* Let. de piété 48. 2ᵉ série. 1 p. 1/2 in-fol. Copie xviiiᵉ s.)

1597. — Le même. — *Let. à la R. Mère..... abbesse de Port-Royal de Paris.* 21 février 1683.
>Réflexions pieuses.
>*(Arch. de la Grande-Trappe.* Let. à imp. f. 1864. 1 p. in-4º. Copie xviiiᵉ s.)

(1) Françoise de la Luthumière, qui épousa Henri Goïon, comte de Matignon, de Thorigny, lieutenant général en Normandie, mort en 1682.
(2) Sa sœur.

1598. — Le même. — *Let. à la R. Mère Louise-Henriette, religieuse à la Visitation de Tours* (1). 24 février 1683.

    Conseils

    (Arch. de la Grande-Trappe. Let. à imp. f. 1854. C p. 1/2 in-4º. Copie xviiiᵉ s)

1599. — Le même. — *Let. à la R. Mère de Béthune d'Orval, religieuse à Port-Royal de Paris.* 27 février 1683.

    Conseils.

    (Arch. de la Grande-Trappe. Let. à imp. f. 1861. 2 p. 1/2 in-4º. Copie xviiiᵉ s.)

1600. — Le même. — *Let. à une religieuse.* Février 1683.

    Conseils.

    (Arch. de la Grande-Trappe. Let. de piété 47. 2ᵉ série. 1 p. 1/2 in-fol. Copie xviiiᵉ s.)

1601. — Le même. — *Let. sig. à Monsieur de Caumartin.* 9 mars 1683.

    Remerciements.

    (Catalogue de lettres autographes. Laverdet. Vente du 20 avril 1855. 1 p. in-4º. 4 fr. 75).

1602. — Le même. — *Let. à Monsieur le Marquis de Lassay.* 24 mars 1683.

    Conseils.

    (Arch de la Grande-Trappe. Let. de piété 8. 6 p. 1/2. in-fol. Copie xviiiᵉ s.)

1603. — Le même. — *Let. à Mademoiselle de..... novice.* 1ᵉʳ avril 1683.

    Instructions pour les novices.

    (Arch. de la Grande-Trappe. Let. de piété 117. 1 p. 1/4 in-fol. Copie xviiiᵉ s.)

1604. — Le même. — *Let. sig. à Monsieur de Harlay* (2). 2 avril 1683.

    Au sujet d'un recueil d'instructions qu'il venait de faire paraître.

    (Bibl. Nationale. fr. 17418 f. 34. 3 p. in-8º. Cachet brun aux armes de la Trappe.)

---

(1) Henriette d'Albon, sa nièce.
(2) François de Harlay de Champvallon, archevêque de Paris.

1605. — Le même. — *Let. à Monsieur l'abbé de Saint-Corme.* 8 avril 1683.

    Il le dissuade de se retirer dans la solitude.
    (*Arch. de la Grande-Trappe.* Let de piété 118. 2 p. in-fol. Copie xviiie s.)

1606. — Le même. — *Let. au Maréchal de Bellefonds.* 8 avril 1683.

    Conseils.
    (*Arch. de la Grande-Trappe.* Let. de piété. 7e cahier, 2e série. 1 p. 1/2 in-fol. Copie xviiie s.)

1607. — Le même. — *Let. au R. Père.....* 26 avril 1683.

    Il le détourne d'accepter la charge de visiteur.
    (*Arch. de la Grande-Trappe.* Let. de piété. 6e cahier, 2e série. 1 p. in-fol. Copie xviiie s)

1608. — Le même. — *Let. sig. à Monsieur Pinette, à l'Institution de l'Oratoire, à Paris.* 29 avril 1683.

    Relative à un règlement de vie dont on lui a envoyé la copie.
    (*Collection Benjamin Fillon,* Vente du 19 décembre 1882. Et. Charavay. 2 p. in-4°).

1609. — Le même. — *Let. à la R. Mère.....* Avril 1683.

    Conseils.
    (*Arch. de la Grande-Trappe.* Let. de piété 117. 1 p. 1/2 in-fol. Copie xviiie s.)

1610. — Le même. — *Let. à Monsieur de Barillon, ambassadeur.* 1er mai 1683.

    Conseils.
    (*Arch. de la Grande-Trappe.* Let. de piété 105. 1 p. in-fol. Copie xviiie s.)

1611. — Le même. — *Let. à la R. Mère Marie-Louise, religieuse de l'Annonciade* (1). 1er mai 1683.

    Conseils.
    (*Arch. de la Grande-Trappe.* Let. de piété 183. 1 p. 1/2. Copie xviiie s.)

(1) Sa sœur.

1612. — Le même. — *Let. orig. à Monsieur...* 3 mai 1682.
Lettre d'affaires.
(*Bibl. Nationale.* Fr. 24123. f. 67. 1 p. in-8º, avec paraphe de la main de M. Maisne, secrétaire de l'abbé de Rancé.)

1613. — Le même. — *Let. à Monsieur.....* 13 mai 1683.
Conseils.
(*Bibl. de l'Arsenal.* 2106. f. 109 vº. 2 p. in-4º. Copie XVIIIe s.)

1614. — Le même. — *Let. sig. à Monsieur l'abbé Nicaise.* 30 mai 1683.
Il l'entretient de son livre sur la sainteté et les devoirs de la vie monastique.
(*Bibl. Nationale.* fr. 9363. f. 10. 2 p. 1/2 in-8º. Publiée par M. Gonod, 1846. p. 95.)

1615. — Le même. — *Let. à une religieuse.* 30 mai 1683.
Sur la mort de Mademoiselle de Bouillon.
(*Arch. de la Grande-Trappe.* Let. de piété 110. 2 p. 1/4 in-fol. Copie XVIIIe s.)

1616. — Le même. — *Let. au R. Père..... abbé de.....* Mai 1683.
Conseils.
(*Arch. de la Grande-Trappe.* Let. de piété. 7e cahier. 2e série. 1 p. 1/2 in-fol. Copie XVIIIe s.)

1617. — Le même. — *Let. à Madame la marquise de.....* 9 juin 1683.
Des dangers du monde.
(*Arch. de la Grande-Trappe.* Let. de piété 29. 2 p. 1/4 in-fol. Copie XVIIIe s.)

1618. — Le même. — *Let. à Monsieur. ... chanoine régulier.* 9 juin 1683.
De la conduite des âmes.
(*Arch. de la Grande-Trappe.* Let. de piété 119. 1 p. in-fol. Copie XVIIIe s)

1619. — Le même. — *Let. à une religieuse.* 14 juin 1683.
Conseils.
(*Arch. de la Grande-Trappe.* Let. de piété 24. 6 p. in-fol. Copie XVIIIe s.)

1620. — Le même. — *Let. à Monsieur l'évêque de Luçon* (1). 14 juin 1683.

  Devoirs des évêques.
  (Arch. de la Grande-Trappe. Let. de piété 177. 1 p, 1/4 in-fol. Copie xviiie s.)

1621. — Le même. — *Let. sig.* (2) *au R. Père..... abbé de l'Etoille,* à *l'Etoille.* 27 juin 1683.

  Au sujet d'un livre qu'il venait de faire paraître.
  « Aussy tost que le livre fut imprimé, il y eut ordre de vous l'envoyer et je suis surpris que vous l'ayiez eu si tard ; vous y verrez bien des choses dont le monde ne conviendra pas, qui cependant sont des vérités et des maximes constantes. L'ouvrage a eu toute l'approbation qu'on pouvait désirer, et, à la réserve d'un petit nombre de gens de nostre profession même, je n'ay pas ouy dire qu'il trouvait aucune opposition ; ceux qui l'ont approuvé, qui sont d'un mérite extraordinaire, l'ont lu et examiné avec tant d'exactitude qu'ils n'eussent eu garde de rien laisser passer qui n'eust esté dans l'ordre et selon toutes les règles de la piété des cloîtres, vous en jugerez vous-même. »
  (Bibl. Nationale. fr. 23497. 2 p. in-4°. Publiée par M. Gonod, 1846, p. 348.)

1622. — Le même. — *Let. à Madame la marquise d'Alègre.* 7 juillet 1683.

  Conseils.
  (Arch de la Grande-Trappe. 1 p. in-fol. Copie xviiie s.)

1623. — Le même. — *Let. au R. Père..... abbé de.....* 5 août 1683.

  Sur certaines règles des religieux.
  (Arch. de la Grande-Trappe. Let. de piété. 6e cahier. 2e série. 1 p. 1/2 in-fol. Copie xviiie s.)

1624. — Le même. — *Let. à la R. Mère.....* 12 août 1683.

  Conseils.
  (Arch. de la Grande-Trappe. Let. de piété. 6e cahier. 2e série. 1/2 p. in-fol. Copie xviiie s.)

---

(1) Henri de Barillon.
(2) La signature de cette lettre paraît être de la main de M. Maisne. Elle diffère absolument de celle de la lettre précédente du même recueil qui est certainement autographe.

1625. — Le même. — *Let. sig. à Monsieur l'abbé Nicaise.* 26 août 1683.

Il n'est pas surpris que l'abbé Nicaise ait été mandé à Rome touchant le livre de la sainteté et des devoirs de la vie monastique.
(Bibl. Nationale. fr. 9363. f. 12. Publiée par M. Gonod, 1846, p. 97. 2 p. 1/4 in-12, avec cachet aux armes de la Trappe, frappé à froid. Copie XVIIIe s.)

1626. — Le même. — *Let. sig. à Monsieur Pinette, à l'Institution de l'Oratoire, au Faubourg St-Michel, à Paris.* 29 août 1683.

Au sujet des statuts de l'ordre.
(Catalogue de lettres autographes. Laverdet. Vente du 20 avril 1855. 3 fr. 75. 2 p. in-4°.)

1627. — Le même. — *Let. à Monsieur Vaillant, docteur de Sorbonne.* 29 août 1683.

De l'usage que l'on peut faire de son bien lorsque l'on quitte le monde.
(Arch. de la Grande-Trappe. Let. de piété 103. 2 p. in-fol. Copie XVIIIe s.)

1628. — Le même. — *Let. à Monsieur....* 30 août 1683.

Sur l'état ecclésiastique.
(Arch. de la Grande-Trappe. Let. de piété 4. 1 p. 1/2 in-fol. Copie XVIIIe s.)

1629. — Le même. — *Let. à une religieuse.* 30 août 1683.

Conseils.
(Arch. de la Grande-Trappe. Let. de piété 9. 8 p. in-fol. Copie XVIIIe s.)

1630. — Le même. — *Let. à Madame la princesse de.....* 30 août 1683.

Néant des grandeurs du monde.
(Arch. de la Grande-Trappe. Let. de piété 84. 3 p. 1/4 in-fol. Copie XVIIIe s.)

1631. — Le même. — *Let. à Monsieur..... chanoine, grand pénitencier.* 30 août 1683.

Conseils.
(Arch. de la Grande-Trappe. Let. de piété 119. 1 p. 1/2 in-fol. Copie XVIIIe s.)

1632. — Le même. — *Let. à* ..... 2 septembre 1683.
Conseils sur la tentation et la préparation à la mort.
(*Bibl. de l'Arsenal.* 2106. f. 110. 10 p. in-4º. Copie XVIIIe s.)

1633. — Le même. — *Let. à Madame*..... 9 septembre 1683.
Sur les humiliations.
(*Arch. de la Grande-Trappe.* Let. de piété 137. 1 p. 1/2 in-fol. Copie XVIIIe s.)

1634. — Le même. — *Let. à Monsieur l'abbé de*...... 9 septembre 1683.
Sur les humiliations.
(*Arch. de la Grande-Trappe.* Let. de piété 39. 2e série. 1 p. 1/4 in-fol. Copie XVIIIe s.)

1635. — Le même. — *Let. à Madame*..... 9 septembre 1683.
Conseils.
(*Arch. de la Grande-Trappe.* Let. de piété 120. 1 p. 1/4 in-fol. Copie XVIIIe s.)

1636. — Le même. — *Let. à une religieuse.* 14 septembre 1683.
Conseils.
(*Arch. de la Grande-Trappe.* 7e cahier, 2e série. 1 p. 1/2 in-fol. Copie XVIIIe s.)

1637. — Le même. — *Let. à*..... 22 septembre 1683.
Sur sa santé.
(*Bibl. de l'Arsenal.* 2106. f. 119 vº. 2 p. in-4º. Copie XVIIIe s.)

1638. — Le même. — *Let. à la R. Mère*..... 22 septembre 1683.
Conseils.
(*Arch. de la Grande-Trappe.* Let. de piété 202. 1 p. in-fol. Copie XVIIIe s.)

1639. — Le même. — *Let. à Madame la Comtesse de*..... 9 octobre 1683.
Misère des gens du monde.
(*Arch. de la Grande-Trappe.* Let. de piété 51. 1 p. 1/2 in-fol. Copie XVIIIe s.)

1640. — Le même. — *Let. à Madame*..... 9 octobre 1683.
Conseils pour ramener au bien l'un de ses enfants.
(*Arch. de la Grande-Trappe.* Let. de piété 79. 1 p. 1/2 in-fol. Copie XVIIIe s.)

1641. — Le même. — *Let. à Monsieur...* 22 octobre 1683.
Direction des âmes.
(Arch. de la Grande-Trappe. Let. de piété 73. 2 p. in-fol. Copie XVIIIe s.)

1642. — Le même. — *Let. à Monsieur le Maréchal de Bellefonds.* 28 octobre 1683.
Du mépris des grandeurs. Il fait allusion aux derniers événements :
« Quelles instructions, monseigneur, il a plu à Dieu de donner aux hommes, depuis quelques mois, par cette suite d'événemens si extraordinaires ! On a vu une conspiration formée contre un Roi puissant, une grande Reine ravie dans un instant au comble de sa gloire et au milieu de sa course, une invasion des païs catholiques, toute la chrétienté menacée par une multitude innombrable de barbares, un empereur chassé honteusement de la capitale de l'Empire ; y a t-il rien qui puisse donner plus de mépris pour les grandeurs et les prospérités de la terre ? »
(Arch. de la Grande-Trappe. Let. de piété 47. 3 p. in-fol. Copie XVIIIe s.)

1643. — Le même. — *Let. à une religieuse.* 30 octobre 1683.
Conseils et consolations.
(Arch. de la Grande-Trappe. Let. de piété 46. 2 p. in-fol. Copie XVIIIe s.)

1644. — Le même. — *Let. à la R. Mère..... abbesse de la Commune.* 30 octobre 1683.
Sur l'observance de l'ordre de Cîteaux.
(Arch. de la Grande-Trappe. Let. de piété 50. 1 p. in-fol. Copie XVIIIe s.)

1645. — Le même. — *Let. à la R. Mère..... abbesse de.....* 30 octobre 1683.
Instructions pour les supérieurs.
(Arch. de la Grande-Trappe. Let. de piété 138. 2 p. in-fol. Copie XVIIIe s.)

1646. — Le même. — *Let. à une religieuse.* 30 octobre 1683.
Conseils.
(Arch. de la Grande-Trappe. Let. de piété 34. 2e série. 2 p. in-fol. Copie XVIIIe s.)

1647. — Le même. — *Let. à*..... 2 novembre 1683.
   Conseils.
   (Bibl. de l'Arsenal. 2106 f. 120 v°, 3 p. 1/2 in-4°. Copie xviiie s.)

1648. — Le même. — *Let. à.* ... 5 novembre 1683.
   Conseils.
   (Bibl. de l'Arsenal. 2106. f. 122. 1 p. in-4°. Copie xviiie s)

1649. — Le même. — *Let. à une religieuse.* 12 novembre 1683.
   Conseils.
   (Arch. de la Grande-Trappe. Let. de piété 37. 4 p. in-fol. Copie xviiie s.)

1650. — Le même. — *Let. à Madame la marquise d'Alègre.* 16 novembre 1683.
   Conseils.
   (Arch. de la Grande-Trappe. Let. de piété. 7e cahier. 2e série. 1 p. 1/2. in-fol. Copie xviiie s.)

1651. — Le même. — *Let. à la R. Mère*....., 17 novembre 1683.
   Devoirs des supérieurs.
   (Arch. de la Grande-Trappe. Let. de piété 87. 3 p. in-fol. Copie xviiie s.)

1652. — Le même. — *Let. au R. Père*..... *abbé de l'ordre.* 7 décembre 1683.
   Conduite des religieux pendant leurs maladies. Du livre de la vie monastique.
   (Arch. de la Grande-Trappe. Let. de piété 88. 1 p. in-fol. Copie xviiie s.)

1653. — Le même. — *Let. à Monsieur l'abbé Nicaise.* 9 décembre 1683.
   Au sujet des critiques que soulève son livre de la sainteté et des devoirs de la vie monastique. Manuscrit de saint Ambroise que le P. Mabillon devait publier. Les hymnes pour le jour de Saint-Bernard, de M. de S.
   (Bibl. Nationale. fr. 9363. f. 14. 2 p. in-8°. Publiée par M. Gonod, 1846, p. 99. — Cette lettre est de la main du P. Le Nain. La signature et une note à la fin sont de l'Abbé de Rancé.)

1654. — Le même. — *Let. à une religieuse.* 10 décembre 1683.
   Conseils.
   (Bibl. de l'Arsenal. 2106. f. 123. 8 p. in-4°. Copie xviiie s.)

1655. — Le même. — *Let. à une religieuse.* 13 décembre 1683.
Conseils.
(Arch. de la Grande-Trappe. Let. de piété 100. 1 p. 1/4 in-folio. Copie XVIII° s.)

1656. — Le même. — *Let. à Madame.....* 19 décembre 1683.
Conseils.
(Arch. de la Grande-Trappe. Let. de piété 254. 1 p. in-fol. Copie XVIII° s.)

1657. — Le même. — *Let. sig. à la R. Mère Marie-Louise, religieuse de l'Annonciade* (1).
Conseils.
(Arch. de la Grande-Trappe. 2 p. in-8°. De la main du père Le Nain. Signature et date de l'Abbé de Rancé. Cachet brun aux armes de la Trappe.)

1658. — Le même. — *Let. à Monsieur.....* 30 décembre 1683.
De la vanité et de la présomption.
(Arch. de la Grande-Trappe. Let. de piété 132. 2 p. in-fol. Copie XVIII° s.)

1659. — Le même. — *Let. à la R. Mère..... abbesse de.....* 1683.
Conseils.
(Arch. de la Grande-Trappe. Let. de piété. 6° cahier. 2° série. 1 p. in-fol. Copie XVIII° s.)

1660. — Le même. — *Let. à la R. Mère.... abbesse de.....*
Conseils.
(Arch. de la Grande-Trappe. Let. de piété 203. 1 p. in-fol. Copie XVIII° s.)

1661. — Le même. — *Let. à.....* 15 janvier 1684.
Conseils.
(Bibl. de l'Arsenal. 2106. f. 127. in-4°. Copie XVIII° s.)

1662. — Le même. — *Let. sig. à Monsieur de Harlay.* 24 janvier 1684.
Lettre de gratitude.
(Bibl. Nationale. fr. 17419. f. 10. 2 p. in-8°. De la main de M. Maisne.)

(1) Sa sœur.

1663. — Le même. — *Let. sig. à Monsieur l'abbé Nicaise.* 24 janvier 1684.

Au sujet des critiques que soulève son livre de la sainteté et des devoirs de la vie monastique.

(*Bibl. Nationale.* fr. 9363. f. 15. 2 p. 1/4 in-8°. De la main de M. Maisne. Publiée par M. Gonod, 1846, p. 101, avec la date erronée du 28 janvier. Cachet noir aux armes de la Trappe.)

1664. — Le même. — *Let. au R. Père*..... janvier 1684.

Conseils.

(*Arch. de la Grande-Trappe.* 6ᵉ cahier. 2ᵉ série. 1/2 p. in-fol. Copie xviiiᵉ s.)

1665. — Le même. — *Let. à Monsieur l'abbé*..... 1ᵉʳ février 1684.

Conseils.

(*Arch. de la Grande-Trappe.* Let. de piété. 6ᵉ cahier. 2ᵉ série. 1 p. 1/2 in-fol. Copie xviiiᵉ s.)

1666. — Le même. — *Let. à une religieuse.* 6 février 1684.

Conseils.

(*Arch. de la Grande-Trappe.* Let. de piété 125 et 101. 2ᵉ série. 2 p. in-fol et 2 p. Copies xviiiᵉ s.)

1667. — Le même. — *Let. à la R. Mère Marie-Louise de l'Annonciade* (1). 10 février 1684.

Conseils.

(*Arch. de la Grande-Trappe.* Let. de piété. 7ᵉ cahier. 2ᵉ série. 1 p. in-fol. Copie xviiiᵉ s.)

1668. — Le même. — *Let. à Mademoiselle de*..... 10 février 1684

Conseils.

(*Arch. de la Grande-Trappe.* Let. de piété 126. Copie xviiiᵉ s.)

1669. — Le même. — *Let. à Madame la duchesse de Guise.* 10 février 1684.

Conseils.

(*Arch. de la Grande-Trappe.* Let. de piété 107. 2 p. in-fol. Copie xviiiᵉ s.)

(1) Sa sœur.

1670. — Le même. — *Let. à*..... 12 février 1684.

>Conseils.
>*(Bibl. de l'Arsenal.* 2106 f. 127 v°. 1 p. in-4°. Copie XVIIIe s.)

1671. — Le même. — *Let. à la R. Mère Marie-Louise*..... 17 février 1684.

>Conseils.
>*(Arch. de la Grande-Trappe.* Let. de piété 226. 1. p. 1/4 in-fol. Copie XVIIIe s.)

1672. — Le même. — *Let. à Monsieur de Tillemont.* 20 février 1684.

>Consolations.
>*(Arch. de la Grande-Trappe.* Let. de piété 42. 2e série. 1/2 p. in-fol. Copie XVIIIe s.)

1673. — Le même. — *Let. sig. à Monsieur de Caumartin.* 24 février 1684.

>Relative à Dom Garreau.
>*(Catalogue de lettres autographes.* Laverdet. Vente du 20 avril 1855. 8 fr. 50. 2 p. 1/4 in-4°. Cachet.)

1674. — Le même. — *Let. à Monsieur de Tillemont.* 4 mars 1684.

>Avis pour ceux qui s'adonnent aux sciences.
>*(Arch. de la Grande-Trappe.* Let. de piété 43. 2e série. 1 p. 1/2 in-fol.)

1675. — Le même. — *Let. à Monsieur le maréchal de Bellefonds.* 12 mars 1684.

>Conseils.
>*(Arch. de la Grande-Trappe.* Let. de piété 2. 2e série. 1 p. 1/2 in-fol. Copie XVIIIe s.)

1676. — Le même. — *Let. à Monsieur le duc de Mazarin.* 12 mars 1684.

>Comment il faut supporter les injustices des hommes.
>*(Arch. de la Grande-Trappe.* Let. de piété. 6e cahier. 2e série. 1 p. in-folio. Copie XVIIIe s.)

1677. — Le même. — *Let. à une religieuse.* 23 mars 1684.

>Conseils.
>*(Arch. de la Grande-Trappe.* Let. de piété 152 et 7e cahier. 2e série. 2 p. in-fol et 1 p. in-fol. Copies XVIIIe s.)

1678. — Le même. — *Let. à une religieuse.* 16 avril 1684.
Conseils.
(Arch. de la Grande-Trappe. Let. de piété 199. 1 p. in-fol. Copie xviiie s.)

1679. — Le même. — *Let. à une religieuse.* 20 avril 1684.
Conseils.
(Arch. de la Grande Trappe. Let. de piété 36. 4 p. in-fol. Copie xviiie s.)

1680. — Le même. — *Let. à Monsieur l'abbé de la Madeleine.* 30 avril 1684.
De la vanité du monde.
(Arch. de la Grande-Trappe. Let. de piété 153. 1 p. 1/4. in-fol. Copie xviiie s.)

1681. — Le même. — *Let. à la R. Mère.....* Avril 1684.
Instruction pour les religieux qui se trouvent dans des maisons où ils ne peuvent pas observer leurs règles comme ils voudraient.
(Arch. de la Grande-Trappe. Let. de piété 170. 1 p. in-fol. Copie xviiie s.)

1682. — Le même. — *Let. à la R. Mère.....* Avril 1684.
Conseils.
(Arch. de la Grande-Trappe. Let. de piété. 7e cahier, 2e série. 1 p. 1/4 in-fol. Copie xviiie s.)

1683. — Le même. — *Let. à une religieuse de la Visitation.* 29 mai 1684.
Conseils.
(Arch. de la Grande-Trappe. Let. de piété 85. 1 p. 1/2 in-fol. Copie xviiie s.)

1684. — Le même. — *Let. à Monsieur l'abbé de la Madeleine.* 5 juin 1684.
Conseils.
(Arch. de la Grande-Trappe. Let. de piété 215. 1 p. 1/4 in-fol. Copie xviiie s.)

1685. — Le même. — *Let. à Madame.....* 5 juin 1684.
Conseils.
(Arch. de la Grande-Trappe. Let. de piété 231. 1 p. in-fol. Copie xviiie s.)

1686. — Le même. — *Let. à Mademoiselle.....* 5 juin 1684.
Conseils.
(Arch. de la Grande-Trappe. Let. de piété. 7e cahier. 2e série. 1 p. in-fol. Copie xviiie s.)

1687. — Le même. — *Let. à la R. Mère Louise-Henriette, religieuse à la Visitation de Tours* (1). 6 juin 1684.
Conseils.
(Bibl. de l'Arsenal. 2106. f. 128. 1 p. 1/4 in-4o. Copie xviiie s.)

1688. — Le même. — *Let. à la R. Mère..... abbesse de.....* 15 juin 1684.
De l'abandon à la volonté de Dieu.
(Arch. de la Grande-Trappe. Let. de piété 163. 1 p. in-fol. Copie xviiie s.)

1689. — Le même. — *Let. à une religieuse.* 22 juin 1684.
Conseils.
(Arch. de la Grande-Trappe. Let. de piété 169. 1 p. 1/2 in-fol. Copie xviiie s.)

1690. — Le même. — *Let. à la R. Mère Louise-Henriette, religieuse à la Visitation de Tours.* 28 juin 1684.
Conseils.
(Bibl. de l'Arsenal. 2106. f. 129. 2 p. 1/4 in-4o. Copie xviiie s.)

1691. — Le même. — *Let. au R. P. prieur de.....* 29 juin 1684.
Conseils.
(Arch. de la Grande-Trappe. Let. de piété 49. 2 p. 1/2 in-fol. Copie xviiie s.)

1692. — Le même. — *Let. à la R. Mère Louise-Henriette, religieuse à la Visitation de Tours.* 29 juin 1684.
Conseils.
(Arch. de la Grande-Trappe. Let. de piété 154. 2 p. in-fol. Copie xviiie s.)

1693. — Le même. — *Let. à la R. Mère.....* juin 1684.
Conseils.
(Arch. de la Grande-Trappe. Let. de piété 204. 1 p. 1/4 in-fol. Copie xviiie s.)

(1) Henriette d'Albon, sa nièce.

1694. — Le même. — *Let. à une religieuse.* 6 juillet 1684.
   Conseils.
   (Arch. de la Grande-Trappe. Let. de piété 80. 2 p. 1/2 in-fol. Copie XVIIIe s.)

1695. — Le même. — *Let. à une religieuse.* 20 juillet 1684.
   Conseils.
   (Arch. de la Grande-Trappe. Let. de piété. 6e cahier. 2e série. 1 p. in-fol. Copie XVIIIe s.)

1696. — Le même. — *Let. à la R. Mère de la Vierge, religieuse hospitalière de la place Royale.* 20 juillet 1684.
   Conduite pour les supérieurs.
   (Arch. de la Grande-Trappe. Let. de piété 113. 2 p. in-fol. Copie XVIIIe s.)

1697. — Le même. — *Let. au R. Père..... religieux de l'ordre.* 22 juillet 1684.
   De la conduite à tenir dans la direction des cloîtres, principalement des monastères de filles.
   (Arch. de la Grande-Trappe. Let. de piété 127. 1 p. in-fol. Copie XVIIIe s.)

1698. — Le même. — *Let. sig. à Monsieur l'abbé Nicaise.* 2 août 1684.
   Sur sa santé.
   (Bibl. Nationale, fr. 9363. f 17. 2 p. 1/2 in-8°. De la main de M. Maisne. Publiée par M. Gonod, 1846, p. 104. Cachet à froid aux armes de la Trappe.)

1699. — Le même. — *Let. à une religieuse.* 3 août 1684.
   De la conduite à tenir dans les monastères relâchés.
   (Arch. de la Grande-Trappe. Let. de piété 131. 1 p. in-fol. Copie XVIIIe s.)

1700. — Le même. — *Let. à Monsieur..... grand pénitencier de l'église de.....* 14 août 1684.
   Conseils.
   (Arch. de la Grande-Trappe. Let. de piété. 6e cahier. 2e série. 1 p. in-fol. Copie XVIIIe s.)

1701. — Le même. — *Let. à une religieuse.* 2 septembre 1684.
   Conseils.
   (Arch. de la Grande-Trappe. Let. de piété. 7e cahier. 2e série. 1/2 p. in-fol. Copie XVIIIe s.)

1702. — Le même. — *Let. à la R. Mère.. ..* 2 septembre 1684.
Conseils.
(Arch. de la Grande-Trappe. Let. de piété. 7e cahier.
2e série. 1 p. in-folio. Copie XVIIIe s.)

1703. — Le même. — *Let. à la R. Mère.....* 2 septembre 1684.
Conseils.
(Arch. de la Grande-Trappe. Let de piété. 7e cahier, 2e série.
1/2 p. in-fol. Copie XVIIIe s.)

1704. — Le même. — *Let. à la R. Mère.... abbesse de.....*
3 septembre 1684.
Conseils.
(*Arch. de la Grande-Trappe.* Let. de piété 7e cahier.
2e série. 1/2 p. in-fol. Copies XVIIIe s.)

1705. — Le même. — *Let. à une religieuse.* 3 septembre 1684.
Conseils.
(Bibl. de l'Arsenal. 2106, f. 130. 1 p. 1/4 in-4°. Copie XVIIIe s.)

1706. — Le même. — *Let. à une religieuse.* 3 septembre 1684.
Conseils.
(Arch. de la Grande-Trappe. Let. de piété 57. 2e série.
1 p. 1/2 p. in-fol. Copie XVIIIe s.)

1707. — Le même. — *Let. à Mademoiselle.....* 5 septembre 1684.
Règles de conduite.
(Arch. de la Grande-Trappe. Let. de piété 30. 1re série.
3 p. in-fol. Copie XVIIIe s.)

1708. — Le même. — *Let. au R. Père..... prieur de.....* 5 septembre 1684.
Conseils.
(Arch. de la Grande-Trappe. Let. de piété. 6e cahier.
2e série. 1 p. in-fol. Copie XVIIIe s.)

1709. — Le même. — *Let. à Madame la marquise d'O.....*
29 septembre 1684.
Conseils.
(Arch. de la Grande-Trappe. Let. de piété. 6e cahier
2e série. 1 p. in-fol. Copie XVIIIe s.)

1710. — Le même. — *Let. à une religieuse.* 4 octobre 1684.
Des tentations.
(Arch. de la Grande-Trappe. Let. de piété 51. 2e série
1 p. in-fol. Copie XVIIIe s.)

1711. — Le même. — *Let. à une religieuse.* 14 octobre 1684.
Sur la médisance.
(*Arch. de la Grande-Trappe.* Let. de piété 123. 1er série. 2 p. 1/4 in-fol. Copie xviiie s.)

1712. — Le même. — *Let. à la R. Mère.....* 19 octobre 1684.
Conseils.
(*Arch. de la Grande-Trappe.* Let. de piété 53. 2e série. 1 p. in-fol. Copie xviiie s.)

1713. — Le même. — *Let. à une religieuse.* 20 octobre 1684.
Conseils.
(*Arch. de la Grande-Trappe.* Let. de piété 180. 1re série. 1 p. in-fol. Copie xviiie s.)

1714. — Le même. — *Let. à.....* 22 octobre 1684.
Conseils.
(*Bibl. de l'Arsenal.* 2106 f. 131 vo, 2 p. 1/4 in-4o. Copie xviiie s.)

1715. — Le même. — *Let. au R. Père..... prieur de.....* 23 octobre 1684.
Avis.
(*Arch. de la Grande-Trappe.* Let. de piété 6e cahier. 2e série. 1 p. in-fol. Copie xviiie s.)

1716. — Le même. — *Let. à Mademoiselle de.....* 6 novembre 1684.
(*Arch. de la Grande-Trappe.* 1/2 p. in-fol. Copie xviiie s.)

1717. — Le même. — *Let. à Monsieur l'abbé Tamin* (1). 9 novembre 1684.
Conseils.
(*Arch. de la Grande-Trappe.* Let. de piété 141. 1/2 p. in-folio. Copie xviiie s.)

1718. — Le même. — *Let. à la R. Mère.....* 10 novembre 1685.
Conseils sur les lectures. L'oraison mentale.
(*Arch. de la Grande-Trappe.* Let. de piété 102. 1re série. 3 p. 1/2 in-fol. Copie xviiie s.)

1719. — Le même. — *Let. à Mademoiselle de Goileau.* 30 novembre 1684.
Conseils.
(*Arch. de la Grande-Trappe.* Let. de piété 140. 1 p. in-fol. Copie xviiie s.)

(1) Ou Famin.

1720. — Le même. — *Let. à la R. Mère Louise-Henriette d'Albon* (1), *religieuse de la Visitation de Tours.* 5 décembre 1684.
    Conseils.
    (Arch. de la Grande-Trappe. Let. de piété 143. 1 p. in-fol. Copie XVIIIe s.)

1721. — Le même. — *Let. au R. Père*….. 6 décembre 1684.
    Sur les coutumes monastiques.
    (Arch. de la Grande-Trappe. Let. de piété 74. 1re série. 1 p. 1/2 in-fol. Copie XVIIIe s.)

1722. — Le même. — *Let. à une religieuse.* 6 décembre 1684.
    Conseils.
    (Bibl. de l'Arsenal. 2106. f. 133. 1 p.1/2 in-4º. Copie XVIIIe s.)

1723. — Le même. — *Let. à sa nièce.* 7 décembre 1684.
    Conseils.
    (Bibl. de l'Arsenal. 2106. f. 133 vº. 1 p.1/2 in-4º. Copie XVIIIe s.)

1724. — Le même. — *Let. au R. Père Gourdan.* 9 décembre 1684.
    De certaines coutumes monastiques.
    (Arch. de la Grande-Trappe. Let. de piété 75. 1re série. 1 p. 1/4 in-fol. Copie XVIIIe s.)

1725. — Le même. — *Let. à Monsieur l'abbé de Corvilly.* 11 décembre 1684.
    Néant des choses d'ici bas.
    (Arch. de la Grande Trappe. Let. de piété 76. 1re série. 1 p. in-fol. Copie XVIIIe s.)

1726. — Le même. — *Let. sig.* (2) *à la R. Mère Marie-Louise* (3), *religieuse de l'Annonciade.* 20 décembre 1684.
    Des moyens de rester fidèle à ses résolutions.
    (Arch. de la Grande-Trappe. 2 p. in-12.)

1727. — Le même. — *Let. à une religieuse.* 29 décembre 1684.
    Conseils.
    (Arch. de la Grande-Trappe. Let. de piété 173. 1re série. 1 p. in-fol. Copie XVIIIe s.)

(1) Sa nièce.
(2) Lettre écrite par le Père Le Nain, datée et signée par l'abbé de Rancé.
(3) Sa sœur.

1728. — Le même. — *Let. au R. Père..... abbé de l'Ordre.* 30 décembre 1684.

 Il le dissuade d'entrer à la Trappe.
 (*Arch. de la Grande-Trappe.* Let. de piété 161. 1re série. 1 p. in-fol. Copie xviiie s.)

1729. — Le même. — *Let. à.....* 2 janvier 1685.
 Conseils.
 (*Bibl. de l'Arsenal.* 2106. f. 135 vo. 1 p. 1/2 in-4o. Copie xviiie s.)

1730. — Le même. — *Let. sig. à Monsieur l'abbé Nicaise.* 12 janvier 1685.
 De l'attitude des ecclésiastiques ou religieux vis-à-vis de leurs proches. Le livre du schisme de M. Nicole.
 (*Bibl. Nationale.* fr. 9363. f. 19. 2 p. 1/2 in-12. Publiée par M. Gonod, 1846, p. 105.)

1731. — Le même. — *Let à sa nièce.* 13 janvier 1685.
 Conseils.
 (*Bibl. de l'Arsenal.* 2106. f. 133bis vo. 1 p. 1/2 in-4o. Copie xviiie s.)

1732. — Le même. — *Let. à une religieuse.* 28 janvier 1685.
 Conseils.
 (*Arch. de la Grande-Trappe.* Let. de piété 218. 1 p. 1/2 in-fol. Copie xviiie s.)

1733 — Le même. — *Let. à la R. Mère.....* 3 février 1685.
 Conseils.
 (*Arch. de la Grande-Trappe.* Let. de piété 209. 1 p. 1/4 in-fol. Copie xviiie s.)

1734. — Le même. — *Let. à .....* 3 février 1685.
 Conseils.
 (*Arch. de la Grande-Trappe.* Let. de piété 210. 1 p. in-fol. Copie xviiie s.)

1735. — Le même. — *Let. à sa nièce* 12 février 1685.
 Conseils.
 (*Bibl. de l'Arsenal.* 2106. f. 134 vo. 1 p. 1/2 in-4o. Copie xviiie s.)

---

(1) Sa sœur.

1736. — Le même. — *Let. à une religieuse.* 12 février 1685.
Conseils.
(*Arch. de la Grande-Trappe.* 7ᵉ cahier, 2ᵉ série. 1 p. 1/4 in-fol. Copie XVIIIᵉ s.)

1737. — Le même. — *Let. à une religieuse.* 13 février 1685.
Conseils.
(*Arch. de la Grande-Trappe.* Let. de piété, 7ᵉ cahier, 2ᵉ série, 1 p. 1/2 in-fol. Copie XVIIIᵉ s.)

1738. — Le même. — *Let. à la R. Mère Marie-Louise* (1), *religieuse de l'Annonciade.* 24 février 1685.
Sur l'état de sa santé.
(*Arch. de la Grande-Trappe.* 1 p. in-12.)

1739. — Le même. — *Let. à une religieuse* 5 mars 1685.
Conseils.
(*Arch. de la Grande-Trappe.* Let. de piété 54. 2ᵉ série, 2 p. in-fol. Copie XVIIIᵉ s.)

1740. — Le même. — *Let. à une religieuse.* 5 mars 1685.
Conseils.
(*Arch. de la Grande-Trappe.* Let. de piété 62. 2ᵉ série. 1 p. 1/2 in-fol. Copie XVIIIᵉ s.)

1741. — Le même. — *Let. à une religieuse.* 5 mars 1685.
Conseils.
(*Arch. de la Grande-Trappe.* Let. de piété 198. 1 p. 1/2 in-fol. Copie XVIIIᵉ s.)

1742. — Le même. — *Let. à une religieuse.* 17 mars 1685.
Conseils.
(*Arch. de la Grande-Trappe.* Let. de piété. 7ᵉ cahier, 2ᵉ série. 1 p. 1/4 in-fol. Copie XVIIIᵉ s.)

1743. — Le même. — *Let. à une religieuse.* 17 mars 1685.
Conseils.
(*Arch. de la Grande-Trappe.* Let. de piété. 7ᵉ cahier, 2ᵉ série. 1/2 p. in-fol. Copie XVIIIᵉ s.)

1744. — Le même. — *Let. à une religieuse.* 12 avril 1685.
Conseils.
(*Bibl. de l'Arsenal.* 2106. f. 136. 1 p. 1/2 in-4ᵒ. Copie XVIIIᵉ s.)

(1) Sa sœur.

1745. — Le même. — *Let. sig. à Monsieur l'abbé Nicaise*, 22 avril 1685.

    Affaire de M. de Grenoble. Conversion d'un protestant. Son livre de la vie monastique critiqué. Le livre de M. Nicole.
    (*Bibl. Nationale.* fr. 9363. f. 22. 2 p. 1/2 in-8°. Cachet à froid aux armes de la Trappe. Publiée par M. Gonod, 1846, p. 107.)

1746. — Le même. — *Let. à la R. Mère de Harlay.* Avril 1685.
    Conseils.
    (*Arch. de la Grande-Trappe* Let. de piété 236. 1 p. in-fol. Copie XVIIIe s.)

1747. — Le même. — *Let. à une religieuse.* 9 mai 1685.
    Conseils.
    (*Arch. de la Grande-Trappe.* Let. de piété 208. 1/2 p. in-fol. Copie XVIIIe s.)

1748. — Le même. — *Let. à Monsieur l'abbé*..... 9 mai 1685.
    Conseils.
    (*Arch. de la Grande-Trappe.* Let. de piété. 7e cahier, 2e série, 1 p. in-fol. Copie XVIIIe s.)

1749. — Le même. — *Let. sig. à Monsieur l'abbé Nicaise.* 12 mai 1685.
    Conseils.
    (*Bibl. Nationale.* fr. 9363. f. 24. 2 p. 1/4 in-8°. Publiée par M. Gonod, 1846, p. 110.)

1750. — Le même. — *Let. à sa nièce.* 17 mai 1685.
    Conseils.
    (*Arch. de la Grande-Trappe.* Let. de piété 206. 1 p. 1/4 in-fol. Copie XVIIIe s.)

1751. — Le même. — *Let. à sa nièce.* 22 mai 1685.
    Conseils.
    (*Bibl. de l'Arsenal.* 2105. f. 137. 2 p. in-4°. Copie XVIIIe s.)

1752. — Le même. — *Let. au R. Père...... chanoine régulier.* 26 mai 1685.
    Conseils.
    (*Arch. de la Grande-Trappe.* Let. de piété 107. 1 p. 1/4. in-fol. Copie XVIIIe s.)

1753. — Le même. — *Let. à Mademoiselle de Vertus* (1). 28 mai 1685.
    Conseils.
    (Arch. de la Grande-Trappe. Let. de piété 65. 2e série. 2 p. in-fol. Copie xviiie s.)

1754. — Le même. — *Let. à Madame*..... Mai 1685.
    Conseils.
    (Arch. de la Grande-Trappe. Let. de piété. 7e cahier, 2e série. 1 p. in-fol. Copie xviiie s.)

1755. — Le même. — *Let. à Madame de la Roche, religieuse.* 8 juin 1685.
    Conseils.
    (Arch. de la Grande-Trappe. Let. de piété 70. 2e série. 1 p. 1/4 in-fol. Copie xviiie s.)

1756. — Le même. — *Let. à la R. Mère*..... *abbesse de Leyme* (2). 8 juin 1685
    Conseils.
    (*Arch. de la Grande-Trappe.* Let. de piété 71. 2e série. 1 p. 1/2 in-fol. Copie xviiie s.)

1757. — Le même. — *Let. avec paraphe et date aut. à la R. Mère Marie-Louise* (3), *religieuse de l'Annonciade.* 17 juin 1685.
    Du détachement de soi-même.

1758. — Le même. — *Let. à la R. Mère Marie Luce, supérieure de l'Annonciade.* 16 juin 1685.
    Conseils.
    (Arch. de la Grande-Trappe. Let. de piété 66. 2e série. 2 p. in-fol. Copie xviiie s.)

1759. — Le même. — *Let. à sa nièce.* 18 juin 1685.
    Conseils.
    (Bibl. de l'Arsenal. 2106. f. 138. 1 p. 1/2 in-4º et *Arch. de la Grande-Trappe.* let. de piété 97. 1re série. 1 p. 1/4 in-fol. Copie xviiie s.)

(1) Catherine-Françoise de Bretagne, sœur de la duchesse de Montbazon † à Port-Royal le 21 novembre 1692.
(2) Anne d'Orviré de la Vieuville.
(3) Sa sœur.

1760. — Le même. — *Let. à une religieuse.* 24 juin 1685.
Conseils.
(*Arch. de la Grande-Trappe.* Let. de piété 98. 1re série. 3 p. in-fol. Copie xviiie s.)

1761. — Le même. — *Let. à Madame.....* 24 juin 1685.
Conseils.
(*Arch. de la Grande-Trappe.* Let. de piété 68. 2e série. 1 p. in-fol. Copie xviiie s.)

1762. — Le même. — *Let. à la R. Mère.... abbesse de.....* 24 juin 1685.
Conseils.
(*Arch. de la Grande-Trappe.* 1 p. 1/2 in-fol. Copie xviiie s.)

1763. — Le même. — *Let. à Monsieur l'abbé Boulanger.* 5 juillet 1685.
Préparation pour le sacerdoce.
(*Arch. de la Grande-Trappe.* Let. de piété. 6e cahier 2e série. 1 p. in-fol. Copie xviiie s.)

1764. — Le même. — *Let. à Monsieur.....* 8 juillet 1685.
Sur sa santé.
(*Bibl. de l'Arsenal.* 2106 f. 138 vo, 1 p. 1/2 in-4o. Copie xviiie s.)

1765. — Le même. — *Let. à la R. Mère.....* 12 juillet 1685.
Règles pour la réception des novices à la profession.
(*Arch. de la Grande-Trappe.* Let. de piété 167. 1re série. 1 p. 1/4 in-fol. Copie xviiie s.)

1766. — Le même. — *Let. orig.* (1) à *Monsieur.....* 13 juillet 1685.
Lettre d'affaires.
(*Bibl. Nationale.* fr. 24123. f. 68. 2 p. in-12.)

1767. — Le même. — *Let. orig. sig. à Monsieur de Harlay.* 22 juillet 1685
Sur le livre « De la sainteté et des devoirs de la vie monastique ».
(*Bibl. Nationale.* fr. 17420. f. 109. 2 p. in-8o.)

(1) Ecrite par M. Maisne. La signature ne semble pas être de l'abbé de Rancé et n'est pourtant pas de son secrétaire.

1768. — Le même. — *Let. à Monsieur*..... 30 juillet 1685.
Conseils.
(Arch. de la Grande-Trappe. Let. de piété 128. 1re série.
1 p. 1/2 in-fol. Copie XVIIIe s.)

1769. — Le même. — *Let. à la R. Mère..... abbesse de.....*
6 août 1685.
De son désir de quitter son emploi.
(Arch. de la Grande-Trappe. Let. de piété 109. 1 p. in-fol.
Copie XVIIIe s.)

1770. — Le même. — *Let. au R. Père..... 6 août 1685.*
Il lui témoigne sa douleur de sa sortie de la Trappe.
(Arch. de la Grande-Trappe. Let. de piété. 7e cahier,
2e série. 1 p. 1/2 in-fol. Copie XVIIIe s.)

1771. — Le même. — *Let. à une religieuse.* 12 août 1685.
Conseils.
(Bibl. de l'Arsenal. 2106. f. 139 vo. 1 p. in-4o. Copie XVIIIe s.)

1772. — Le même. — *Let. à Madame la marquise de Vibrais.*
16 août 1685.
Conseils.
(Arch. de la Grande-Trappe. Let. de piété 82. 2o série.
1 p. 1/2 in-fol. Copie XVIIIe s.)

1773. — Le même. — *Let. à Monsieur de Caumartin, conseiller d'Etat.* 19 août 1685.
Conseils.
(Arch. de la Grande-Trappe. Let. de piété 83. 2e série.
1 p. in-fol. Copie XVIIIe s.)

1774. — Le même. — *Let. orig. avec par. et date aut. à la R. Mère Marie-Louise, religieuse de l'Annonciade* (1), *à Paris.* 24 août 1685.
De la fidélité à Dieu.
(Arch. de la Grande Trappe. 1 p. 1/2 in-8o.)

1775. — Le même. — *Let. orig. sig. à la R. Mère..... abbesse de.....* 22 août 1685.
Il lui conseille de ne pas se démettre de sa charge.
(Arch. de la Grande-Trappe. 4 p. in-4o.)

(1) Sa sœur.

1776. — Le même. — *Let. à une religieuse.* 23 août 1685.
Conseils.
(Arch. de la Grande Trappe. Let. de piété 84. 2e série.
1 p. in-fol. Copie xviiie s.)

1777. — Le même. — *Let. au R. P. de Mouchi.* 26 août 1685.
Sur la mort.
(Arch. de la Grande-Trappe. Let. de piété 99. 3 p. in-fol.
Copie xviiie s.)

1778. — Le même. — *Let. à une religieuse.* 30 août 1685.
Conseils.
(Bibl. de l'Arsenal. 2106. f. 139 vo. Copie xviiie s.)

1779. — Le même. — *Let. à une religieuse.* 13 septembre 1685.
Conseils.
(Arch. de la Grande-Trappe. Let. de piété 260. 1 p. 1/4
in-fol. Copie xviiie s.)

1780. — Le même. — *Let. à Monsieur.....* 20 septembre 1685.
Il faut louer Dieu des biens et des maux qui nous arrivent.
(Bibl. de l'Arsenal. 2106. f. 140. 2 p. in-4o. Copie xviiie s.)

1781. — Le même. — *Let. orig. sig. au R. P. prieur de Perseigne.*
3 octobre 1685.
Conseils et exhortations pour lui et ses religieux.
(Catalogue de lettres aut. Laverdet. Vente du 20 avril 1855.
6. 2 p. 1/2 in-4o. Cachet. — Collection H. Tournoüer.)

1782. — Le même. — *Let. à sa nièce.* 18 octobre 1685.
Conseils.
(Bibl. de l'Arsenal. 2106. f. 140 vo. 1 p. 1/2 in-4o, et *Arch.
de la Grande-Trappe.* Let. de piété 164. 1re série. 1 p. 1/2
in-fol. Copies xviiie s.)

1783. — Le même. — *Let. à une religieuse.* 8 octobre 1685.
Conseils.
(Arch. de la Grande-Trappe. Let. de piété 261. 1 p. 1/4 in-fol.
Copie xviiie s.)

1784. — Le même. — *Let. à Monsieur l'abbé.....* 22 octobre 1685.
Ligne de conduite.
(Arch. de la Grande-Trappe. Let. de piété 44. 1re série.
4 p. in-fol. Copie xviiie s.)

1785. — Le même. — *Let. à une religieuse.* 25 octobre 1685.
Conseils.
(Arch. de la Grande-Trappe. Let. de piété. 6e cahier. 2e série. 1 p. 1/4 in-fol. Copie XVIIIe s.)

1786. — Le même. — *Let. orig. sig. à Monsieur l'abbé Nicaise.* 28 octobre 1685.
Sur ses « Eclaircissements » et les critiques soulevées à l'occasion de son livre sur « La sainteté et les devoirs de la vie monastique ». Destruction du temple de Charenton.
(Bibl. Nationale. fr. 9363. f. 26. 2 p. in-8º. Publiée par M. Gonod, 1846, p. 112.)

1787. — Le même. — *Let. à Mademoiselle de Vertus.* 4 novembre 1685.
Conseils.
(Arch. de la Grande-Trappe. Let. de piété 195. 2 p. in-fol. Copie XVIIIe s.)

1788. — Le même. — *Let. à une religieuse.* 4 novembre 1685.
Conseils.
(Arch. de la Grande-Trappe. Let. de piété 258. 2 p. in-fol. Copie XVIIIe s.)

1789. — Le même. — *Let. au R. Père de Mouchi.* 8 novembre 1685.
Sur la mort de Monsieur le Chancelier.
(Arch. de la Grande-Trappe. Let. de piété. 2e cahier, 2e série, 1 p. in-fol. Copie XVIIIe s.)

1790. — Le même. — *Let. à une religieuse.* 13 novembre 1685.
Soumission aux supérieurs.
(Arch. de la Grande-Trappe. Let. de piété 139. 1re série. 2 p. in-fol. Copie XVIIIe s.)

1791. — Le même. — *Let. à Madame la marquise d'Alègre.* 15 novembre 1685.
De la conduite dans le monde.
(Arch. de la Grande-Trappe. Let. de piété 99. 1re série, 1 p. in-fol. Copie XVIIIe s.)

1792. — Le même. — *Let. au R. Père*..... 19 novembre 1685.
>Qu'il est difficile de faire son salut dans les Maisons où les règles ne sont pas observées.
>*(Arch. de la Grande-Trappe.* Let. de piété 100. 1re série. 2 p. 1/4 in-fol. Copie xviiie s.)

1793. — Le même. — *Let. à une religieuse.* 21 novembre 1685.
>Conseils.
>*(Arch. de la Grande-Trappe.* Let. de piété 259. 2e série. 1 p. in-fol. Copie xviiie s.)

1794. — Le même. — *Let. au R. P.* ..... *de l'Oratoire.* 22 novembre 1685.
>Sur un mémoire de M. Pinette.
>*(Arch. de la Grande-Trappe.* Let. de piété 32. 2e série. 2 p. 1/2 in-fol. Copie xviiie s.)

1795. — Le même. — *Let. à une religieuse.* 5 décembre 1685.
>Sur la mort.
>*(Arch. de la Grande-Trappe.* Let. de piété. 6e cahier. 2e série. 1 p. in-fol. Copie xviiie s.)

1796. — Le même. — *Let. à Monsieur l'abbé Boulanger* 20 décembre 1685.
>Du sacerdoce.
>*(Arch. de la Grande-Trappe.* Let. de piété, 101. 1re série, 1/2 p. in-fol. Copie xviiie s.)

1797. — Le même. — *Let. à Madame....* 1685.
>De la médisance.
>*(Arch. de la Grande-Trappe.* Let. de piété 130. 1re série. 1 p. 1/4 in-fol. Copie xviiie s.)

1798. — Le même. — *Let. à Madame la duchesse de Guise.* 1er janvier 1686.
>Conseils.
>*(Arch. de la Grande-Trappe.* Let. de piété 136. 1re série. 2 p. in-fol. Copie xviiie s.)

1799. — Le même. — *Let. à la R. Mère*..... 3 janvier 1686.
>Conseils.
>*(Arch. de la Grande-Trappe.* Let. de piété 185. 2 p. in-fol. Copie xviiie s.)

1800. — Le même. — *Let. à Madame.....* 17 janvier 1686.
Conseils.
(Arch. de la Grande-Trappe. Let. de piété 178. 1re série.
1 p. in-fol. Copie XVIIIe s.)

1801. — Le même. — *Let. à une religieuse.* 21 janvier 1686.
Conseils.
(Arch. de la Grande-Trappe. Let. de piété. 6e cahier.
2e série. 1 p. 1/2 in-fol. Copie XVIIIe s.)

1802. — Le même. — *Let. orig. sig. à Monsieur l'abbé Nicaise.*
30 janvier 1686.
Sur ses « Eclaircissements ». Extirpation de l'hérésie.
(Bibl. Nationale, fr. 9363. f. 27. 2 p. 1/2 in-8°. Cachet noir
aux armes de la Trappe. Publiée par M. Gonod, 1846, p. 114.)

1803. — Le même. — *Let. à une religieuse.* 31 janvier 1686.
Conseils.
(Arch. de la Grande-Trappe. Let. de piété 179. 1re série. 2 p.
in-fol. Copie XVIIIe s.)

1804. — Le même. — *Let. à une religieuse.* 31 janvier 1686.
Conseils.
(Arch. de la Grande-Trappe. Let. de piété 116. 2 p. in-fol.
Copie XVIIIe s.)

1805. — Le même. — *Let. à Monsieur le Chevalier de Rancé.*
15 février 1686.
Conseils.
(Arch. de la Grande-Trappe. Let. de piété 45. 1re série.
2 p. 1/2 in-12. Copie XVIIIe s.)

1806. — Le même. — *Let. à la R. Mère Marie....., religieuse
de.....* 15 février 1686.
Conseils.
(Arch. de la Grande-Trappe. Let. de piété 190. 1 p. in-fol.
Copie XVIIIe s.)

1807. — Le même. — *Let. orig.* (1) *à Monsieur Anjubault,
principal du collège de Mayenne.* 20 février 1686.
Lettre d'affaires.
(Bibl. Nationale. fr. 24123. f. 69. 1 p. 1/2 in-12.)

(1) Cette lettre parait avoir été écrite par Dom Zozime, qui servait parfois

1808. — Le même. — *Let. à la R. Mère de*..... 21 février 1686.
    Conseils.
    (Arch. de la Grande-Trappe. Let. de piété 191. 2 p. 1/4 in-fol. Copie XVIIIe s.)

1809. — Le même. — *Let. à Monsieur....* 28 février 1686.
    Il lui manifeste la joie qu'il aura de le voir à la Trappe.
    (Bibl. de l'Arsenal. 2106. f. 141v°. 1/2 p. in-4°. Copie VIIIe s.)

1810. — Le même. — *Let. à la R. Mère Marie-Louise, de l'Annonciade* (1). 4 mars 1686.
    Conseils.
    (*Arch. de la Grande-Trappe.* Let. de piété 188. Copie XVIIIe s.)

1811. — Le même. — *Let. à* ..... 14 mars 1686.
    De la résignation à la mort.
    (Bibl. de l'Arsenal. 2106. f. 142. 1 p. in-4°. Copie XVIIIe s.)

1812. — Le même. — *Let. à une religieuse.* 15 mars 1686.
    Conseils.
    (Arch. de la Grande-Trappe. Let. de piété 6e cahier. 2e série. 1/2 p. in-fol. Copie XVIIIe s.)

1813. — Le même. — *Let. à Monsieur l'abbé de....* 24 mars 1686.
    Conseils.
    (Arch. de la Grande-Trappe. Let. de piété. 7e cahier. 2e série. 1 p. in-fol. Copie XVIIIe s.)

1814. — Le même. — *Let. orig. sig. à Monsieur Félibien pour Monsieur Nicaise.* 28 mars 1686.
    Il souffre en patience les critiques dont est l'objet son livre « De la sainteté et des devoirs de la vie monastique ».
    (Bibl. Nationale. fr. 9363 f. 32. 2 p. 1/4 in-12. Cachet aux armes de la Trappe. Publiée par M. Gonod, 1846, p. 117.)

1815. — Le même. — *Let. à M.*..... 2 avril 1686.
    Conseils.
    (Arch. de la Grande-Trappe. Let. de piété 77. 1re série. 1 p. 1/2 in-fol. Copie XVIIIe s.)

de secrétaire à l'Abbé de Rancé. La signature ne semble pas de la main de ce dernier.
    (1) Sa sœur.

1816. — Le même. — *Let. à Mademoiselle de Vertus.* 4 avril 1686.

Consolations.

(Arch. de la Grande-Trappe. Let. de piété 121. 1 p. 1/4 in-fol. Copie XVIIIᵉ s.)

1817. — Le même. — *Let. à une religieuse.* 9 mai 1686.

Conseils.

(*Arch. de la Grande-Trappe.* Let. de piété 182. 1ʳᵉ série. 1/2 p. in-fol. Copie XVIIIᵉ s.)

1818. — Le même. — *Let. à une religieuse.* 12 mai 1686.

Conseils.

(Arch. de la Grande-Trappe. Let. de piété. cahier 4, 1ʳᵉ série, et 181, 1ʳᵉ série. 1/2 p. in-folio. Copies XVIIIᵉ s.)

1819. — Le même. — *Let. orig. sig. à Monsieur l'abbé Nicaise.* 15 mai 1686.

Sur le P. B.

(Bibl. Nationale. fr. 9363. f. 248. 2 p. 1/2 in-8º. Publiée par M. Gonod, 1846, p. 118.)

1820. — Le même. — *Let. au R. Père...... chanoine régulier.* 23 mai 1686.

Conseils.

(Arch. de la Grande-Trappe. Let. de piété. 6ᵉ cahier, 2ᵉ série. 1/2 p. in-fol. Copie XVIIIᵉ s.)

1821. — Le même. — *Let. au R. Père.....* 27 mai 1686.

Conseils.

(*Arch. de la Grande-Trappe.* Let. de piété. 6ᵉ cahier. 2ᵉ série. 1/2 p. in-fol. Copies XVIIIᵉ s.)

1822. — Le même. — *Let. à une religieuse.* 6 juin 1686.

Conseils.

(Arch. de la Grande-Trappe. Let. de piété 194. 1 p. in-fol. Copie XVIIIᵉ s.)

1823. — Le même. — *Let. orig. sig. à la R. Mère Marie-Louise, religieuse de l'Annonciade* (1). 13 juin 1686.

De l'amour de Dieu.

(Arch. de la Grande-Trappe. 2 p. 1/2 in-8º et copie XVIIIᵉ s. Let. de piété 118. 1 p. 1/4 in-fol.)

(1) Sa sœur.

1824. — Le même. — *Let. à une religieuse.* 16 juin 1686.
Conseils.
(Arch. de la Grande-Trappe. Let. de piété 234. 1 p. in-fol. Copie xviiie s.)

1825. — Le même. — *Let. à sa nièce.* 7 juillet 1686.
Conseils.
(Bibl. de l'Arsenal. 2106. f. 142 v°. 1 p. 1/2 in-4°. Copie xviiie s.)

1826. — Le même. — *Let. au R. Père ....* 11 juillet 1686.
De la direction des âmes.
(Arch. de la Grande-Trappe. Let. de piété. 147. 1 p. in-fol. Copie xviiie s.)

1827. — Le même. — *Let. au R. Père..... de l'Oratoire.* 25 juillet 1686.
Qu'il est dangereux de quitter l'état où Dieu vous a appelé.
(Arch. de la Grande-Trappe. Let. de piété 149. 1/2 p. in-fol. Copie xviiie s.)

1828. — Le même. — *Let. à Madame de la Grelière.* 14 août 1686.
Conseils.
(Arch. de la Grande-Trappe. Let. de piété 85. 2e série. 1/2 p. in-fol. Copie xviiie s.)

1829. — Le même. — *Let. à Mademoiselle de Vertus.* 8 septembre 1686.
Conseils.
(Arch. de la Grande-Trappe. Let. de piété 86. 2e série. 1 p. 1/2 in-fol. Copie xviiie s.)

1830. — Le même. — *Let. à une religieuse.* 21 septembre 1686.
Consolation dans les souffrances.
(Arch. de la Grande-Trappe. Let. de piété 87. 2e série. 1 p. in-fol. Copie xviiie s.)

1831. — Le même. — *Let. orig. sig. à Monsieur l'abbé Nicaise.* 23 septembre 1686.
Approbation de sa conduite.
(Bibl. Nationale. fr. 9363. f. 21. 2 p. in-8°. Publiée par M. Gonod, 1846, p. 120.)

1832. — Le même. — *Let. à sa nièce.* 7 octobre 1686.
    Critiques dont fut l'objet son livre « De la Sainteté et des devoirs de la vie monastique ».
    (Bibl. de l'Arsenal. 2106. f. 143. 1 p. 1/2 in-4º Copie xviiie s.)

1833. — Le même. — *Let. à la R. Mère..... abbesse de.....* 8 octobre 1686.
    Avis aux supérieurs qui veulent réformer leurs monastères.
    (Arch. de la Grande-Trappe. Let. de piété 40. 2e série. 1 p. in-fol. Copie xviiie s.)

1834. — Le même. — *Let. à sa nièce.* 10 octobre 1686.
    Conseils.
    (Bibl. de l'Arsenal. 2106. f. 143 vº. 2 p. 1/4 in-4º. Copie xviiie s.)

1835. — Le même. — *Let. à une religieuse.* 10 octobre 1686.
    Conseils.
    (Arch. de la Grande-Trappe. let. de piété 205. 1 p. 1/4 in-fol. Copie xviiie s.)

1836. — Le même. — *Let. au Cardinal Le Camus,* 14 octobre 1686.
    Sur sa promotion au Cardinalat.
    « Je crois, Monseigneur, puisque V. E. m'ordonne de lui dire mes pensées, que vous ne devés vous montrer ni à la Cour de France, ni à celle de Rome, ni sortir de votre diocèse, à moins que quelque occasion indispensable ne vous en tire. Je n'estime pas, non plus, que vous deviez augmenter ni votre dépense, ni votre train, si ce n'est de quelque officier qui vous peut être devenu nécessaire, il faut que votre table soit toujours la même et que vous ne changiez en rien de votre austérité accoutumée..... Pour de biens, j'avoue que vous en avez peu, cependant je ne vous conseillerois pas de faire un seul pas pour en avoir davantage, ni d'augmenter vos revenus en multipliant vos bénéfices. »
    (Arch. de la Grande-Trappe. Let. de piété 145. 1re série, 1 p. 1/2 in-fol. Copie xviiie s.)

1837. — Le même. — *Let. à Madame la comtesse de la Fayette* (1). 22 octobre 1686.
    Motifs qui l'ont déterminé à quitter le monde.

---

(1) Marie-Madeleine Pioche de La Vergne, comtesse de la Fayette, née en 1632, morte en 1693. Elle était fille de Aymar de La Vergne, maréchal de camp, gouverneur du Havre de Grâce, et de Marie de Péna. Elle épousa, en 1655, le comte de La Fayette.

(*Bibl. Mazarine*, 1228. f. 103, dans un volume ayant pour titre : « Difficultés et cas de conscience ». 5 p. 1/2 in-8º et *Bibl. Nat.* fr. 24123, f. 62, avec la date du 22 novembre 1686. 3 p. in-fol. Copies xviiiᵉ s.)

1838. — Le même. — *Let. orig. sig. à Monsieur l'abbé Nicaise.* 24 octobre 1686.

Promotion du cardinal Le Camus. Vers de M. Petit à cette occasion. La dissertation de l'hémine.

(*Bibl. Nationale.* fr. 9363, f. 29. 2 p. 1/2 in-8º. Cachet aux armes de la Trappe. Publiée par M. Gonod, 1846, p. 121.)

1839. — Le même. — *Let. à Monsieur l'abbé.....* 10 novembre 1686

Conseils.

(*Arch. de la Grande-Trappe.* Let. de piété. 6ᵉ cahier. 2ᵉ série. 1/2 p. in-fol. Copie xviiiᵉ s.)

1840. — Le même. — *Let. orig. sig. à Monsieur l'abbé Nicaise.* 11 novembre 1686.

Il le remercie du portrait du cardinal Le Camus qu'il lui a envoyé.

(*Bibl. Nationale.* fr. 9363, f. 31. 1 p. 1/4 in-8º. Publiée par M. Gonod, 1846, p. 124).

1841. — Le même. — *Let. au R. Père....* 14 novembre 1686.

Conseils pour un prêtre qui désire vivre dans la retraite.

(*Arch. de la Grande-Trappe.* Let. de piété 34. 1ʳᵉ série. 2 p. in-fol. Copie xviiiᵉ s.)

1842. — Le même. — *Let. à sa nièce.* 21 novembre 1686.

Conseils.

(*Arch. de la Grande-Trappe.* Let. de piété. 7ᵉ cahier, 2ᵉ série. 1/2 p. in-fol. Copie xviiiᵉ s.)

1843. — Le même. — *Let. à Monsieur..., chanoine régulier.* 25 novembre 1686.

Conseils.

(*Arch. de la Grande-Trappe.* Let. de piété 88. 2ᵉ série. 1 p. in-fol. Copie xviiiᵉ s.)

1844. — Le même. — *Let. à Madame la Comtesse de....., sa nièce.* 1ᵉʳ décembre 1686.

Conseils.

(*Arch. de la Grande-Trappe.* Let. de piété. 6ᵉ cahier, 2ᵉ série, 1 p. in-fol. Copie xviiiᵉ s.)

1845. — Le même. — *Let. à Madame de la Fayette.* 14 décembre 1686.
Conseils.
(Arch. de la Grande-Trappe. Let. de piété 69. 2e série. 1 p. in-fol. Copie xviiie s.)

1846. — Le même. — *Let. à Madame de la Fayette.* 27 décembre 1686.
Conseils.
(Bibl. Nationale. fr. 24123, f. 63 v°1. p. in-fol. Copie xviiie s.)

1847. — Le même. — *Let. à sa nièce.* 18 janvier 1687.
Il l'encourage dans le dessein qu'elle a de se donner à Dieu.
(Arch. de la Grande-Trappe. Let. de piété 80. 2e série. 1 p. in-fol. Copie xviiie s.)

1848. — Le même. — *Let. à sa nièce.* 30 janvier 1687.
Sur son élection.
(Bibl. de l'Arsenal. 2106, f. 145 1 p. 1/4 in-4°. Copie xviiie s.)

1849. — Le même. — *Let. orig. avec par. aut. à la R. Mère Marie-Louise, religieuse de l'Annonciade* (1). 2 février 1687.
Qu'il ne suffit pas de faire des retraites.
(Arch. de la Grande-Trappe. 2 p. in-12. Copie xviiie s.)

1850. — Le même. — *Let. orig. sig. à Monsieur l'abbé Nicaise.* 6 février 1687.
Remerciements pour un factum qui concerne l'abbé Nicaise.
(Bibl. Nationale, fr. 9363. f 34. 1 p. in-8°. Cachet noir aux armes de la Trappe. Publiée par M. Gonod, 1846, p. 125.)

1851. — Le même. — *Let. à la R. Mère Marie-Louise* (2) ....., 6 février 1687.
Conseils.
(Arch. de la Grande-Trappe. Let. de piété 81. 2e série. 1 p. in-fol. Copie xviiie s.)

1852. — Le même. — *Let. au R. Père D. Joseph de Montaignac, religieux de Frondfroide.* 13 février 1687.
Conseils.
(Arch. de la Grande-Trappe. Let. de piété 89. 2e série. 1 p. in-fol. Copie xviiie s.)

(1) Sa sœur.
(2) Sans doute sa sœur.

1853. — Le même. — *Let. à Monsieur*..... 27 février 1687.
    Sur la vocation de Mme de.....
    (Bibl. de l'Arsenal. 2106. f. 145 v°. 2 p. in-4°. Copie XVIIIe s.)

1854. — Le même. — *Let. à Mademoiselle de Vertus.* 2 mars 1687.
    Consolations
    (Arch. de la Grande-Trappe. Let. de piété 167. 1 p. in-fol. Copie XVIIIe s.)

1855. — Le même. — *Let. orig. sig. à Monsieur l'abbé Nicaise.* 24 mars 1687.
    Sur la perte de son procès.
    (Bibl. Nationale. fr. 9363, f. 37. 2 p. in-8°. Cachet noir aux armes de la Trappe. Publiée par M. Gonod, 1846, p. 128.)

1856. — Le même. — *Let. à une religieuse.* 7 avril 1687.
    Conseils.
    (Arch. de la Grande-Trappe. Let. de piété 168. 3 p. in-fol. Copie XVIIIe s.)

1857. — Le même. — *Let. à Monsieur Courcier, théologal de Paris.* 4 mai 1687.
    Il répond à une consultation qui lui était demandée pour une communauté de religieuses.
    (Arch. de la Grande-Trappe. Let. de piété 42. 1re série. 3 p. 1/2 in-fol. Copie XVIIIe s.)

1858. — Le même. — *Let. au R. Père....* 4 mai 1687.
    Réflexions pieuses.
    (Arch. de la Grande-Trappe. Let. de piété 158. 1re série. 1 p. in-fol. Copie XVIIIe s.)

1859. — Le même. — *Let. à une religieuse.* 19 mai 1687.
    Consolations dans la perte de ceux qui nous sont chers.
    (Arch. de la Grande-Trappe. Let. de piété 151. 1 p. 1/2 in-fol. Copie XVIIIe s.)

1860. — Le même. — *Let. à Mademoiselle de Vertus.* 22 mai 1687.
    Consolation dans ses souffrances.
    (Arch. de la Grande-Trappe. Let. de piété 40. 1re série. 1 p. in-fol. Copie XVIIIe s.)

1861. — Le même. — *Let. à sa nièce.* 29 mai 1687.
    Il la détourne de la supériorité.
    (Arch. de la Grande-Trappe. 7e cahier. 2e série. 1/2 p. in-fol. Copie XVIIIe s.)

1862. — Le même. — *Let. orig. sig. à Monsieur l'abbé Nicaise.* 1er juin 1687.
    Remerciements pour la visite qu'il vient de faire à la Trappe.
    (*Bibl. Nationale.* fr. 9363, f. 38. 2 p. in-8º. Publiée par M. Gonod, 1846, p. 129.)

1863. — Le même. — *Let. à une religieuse.* 20 juin 1687.
    Conseils. Sa résolution de « se retirer plus que jamais de tout commerce avec les personnes du dehors ».
    (Arch. de la Grande-Trappe. Let. de piété 39. 1re série, 3 p. in-fol. Copie XVIIIe s.)

1864. — Le même. — *Let. à Monsieur.....* 3 juillet 1687.
    Sur sa nièce.
    (*Bibl. de l'Arsenal.* 2106, f. 146. vº 2 p. 1/2 in-4º. Copie XVIIIe s.)

1865. — Le même. — *Let. à Monsieur l'évêque de Limoges* (1). 3 juillet 1687.
    Des devoirs des évêques.
    (Arch. de la Grande-Trappe. Let. de piété 71. 1re série. 3 p. in-fol. Copie XVIIIe s.)

1866. — Le même. — *Let. orig. sig. à Monsieur l'abbé Nicaise.* 17 juillet 1687 (2).
    Plaisir que lui a procuré son voyage à la Trappe.
    Bibl. Nationale. fr. 9363 f. 41. 2 p. 1/2 in-8º. Publiée par M. Gonod, 1846, p. 134.)

1867. — Le même. — *Let. à Monsieur ....., chanoine régulier.* 10 août 1687.
    Avis divers.
    (Arch. de la Grande-Trappe. 6e cahier. 2e série. 1 p. in-fol. Copie XVIIIe s.)

1) Louis de Lascaris d'Urfé, év. de Limoges de 1676 à 1695.
(2) M. Gonod publie une autre lettre, du 17 juillet 1687, qu'il attribue par erreur à l'abbé de Rancé. Elle est de M. Maisne et nous l'avons indiquée comme telle sous le numéro 766.

1868. — Le même. — *Let. orig. sig. à Monsieur l'abbé Nicaise.* 14 août 1687.

    Sur la mort du cardinal Sluze.
    (*Bibl. Nationale.* fr. 9363 f. 43. 1 p. 1/2 in-12. Publiée par M. Gonod, 1846, p. 136).

1869. — Le même. — *Let. à un abbé commandataire.* 4 septembre 1687.

    Sur ses obligations.
    (*Bibl. de l'Arsenal.* 2106. f. 147 v°. 2 p. in-4°, et *Arch. de la Grande-Trappe.* Let. 95. 1 p. 1/2 in-fol. Copies XVIII° s.)

1870. — Le même. — *Let. orig. sig. à Monsieur l'abbé Nicaise.* 11 septembre 1687.

    Le mal que font les quiétistes.
    (*Bibl. Nationale.* fr. 9363, f. 47, 1 p. 1/2 in-8°. — Publiée par M. Gonod, 1846, p. 141.)

1871. — Le même. — *Let. au R. Père..... prieur de . ..* 13 septembre 1687.

    Les religieux ne doivent pas sortir de leur monastère pour aller prendre les eaux.
    (*Arch. de la Grande-Trappe.* Let. de piété 104. 1re série. 1 p. in-fol. Copie XVIII° s.)

1872. — Le même. — *Let. à sa nièce.* 18 septembre 1687.

    Conseils.
    (*Bibl. de l'Arsenal.* 2106. f. 148 v°. 1 p. 1/2 in-4°. Copie XVIII° s.)

1873. — Le même. — *Let. à Madame.....* 18 septembre 1687.

    Conseils.
    (*Arch. de la Grande-Trappe.* Let. 196. 1 p. in-fol. Copie XVIII° s.)

1874. — Le même. — *Let. à la R. Mère.....* 22 septembre 1687.

    De la paix du cœur.
    (*Arch. de la Grande-Trappe.* 105. 1re série. 1/2 p. in-fol. Copie XVIII° s.)

1875. — Le même. — *Let. à Monsieur de....* Septembre 1687.

    Conseils.
    (*Arch. de la Grande-Trappe.* 6e cahier. 2e série. 1/2 p. in-fol. Copie XVIII° s.)

1876. — Le même. — *Let. à Monsieur l'évêque de Limoges.* 5 octobre 1687.

> Réflexions pieuses.
> *(Arch. de la Grande-Trappe.* 7e cahier, 2e série. 1 p. in-fol. Copie XVIIIe s.)

1877. — Le même. — *Let. au R. Père de Mouchy.* 9 octobre 1687.

> Son désir de vivre loin de tout commerce avec le monde.
> *(Arch. de la Grande Trappe.* 106. 1re série. 1/2 p. in-fol. Copie XVIIIe s.)

1878. — Le même. — *Let. orig. sig. à Monsieur Nicole.* 16 octobre 1687.

> Sur le dernier ouvrage de M. Nicole.
> *(Bibl. Nationale.* fr. 17755. 1 p. 1/2 in-8°. Cachet brun aux armes de la Trappe.)

1879. — Le même. — *Let. à S. E. le cardinal Ranucci, nonce apostolique.* 27 octobre 1687.

> Au sujet de pères et de religieux de la Congrégation des..... qui s'étaient retirés à la Trappe.
> *(Arch. de la Grande-Trappe.* let. 20. 1re série. 3 p. 1/2 in-fol. Copie XVIIIe s.)

1880. — Le même. — *Let. à Monsieur.....* 28 octobre 1687.

> Sur sa nièce.
> *(Bibl. de l'Arsenal.* 2106. f. 149. v° 1 p. 1/4 in-4°. Copie XVIIIe s.)

1881. — Le même. — *Let. à Monsieur l'évêque de Limoges.* 30 octobre 1687.

> Obligations des Evêques.
> *(Arch. de la Grande-Trappe.* 83. 1re série. 3 p. 1/2 in-fol. Copie XVIIIe s.)

1882. — Le même. — *Let. à Monsieur Courtin, conseiller d'Etat.* 30 octobre 1687.

> Conduite dans le monde.
> *(Arch. de la Grande-Trappe.* Let. 189. 1/2 p. in-fol. Copie XVIIIe s.)

1883. — Le même. — *Let. à sa nièce.* 6 novembre 1687.
   Conseils.
   (*Bibl. de l'Arsenal.* 2106. f. 150. 2 p. in-4°. Copie XVIIIe s.)

1884. — Le même. — *Let. à la R. Mère..... abbesse de... .*
9 novembre 1687.
   Conseils.
   (*Arch. de la Grande-Trappe.* 6e cahier. 2e série. 1/2 p.
   in-fol. Copie XVIIIe s.)

1885. — Le même. — *Let. au R. Père...... chanoine régulier.*
15 novembre 1687.
   Conseils.
   (*Arch. de la Grande-Trappe.* Let. de piété. 6e cahier, 2e série,
   1 p. in-4°. Copie XVIIIe s.)

1886. — Le même. — *Let. au R. Père..... prieur de . ..* 19 novembre 1687.
   De l'obéissance. Des lectures.
   (*Arch. de la Grande-Trappe.* Let. 46. 2e série. 1 p. 1/2
   in-fol. Copie XVIIIe s.)

1887. — Le même. — *Let. orig. sig. à Monsieur l'abbé Nicaise.*
14 décembre 1687.
   Il lui promet le secours de ses prières.
   (*Bibl. Nationale.* fr. 9363, f. 31. 1 p. 1/4 in-8°. Publiée par
   M. Gonod, 1846, p. 142, avec la date erronée du 18 décembre).

1888. — Le même. — *Let. à Monsieur l'évêque de Limoges.*
14 décembre 1687.
   De la conduite d'un évêque.
   (*Arch. de la Grande-Trappe.* Let. 35. 1re série, 3 p. 1/4
   in-fol. Copie XVIIIe s.)

1889. — Le même. — *Let. à sa nièce.* 18 décembre 1687.
   Conseils.
   (*Bibl. de l'Arsenal.* 2106.^Ff. 151. 2 p. in-4° Copie XVIIIe s.)

1890. — Le même. — *Let. à la R. Mère d'Albon, supérieure
de la Visitation à Riom* (1). 19 décembre 1687.
   Conseils.
   (*Arch. de la Grande-Trappe.* Let. 90. 2e série. 1 p. 1/4
   in-fol. Copie XVIIIe s.)

(1) Sa nièce.

1891. — Le même. — *Let. orig. sig. à Monsieur l'abbé Nicole.* 28 décembre 1687.

    Remerciements pour son dernier ouvrage qu'il vient de recevoir.

    (*Bibl. Nat.* fr. 17755, 1 p. in-8°. Cachet brun aux armes de la Trappe.)

1892. — Le même. — *Let. à la R. Mère*..... 29 décembre 1687.

    Conseils.

    (*Arch. de la Grande-Trappe.* Let. 197. 1 p. in-fol. Copie XVIII° s.)

1893. — Le même. — *Let. au R. Père* .... 1687.

    Conseils.

    (*Arch. de la Grande-Trappe.* Let. 185. 1re série. 1 p. 1/4 in-fol. Copie XVIII° s.)

1894. — Le même. — *Let. à Madame la duchesse de Guise.* 1er janvier 1688.

    Conseils.

    (*Arch. de la Grande-Trappe.* Let. 148. 1re série. 2 p. in-fol. Copie XVIII° s.)

1895. — Le même. — *Let. à la R. Mère*..... abbesse de..... 15 janvier 1688.

    Conseils.

    (*Arch. de la Grande-Trappe.* Let. 134. 1re série. 1 p. 1/4 in-fol. Copie XVIII° s.)

1896. — Le même. — *Let. orig. sig. à Monsieur l'abbé Nicaise.* 15 janvier 1688.

    Il approuve son désir de la retraite.

    (*Bibl. Nationale.* fr. 9363, f. 53. 1 p. 1/4 in-8°. Cachet noir aux armes de la Trappe. Publiée par M. Gonod, 1846, p. 146.)

1897. — Le même. — *Let. à Madame d'Entragues.* 18 janvier 1688.

    Conseils.

    (*Arch. de la Grande-Trappe.* Let. 169. 1/2 p. in-fol. Copie XVIII° s.)

1898. — Le même. — *Let. à Monsieur l'évêque de Limoges.* 28 janvier 1688.

    Des contradictions et de la médisance.

    (*Arch. de la Grande-Trappe.* Let. 98. 1 p. 1/2 in-fol. Copie XVIII° s.)

1899. — Le même. — *Let. à la R. Mère Marie-Louise* ..... 2 février 1688.

    Conseils.
    (Arch. de la Grande-Trappe. Let. 170. 1 p. in-fol. Copie xviiie s.)

1900. — Le même. — *Let. à la R. Mère Henriette de Saint-Sauveur, religieuse du Précieux Sang.* 10 février 1688.

    Conseils.
    (Arch. de la Grande-Trappe. Let. 171. 1 p. 1/2 in-fol. Copie xviiie s.)

1901. — Le même — *Let. à Monsieur*..... 10 février 1688.

    Conseils.
    (Arch. de la Grande-Trappe. 7e cahier. 2e série. 1 p. in-fol. Copie xviiie s.)

1902. — Le même. — *Let. à sa nièce.* 18 février 1688.

    Conseils.
    (Bibl. de l'Arsenal. 2106, f. 152. 2 p. in-4o. Copie xviiie s.

1903. — Le même. — *Let. à Madame de Saint-Loup·* 19 février 1688.

    Conseils.
    (Arch. de la Grande-Trappe. Let. 172. 1 p. 1/4 in-fol. Copie xviiie s.)

1904. — Le même. — *Let. à Madame la Duchesse de Guise.* 26 février 1688.

    De la préparation à la mort.
    (Arch. de la Grande-Trappe. Let. 186. 1re série 1 p. in-fol. Copie xviiie s.)

1905. — Le même. — *Let. orig. paraphée, à la R. Mère Marie-Louise, religieuse de l'Annonciade* (1). 28 février 1688.

    Conseils.
    (Arch. de la Grande-Trappe. 2 p. in-8o. Cachet brun aux armes de la Trappe.)

(1) Sa sœur.

1906. — Le même. — *Let. orig. sig. à Monsieur l'abbé Nicaise.* 29 février 1688.

Il souhaite la réalisation de ses désirs.
(*Bibl. Nationale*, fr. 9363. f 56. 1 p. 1/4 in-8°. Cachet noir aux armes de la Trappe. Publiée par M. Gonod, 1846, p. 147.)

1907. — Le même — *Let. à la R. Mère Marie-Louise.* 29 février 1688.

Conseils.
(*Arch. de la Grande-Trappe*. Let. 173. 1/2 p. in-fol. Copie XVIIIe s.)

1908. — Le même. — *Let. à la R. Mère Marie-Luce.* 29 février 1688.

Conseils.
(*Arch. de la Grande-Trappe*. Let. 174. 1/2 p. in-fol. Copie XVIIIe s.)

1909. — Le même. — *Let. à sa nièce.* 8 mars 1688.

Conseils.
(*Bibl. de l'Arsenal.* 2106. f. 152 v°. 1 p. 1/2 in-4°. Copie XVIIIe s.)

1910. — Le même. — *Let. au R. Père.. .., chanoine régulier.* 29 mars 1688.

Qu'il faut demeurer ferme dans ses devoirs.
(*Arch. de la Grande-Trappe*. Let. 160. 1re série. 1/2 p. in-fol. Copie XVIIIe s.)

1911. — Le même. — *Let. à sa nièce.* 4 avril 1688.

Conseils.
(*Bibl. de l'Arsenal.* 2106. f. 153 v°. 1 p.1/2 in-4°. Copie XVIIIe s.)

1912. — Le même. — *Let. orig. sig. à Monsieur l'abbé Nicaise.* 8 avril 1688.

Sur Dom Boisard.
(*Bibl. Nationale.* fr. 9363. f. 57. 1 p. 1/2 in-8°. Publiée par M. Gonod, 1846, p. 148.)

1913. — Le même. — *Let. au R. Père...., prieur de.....* 8 avril 1688.

Il le détourne de quitter son emploi et son ministère.
(*Arch. de la Grande-Trappe*. Let. 156. 1re série. 1 p. 1/4 in-fol. Copie XVIIIe s.)

1914. — Le même. — *Let. à Monsieur* ..... 15 avril 1688.

    Sur sa nièce.
    (*Bibl. de l'Arsenal.* 2106, f. 154. 2 p. in-4º. Copie XVIIIᵉ s.)

1915. — Le même. — *Let. au R. Père....., prieur de* ..... 15 avril 1688.

    Règles pour la prédication.
    (*Arch. de la Grande-Trappe.* 6ᵉ cahier. 2ᵉ série. 1 p. in-fol. Copie XVIIIᵉ s.)

1916. — Le même. — *Let. orig. sig. à* ..... 17 avril 1688.

    Relative à l'abbaye de Saint-Victor. L'abbé de Rancé engage un ecclésiastique, qui lui demandait conseil, à entrer dans cette maison.
    (*Arch. Nat.* M. 825. 3 p. in-12 — Publiée dans le « Musée des Archives Nationales », Paris, Plon, 1872, p. 534. — Exposée au Musée des Archives.)

1917. — Le même. — *Let. orig. sig. à Monsieur Desprez, libraire-imprimeur, rue Saint-Jacques, pour Monsieur Nicole, à Paris.* 22 avril 1688.

    Il le remercie de ses derniers ouvrages.
    (*Bibl. Nat.* fr. 17755. 1 p. 1/4 in-8º. Cachet brun aux armes de la Trappe.)

1918. — Le même. — *Let. à Monsieur* ..... 22 avril 1688.

    De la préparation à la mort.
    (*Arch. de la Grande-Trappe.* 1ʳᵉ série. 7ᵉ cahier, 1 p. in-fol. Copie XVIIIᵉ s.)

1919. — Le même. — *Let. orig. sig. à Monsieur l'abbé Nicaise.* 27 avril 1688.

    Souhaits pour le succès de ses affaires.
    (*Bibl. Nationale.* fr. 9363. f. 58. 1 p. 1/2 in-8º. Publiée par M. Gonod, 1846, p. 149.)

1920. — Le même. — *Let. orig. sig. à Monsieur de Logerie, supérieur du séminaire de Périgueux.* 2 mai 1688.

    Sur la réception, à la Trappe, d'un jeune prêtre, la conversion de trois demoiselles et le départ d'un bénédictin.
    (*Catalogue de lettres autographes.* Charavay. Vente du 6 février 1888. — *Revue des autographes*, mars 1889. 30 frs. 3 p. 1/4 in-4º. Cachet.)

1921. — Le même. — *Let. à Monsieur....., chanoine régulier.* 13 mai 1688.

    Difficultés de réformer les monastères.
    (Arch. de la Grande-Trappe. 6ᵉ cahier, 2ᵉ série. 1 p. in-fol. Copie XVIIIᵉ s.)

1922. — Le même. — *Let. à Monseigneur.....* 13 mai 1688.

    Encouragements.
    (Arch. de la Grande-Trappe. 6ᵉ cahier, 2ᵉ série. 1 p. in-fol. Copie XVIIIᵉ s.)

1923. — Le même. — *Let. à sa nièce.* 27 mai 1688.

    Conseils.
    (Bibl. de l'Arsenal. 2106. f. 155 v°. 1 p. in-4º. Copie XVIIIᵉ s.)

1924. — Le même. — *Let. orig. sig. à Monsieur l'abbé Nicaise.* 3 juin 1688.

    Factum des chanoines réguliers.
    (Bibl. Nationale. fr. 9363 f. 59. 2 p. in-8º. Publiée par M. Gonod, 1846, p. 150.)

1925. — Le même. — *Let. à la R. Mère....., abbesse des Clairets* (1). 9 juin 1688.

    Obligation des supérieurs.
    (Arch. de la Grande-Trappe. Let. 108. 1ʳᵉ série, 1 p. in-fol. Copie XVIIIᵉ s.)

1926. — Le même. — *Let. à Monsieur l'évêque de Limoges.* 13 juin 1688.

    Devoirs des évêques.
    (Arch. de la Grande-Trappe. Let. 109. 1ʳᵉ série. 1 p. in-fol. Copie XVIIIᵉ s.)

1927. — Le même. — *Let. orig. sig. à Monsieur l'abbé Nicaise.* 28 juin 1688.

    Il le dissuade du voyage de Hollande.
    (Bibl. Nationale. fr. 9363 f. 60. 2 p. in-8º. Publiée par M. Gonod, 1846, p. 151.)

---

(1) Françoise-Angélique d'Estampes de Valencey, fille de Dominique et de Louise-Marguerite de Montmorency, abbesse en 1687, morte en 1709.

1928. — Le même. — *Let. orig.* (1) *à Monsieur l'abbé Nicaise*. 29 juin 1688.

Jugement que M. Nicaise a porté sur le livre de M. de Meaux.
(*Bibl. Nat.* fr. 9363. f. 61. 2 p. 1/4 in-8º.)

1929. — Le même. — *Let. au R. Père de la Grange, chanoine régulier*. 29 juin 1688.

L'étude des sciences ne convient pas aux religieux.
(*Arch. de la Grande-Trappe*. Let. 107. 1re série. 1 p. in-fol Copie XVIIIe s.)

1930. — Le même. — *Let. orig. sig. à Monsieur l'abbé Nicaise*. 12 juillet 1688.

Sur l'annonce d'un ouvrage de M. l'abbé Ans. *L'Histoire de Lérins*.
(*Bibl. Nationale*. fr. 9363, f. 63. 2 p. in-8º. Publiée par M. Gonod, 1846, p. 152.)

1931. — Le même. — *Let. à la R. Mère d'Albon, supérieure de la Visitation à Riom* (2). 15 juillet 1688.

(*Arch. de la Grande-Trappe*. Let. 250. 1 p. in-fol. Copie XVIIIe s.)

1932. — Le même. — *Let. à Monsieur l'évêque de Limoges.* 19 juillet 1688.

Conduite des évêques.
(*Arch. de la Grande-Trappe*. Let. 251. 1 p. in-fol. Copie XVIIIe s.)

1933. — Le même. — *Let. au R. Père....., religieux de Cluni.* 23 juillet 1688.

De la pauvreté.
(*Arch. de la Grande-Trappe*. Let. 111. 1 p. 1/4 in-fol. Copie XVIIIe s.)

1934. — Le même. — *Let. à Monsieur.....* 27 juillet 1688.

Sur sa nièce.
(*Bibl. de l'Arsenal*. 2106. 156. f. 2 p. in-4º. Copie XVIIIe s.)

1935. — Le même. — *Let. à Mademoiselle.....* 10 août 1688.

De l'entrée en religion.
(*Arch. de la Grande-Trappe*. Let. 33. 1re série. 2 p. in-fol. Copie XVIIIe s.)

---

(1) Entièrement de la main de M. Maisne, texte et paraphe.
(2) Sa nièce.

1936. — Le même. — *Let. à Monsieur l'abbé de Montigny.* 10 août 1688.

    Conseils.

    (*Arch. de la Grande-Trappe.* Let. 216. 1 p. 1/4 in-fol. Copie xviii° s.)

1937. — Le même. — *Let. à sa nièce.* 18 août 1688.

    Conseils.

    (*Bibl. de l'Arsenal.* 2106, f. 157, 2 p. in-4°. Copie xviii° s.

1938. — Le même. — *Let. à la R. Mère d'Albon, supérieure de la Visitation, à Riom* (1). 19 août 1688.

    Conseils.

    (*Arch. de la Grande-Trappe.* Let. 211. 1 p. 1/4 in-fol. Copie xviii° s.)

1939. — Le même. — *Let. orig. sig. à Monsieur l'abbé Nicaise.* 5 septembre 1688.

    Sur la publication de l'une de ses lettres.

    (*Bibl. Nationale.* fr. 9363, f. 64, 1 p. 1/2 in-8°. — Publiée par M. Gonod, 1846, p. 155.)

1940. — Le même. — *Let. orig. sig. au R. Père Sacriste du collège des Bernardins, pour le R. Père prieur de l'abbaye de Barbau, au collège des Bernardins, à Paris.* 22 septembre 1688.

    Relative à Dom P.....

    (*Catalogue de lettres autographes.* E. Charavay. Vente du 20 avril 1855. 7 fr. 2 p. pet. in-4°.)

1941. — Le même. — *Let. à Mademoiselle de Vertus.* 26 septembre 1688.

    Consolations dans les souffrances.

    (*Arch. de la Grande-Trappe.* Let. 144. 2 p. in-fol. Copie xviii° s.)

1942. — Le même — *Let. orig. sig. au prieur de l'abbaye de Barbau, au collège des Bernardins, à Paris.* 28 septembre 1688.

    Dieu seul peut remédier au mal de ceux qui sont dans les cloîtres et qui n'y sont pas contents.

    (*Catalogue de lettres autographes.* Laverdet. Vente du cabinet de M. Baylé. 10 décembre 1883. 2 p. in-8°.)

(1) Sa nièce.

1943. — Le même. — *Let. au maréchal de Bellefonds.* 1er octobre 1688.

    Mépris du monde.

    (Arch. de la Grande-Trappe. Let. 157. 1re série. 1 p 1/2 in-fol. Copie xviiie s.)

1944. — Le même. — *Let. à Madame d'Aguesseau.* 8 octobre 1688.

    Conseils.

    (Arch. de la Grande-Trappe. Let. 156. 1re série. 2 p. in-fol. Copie xviiie s.)

1945. — Le même. — *Let. à Monsieur ....* 19 octobre 1688.

    Conseils.

    (Arch. de la Grande-Trappe. Let. 7. 1re série. 6 p. 1/4 in-fol. Copie xviiie s.)

1946. — Le même — *Let. au Maréchal de Bellefonds.* 17 octobre 1688.

    De la reconnaissance envers Dieu.

    (Arch. de la Grande-Trappe. Let. 78. 1re série. 1 p. 1/2 in-fol. Copie xviiie s.)

1947. — Le même. — *Let. au R. Père....., abbé de l'Ordre.* 22 octobre 1688.

    Conduite d'un supérieur.

    (Arch. de la Grande-Trappe. Let. 150. 1 p. 1/2 in-fol. Copie xviiie s.)

1948. — Le même. — *Let. orig. sig. à Monsieur l'abbé Nicaise.* 2 novembre 1688.

    Sur ce que l'on écrit à son sujet :

    « Les hommes ne se lasseront-ils jamais de parler de moy et pourquoy ne me laissent-ils pas ensevely dans le repos de ma solitude si toutefois il peut y avoir du repos dans le tems pour ceux qui aspirent à celuy de l'Eternité. »

    (Bibl. Nationale. fr. 9363, f. 67. 2 p. 1/4 in-12. Cachet noir aux armes de la Trappe. Publiée par M. Gonod, 1846, p. 156.)

1949. — Le même. — *Let. à Monsieur.....* 7 novembre 1688.

    Sur sa santé.

    (Bibl. de l'Arsenal. 2106. f. 158. 1 p. in-4º. Copie xviiie s.)

1950. — Le même. — *Let. à une religieuse.* 8 novembre 1688.
Conseils.
(Arch. de la Grande-Trappe. Let. 200. 1 p. 1[4 in-fol. Copie xviiie s.)

1951. — Le même. — *Let. à Madame la Duchesse de Guise.* 18 novembre 1688.
Conseils.
(Arch. de la Grande-Trappe. Let. 154. 1 p. 1/4 in-fol. Copie xviiie s.)

1952. — Le même. — *Let. orig. sig. à Monsieur l'abbé Nicaise.* 22 novembre 1688.
Réponse à des critiques sur la Trappe.
(*Bibl. Nat.* fr. 9363, f. 70. 2 p. 1/2 in-8°. Cachet brun aux armes de la Trappe et *Arch. de la Grande-Trappe.* Let. 155. 1re série. 2 p. in-fol. Copie xviiie s. Publiée par M. Gonod. 1846, p. 159).

1953. — Le même. — *Let. à M.....* 25 novembre 1688.
Remerciements pour son premier tome des *Homélies.*
(Bibl. Nationale. fr. 17755. 1 p. in-4°. Copie xviiie s.)

1954. — Le même. — *Let. à la R. Mère...., supérieure de....* 28 novembre 1688.
De l'humiliation.
(Arch. de la Grande-Trappe. Let. 174. 1re série. 1 p. in-fol. Copie xviiie s.)

1955. — Le même. — *Let. à la R. Mère.....* 28 novembre 1688.
Instructions pour les religieux malades.
(Arch. de la Grande-Trappe. Let. 37. 2e série. 1 p. 1/4 in-fol. Copie xviiie s.)

1956. — Le même. — *Let. orig. non sig. avec date aut. à la R. Mère Marie-Louise, religieuse de l'Annonciade* (1). 29 novembre 1688.
Conseils.
(*Arch. de la Grande-Trappe.* 2 p. in-8°. Cachet brun aux armes de la Trappe.)

(1) Sa sœur.

1957. — Le même. — *Let. à sa sœur.* 7 décembre 1688.
   Sur la mort de son mari.
   (*Bibl. de l'Arsenal.* 2106, f. 158. v°. 1 p. 1/2 in-4°. Copie xviii° s.)

1958. — Le même. — *Let. à la R. Mère..... abbesse de....* 10 décembre 1688.
   Qu'il est dangereux de laisser les personnes du dehors parler aux religieux.
   (*Arch. de la Grande-Trappe.* Let. 104. 1 p. in-fol. Copie xviii° s.

1959. — Le même. — *Let. à Monsieur le Commandeur de Laval.* 12 décembre 1688.
   Obligations des chevaliers de Malte.
   (*Arch. de la Grande-Trappe.* 6° cahier. 2° série. 1 p. 1/4 in-fol. Copie xviii° s.)

1960. — Le même. — *Let. orig. sig. à Monsieur l'abbé Nicaise.* 13 décembre 1688.
   Son opinion sur plusieurs ouvrages de l'abbé Régnier, du P. Q. et du P. V.
   (*Bibl. Nationale.* fr. 9363. f. 69. 1 p. 1/2 in-8°. Publiée par M. Gonod, 1846, p. 160.)

1961. — Le même. — *Let. à sa nièce.* 30 ..... 1688.
   Conseils.
   (*Bibl. de l'Arsenal.* 2106, f. 166. 2 p. in-4°. Copie xviii° s.)

1962. — Le même. — *Let. au Maréchal de Bellefonds.* 5 janvier 1689.
   Etat du roi d'Angleterre. Son éloge.
   (*Arch. de la Grande-Trappe.* Let. 110. 2 p. in-fol. Copie xviii° s.)

1963. — Le même. — *Let. à la R. Mère.....* 5 janvier 1689.
   De l'humilité.
   (*Arch. de la Grande-Trappe.* 6° cahier. 2° série. 1 p. 1/2 in-fol. Copie xviii° s.)

1964. — Le même. — *Let. à Monsieur l'évêque de Limoges* (1). 26 janvier 1689.
   Des intérêts de la religion.
   (*Arch. de la Grande-Trappe.* 6° cahier, 2° série. 1 p. in-fol. Copie xviii° s.)

(1) Le Cardinal Le Camus.

1965. — Le même. — *Let. à S. A. R Madame la duchesse de Guise.* 8 février 1689.

    Conseils.
    (*Arch. de la Grande-Trappe.* Let. 64. 1re série. 2 p. 1/2 in-fol. Copie XVIIIe s.)

1966. — Le même. — *Let. orig. avec sig. aut. à Monsieur l'abbé Nicaise.* 17 février 1689.

    Vœux à son adresse.
    (*Bibl. Nationale*, fr. 9363. f 74. 2 p. 1/4 in-12. Cachet brun aux armes de la Trappe. Publiée par M. Gonod, 1846, p. 162.)

1967. — Le même. — *Let. à Madame la Marquise de....*, 20 février 1689.

    Conseils.
    (*Arch. de la Grande-Trappe.* Let. 12. 1re série. 2 p. 1/4 in-fol. Copie XVIIIe s.)

1968. — Le même. — *Let. orig. avec sig. aut. à Monsieur l'abbé Nicaise.* 3 mars 1689.

    Sur les affaires de Monsieur Nicaise.
    (*Bibl. Nationale.* fr. 9363 f. 250. 2 p. in-8º. Publiée par M. Gonod, 1846, p. 163.)

1969. — Le même. — *Let. à Monsieur le Chevalier de Marcuil.* 7 mars 1689.

    Devoirs des chevaliers de Malte.
    (*Arch. de la Grande-Trappe.* Let. 187 et 6e cahier, 2e série. 1 p. in-fol. Copie XVIIIe s.)

1970. — Le même. — *Let. orig. avec sig. aut. à la R. Mère Marie-Louise, religieuse de l'Annonciade* (1). 22 avril 1689.

    Sur une religieuse.
    (*Arch. de la Grande-Trappe.* 1 p. in-12.)

1971. — Le même. — *Let. orig. avec sig. aut. à Monsieur de Harlay.* 28 avril 1689.

    Au sujet de l'un de ses ouvrages.
    (*Bibl. Nationale.* fr. 17423. f. 21. 1 p. in-8º.)

---

(1) Sa sœur.

1972. — Le même. — *Let. à Mademoiselle de Vertus.* 29 avril 1689.

    Consolations dans les souffrances.
    (Arch. de la Grande-Trappe. Let. 145. 2 p. 1/2 in-fol. Copie xviiie s.)

1973. — Le même. — *Let. à une religieuse de la Visitation.* Avril 1689.

    Sur S. François de Sales.
    (Arch. de la Grande-Trappe. Let. 32. 1re série. 7 p. in-fol. Copie xviiie s.)

1974. — Le même — *Let. orig. avec sig. aut. à la R. Mère Marie-Louise, religieuse de l'Annonciade* (1). 23 juin 1689.

    Sur la mort de la mère Luce.
    (Arch. de la Grande-Trappe. 1 p. in-8º)

1975. — Le même. — *Let. orig. avec sig. aut. à Monsieur l'abbé Nicaise.* 30 juin 1689.

    Au sujet du Père N.
    (Bibl. Nationale. fr. 9363. f. 76. 1 p. 1/2 in-8º. Publiée par M. Gonod, 1846, p. 164.)

1976. — Le même. — *Let. orig. avec sig. aut. à Monsieur de Harlay.* 3 juillet 1689.

    Il le remercie d'avoir recommandé les intérêts de l'abbaye auprès de M. le Lieutenant général de Mortagne et de M. le Procureur du Roy.
    (Bibl. Nationale. fr. 17423, f. 37. 1 p. in-8º.)

1977. — Le même. — *Let. à Monsieur le Chevalier de.....* 16 juillet 1689.

    Obligations des chevaliers de Malte.
    (Arch. de la Grande-Trappe. Let. 103. 1 p. in-fol. Copie xviiie s.)

1978. — Le même. — *Let. orig. avec par. aut. à la R. Mère Marie-Louise, religieuse de l'Annonciade* (2). 18 juillet 1689.

    Conseils.
    (Arch. de la Grande-Trappe. 2 p. 1/2 in-12.)

(1) Sa sœur.
(2) Sa sœur.

1979. — Le même. — *Let à sa nièce.* 26 juillet 1689.

Instruction pour les mères qui pensent mettre leurs enfants en religion.

(Arch. de la Grande-Trappe. Let. 184. 1re série. 1 p. in-fol. et 6e cahier. 2e série. 1/2 p. in-fol. Copies xviiie s.)

1980. — Le même. — *Let. à Monsieur l'abbé.....* 9 août 1689.

Avis pour les religieux ou religieuses de l'Ordre de Citeaux appartenant à des monastères sortis de leur règle.

(Arch. de la Grande-Trappe. Let. 120. 1re série. 2 p. 1/2 in-fol. Copie xviiie s.)

1981. — Le même. — *Let. à une religieuse.* 12 août 1689.

Conseils.

(Arch. de la Grande-Trappe. 7e cahier, 2e série. 1 p. in-fol. Copie xviiie s.)

1982. — Le même. — *Let. à Monsieur le maréchal de Bellefonds.* 15 août 1689.

Eloge du roi d'Angleterre.

(Arch. de la Grande-Trappe. Let. 76. 2e série, 1 p. in-fol. Copie xviiie s.)

1983. — Le même. — *Let. au R. Père....., chanoine régulier.* 18 août 1689.

Il l'engage à quitter son monastère.

(Arch. de la Grande-Trappe. Let. 143. 1re série. 2 p. in-fol. Copie xviiie s.)

1984. — Le même. — *Let. orig. avec sig. aut. à Monsieur Desprez, marchand imprimeur et libraire ordinaire du Roy, rue Saint-Jacques, à l'image Saint-Prosper, pour Monsieur Nicole.* 26 août 1689.

Sur ses ouvrages.

(Bibl. Nationale. fr. 17755. 2 p. 1/2 in-4o.

1985. — Le même. — *Let. à Mademoiselle de la Trémoille.* 29 août 1689.

Conseils.

(Arch. de la Grande-Trappe. Let. 75. 2e série. 1 p. 1/2 in-fol. Copie xviiie s.)

1986. — Le même. — *Let. à Monsieur le maréchal de Belle-fonds.* 7 septembre 1689.

Conseils.

(*Arch. de la Grande-Trappe.* Let. 73. 2ᵉ série, 1 p. 1/2 in-fol. Copie xviiiᵉ s.)

1987. — Le même. — *Let. orig. avec sig. aut. à Dom Mabillon.* 11 septembre 1689.

Il le remercie de son « Traité de la Messe et de la Communion ».

(Publiée par M. Ch[avin] de M[alan], dans l' « Ami de la Religion », tome CXXVIII, 2 mars 1846, p. 522.)

1988. — Le même. — *Let. orig. avec sig. aut. à Monsieur l'abbé Favier, « à Rion, pour Thiers, par Paris ».* 14 septembre 1689.

Sur l'abbaye de Saint-Symphorien.

(*Bibl. de Clermont-Ferrand.* 344. f. 87. 2 p. 1/2 in-8°. Cachet brun aux armes de la Trappe. — Publiée par M. Gonod. 1846. p. 70.)

1989. — Le même. — *Let. orig. avec sig. aut. à Monsieur l'abbé Nicaise.* 14 septembre 1689.

Il attend la visite de M. l'abbé de la Ch[ambre]. Son opinion sur un petit traité de D. Mabillon sur la règle de S. Benoît. Question de la Boisson à la Trappe. Sur la retraite du P. Bocone à la Trappe.

(*Bibl. Nationale.* fr. 9363. f. 77. 3 p. in-8°. Cachet brun aux armes de la Trappe. Publiée par M. Gonod, 1846, p. 166.)

1990. — Le même. — *Let. orig. avec sig. aut. à Monsieur de Harlay.* 26 septembre 1689.

Félicitations à l'occasion de sa nomination à la charge de premier président.

(*Bibl. Nationale.* fr. 17423. f. 71. 2 p. 1/4 in-8°.)

1991. — Le même. — *Let. orig. avec sig. aut. à Monsieur l'abbé Favier, « à Rion, en Auvergne, pour Thiers ».* 2 octobre 1689.

Il approuve le parti qu'il prend relativement à son abbaye.

(*Bibl. de Clermont-Ferrand.* 344. f. 89. 2 p. 1/2 in-8° Cachet à froid détérioré. — Publiée par M. Gonod. 1846. p. 72.)

1992. — Le même. — *Let. orig. avec sig. aut. à Monsieur de Harlay.* 3 octobre 1689.

Lettre de soumission.
(*Bibl Nationale.* fr. 17423. f. 82. 2 p. in-8°.)

1993. — Le même. — *Let. orig. avec sig. aut. à Monsieur l'abbé Nicaise.* 12 octobre 1689.

Il s'inquiète peu de ce qu'on peut dire sur les motifs de sa conversion.
(*Bibl. Nationale.* fr. 9363. f. 89. 2 p. in-8°. Cachet brun avec le monogramme L. G. — Publiée par M. Gonod. 1846. p. 176.)

1994. — Le même. — *Let. orig. avec sig. aut. à la R. Mère.....* 13 octobre 1689.

Conseils.
(*Arch. de la Grande-Trappe.* 3 p. 1/4 in-8°.)

1995. — Le même. — *Let. au R. Père Bocone, religieux de l'ordre de Citeaux, « natif de Sicile ».* 31 octobre 1689.

Conseils.
(*Arch. de la Grande-Trappe.* let. 77. 2e série. 1 p. 1/4 in-fol. Copie XVIIIe s.)

1996. — Le même. — *Let orig. avec sig. aut. à Monsieur l'abbé Nicaise.* 3 novembre 1689.

Au sujet du R. P. Bocone et du P. Q.
(*Bibl. Nationale.* fr. 9363. f. 79. 3 p. in-8°. — Publiée par M. Gonod. 1846. p. 168.)

1997. — Le même. — *Let. orig. avec sig. aut. à Monsieur Favier.* 14 novembre 1689.

Sur l'abbaye de Saint-Symphorien.
(*Bibl. de Clermont-Ferrand.* 344. f. 91. 4 p. in-12. — Publié par M. Gonod. 1846. p. 75.)

1998. — Le même. — *Let. orig. avec sig. aut. à Monsieur l'abbé Nicaise.* 26 novembre 1689.

Sur le R. P. Bocone.
(*Bibl. Nationale.* fr. 9363. f. 251. 1 p. 1/4 in-8°. — Publiée par M. Gonod, 1846, p. 177.)

1999. — Le même. — *Let. à Monsieur l'évêque de Limoges* (1). 6 décembre 1689.

    Considérations diverses.
    (Arch. de la Grande-Trappe. Let. 78. 2e série. 1 p 1/2 in-fol. Copie xviiie s.)

2000. — Le même. — *Let. à Mademoiselle......* 8 décembre 1789.

    Conseils.
    (Arch. de la Grande-Trappe. 6e cahier, 2e série. 1 p. in-fol. Copie xviiie s.)

2001. — Le même. — *Let. orig. avec par. et date aut. à la R. Mère Marie-Louise, religieuse de l'Annonciade* (2). 28 décembre 1689.

    Conseils.
    (Arch. de la Grande-Trappe. 3 p. in-8o. Cachet brun aux armes de la Trappe.)

2002. — Le même. — *Let. au maréchal de Bellefonds.* 31 décembre 1689.

    Conseils.
    (Arch. de la Grande-Trappe. Let. 74. 2e série, 1 p. 1/4 in-fol. Copie xviiie s.)

2003. — Le même. — *Let. orig. avec sig. aut. au R. Père Dom Martène, religieux de la Congrégation de S. Maur.* 8 janvier 1690.

    Il le remercie et le félicite de l'un de ses ouvrages qu'il lui a adressé.
    (Bibl. Nationale. fr. 25538 f. 91. 2 p. in-8o. Cachet brun aux armes de la Trappe.)

2004. — Le même. — *Let. à Monsieur l'abbé de.....* 18 janvier 1690.

    Il combat les raisons qui l'empêchent de se retirer à la Trappe.
    (Arch. de la Grande-Trappe. Let. 106. 1 p. in-fol. Copie xviiie s.)

---

(1) Le Cardinal Le Camus.
(2) Sa sœur.

2005. — Le même. — *Let. à la R. Mère..... prieure de.....* 3 février 1690.

Les religieuses ne doivent pas être seules au parloir.
(Arch. de la Grande-Trappe. Let. 217. 1 p. 1/4 in-fol. Copie xviiie s.)

2006. — Le même. — *Let. orig. avec sig. aut. à Monsieur l'abbé Nicaise.* 20 février 1690.

Il le remercie d'un ouvrage qu'il lui a envoyé : « Vous me donnez dans cet écrit une place que je méritois pas d'y avoir. »
(Bibl. Nationale. fr. 9363. f. 93. 2 p. in-8º. — Publiée par M. Gonod, 1846, p. 180.)

2007 — Le même. — *Let. à Monsieur le duc de Perth, grand chancelier d'Ecosse.* 21 février 1690.

Il le console dans la persécution qu'il souffre pour la foi.
(Arch. de la Grande-Trappe. Let.152. 1re série. 1 p. 1/4 in-fol. et let. 72. 2e série. 1 p. in-fol. Copies xviiie s.)

2008. — Le même. — *Let. à une religieuse.* 21 février 1690.

De la conduite des religieux solitaires.
(Arch. de la Grande-Trappe. Let. 153. 1re série. 1/2 p. in-fol. Copie xviiie s.)

2009. — Le même. — *Let. orig. avec sig. aut. à Monsieur l'abbé Nicaise.* 24 mai 1690.

Il prend part à ses ennuis.
(Bibl. Nationale. fr. 9363, f. 94, 2 p. in-8º. — Publiée par M. Gonod, 1846, p. 182.)

2010. — Le même. — *Let. orig. avec sig. aut. au même.* 27 juillet 1690.

Au sujet d'un livre de M. Anisson.
(Bibl. Nationale. fr. 9363. f. 96. 1 p. in-8º. — Publiée par M. Gonod, 1846, p. 183.)

2011. — Le même. — *Let. à la R. Mère..... supérieure de. ...* juillet 1690.

Il l'engage à se démettre de sa Supériorité.
(Arch. de la Grande-Trappe. Let. 79. 2e série. 1 p. 1/2 in-fol. Copie xviiie s.)

2012. — Le même. — *Let. à Madame la marquise de.....* août 1690.

Conseils.
(Arch. de la Grande-Trappe. Let. 102. 1/2 p. in-fol. Copie xviiie s.)

2013. — Le même. — *Let. à la R. Mère......* août 1690.

Conseils.
(Arch. de la Grande-Trappe. 6e cahier, 2e série. 1/2 p. in-fol. Copie xviiie s.)

2014. — Le même. — *Let. à Monsieur....* 11 septembre 1690.

Sur ce que l'on a trouvé à redire dans sa « carte de visite de l'abbaye des Clairets ». La lecture de l'ancien testament ne convient pas à des religieuses.
(Bibl. Nationale. fr. 9363. f. 243. 4 p. in-4º. fr. 25080. f. 51. 13 p. 1/4 in-8º. — *Bibl. d'Aix-en-Provence.* 416. f. 120. 3 p. in-4º. — *Bibl. de Marseille.* F^b 17 (1276). 6 p. 1/2 in-4º. s. d. Copies xviiie s. — Publiée par M. Gonod. 1846. p. 184.)

2015. — Le même. — *Let. à Monsieur l'abbé Têtu.* 26 octobre 1690.

Sur certains de ses écrits imprimés malgré lui : « Pour ce qui est de la vie de Dom Muce et de la visite des Clairets, j'ay scu une grande partie de ce qu'on en a dit; ce n'est point moy qui ay fait imprimer ces deux écrits, j'ay refusé la « carte de visite » à ceux qui me l'ont demandée et ce sont les religieuses qui l'ont rendue publique.

« Pour la vie de Dom Muce, un religieux qui demeuroit dans notre maison, mais qui n'en étoit pas, m'en entendit faire le récit, et, en étant sorty, le répandit dans le monde d'une manière fort défectueuse. Je fus contraint d'en donner quelques copies correctes qui, s'étant multipliées, sont tombées entre les mains des imprimeurs. Voilà la part que j'y ay. Mais je vous diray que si je ne l'avois point écritte, je l'écrirois encore et je vous avoüe qu'ayant reçu une infinité de lettres et de personnes de toute profession et de tout sexe, dont il y en a que je ne cornois point, qui me mandent qu'elle a fait des impressions profondes sur ceux qui l'ont lüe et même des conversions considérables, je suis consolé de tout ce qu'on a dit contre moy dans cette occasion et de ce qu'on en dira. »

(Arch. de la Grande-Trappe. Let. 70. 1re série. 3 p. 1/2 in-fol. Copie xviiie s.)

2016. — Le même. — *Let. orig. avec sig. aut. à Monsieur l'abbé Nicaise.* 14 novembre 1690.

Au sujet de la vie de Dom Muce.
(*Bibl. Nationale.* fr. 9363. f. 95. 2 p. in 8º. — Publié par M. Gonod. 1846. p. 188.)

2017. — Le même. — *Let. au R. Père*..... 13 décembre 1690.

Conseils.
(*Arch. de la Grande-Trappe.* Let. 55. 2ᵉ série. 1 p. 1/2 in-fol. Copie xviiiᵉ s.)

2018. — Le même. — *Let. à la R. Mère*..... 18 décembre 1690.

Conseils.
(*Arch. de la Grande-Trappe.* Let. 201. 1 p. 1/4 in-fol. Copie xviiiᵉ s.)

2019. — Le même. — *Let. au Roi d'Angleterre.* 21 décembre 1690.

Les règles de la perfection.
(*Bibl. Nationale.* fr. 25080. 14 p. 1/2 in-8º. — fr. 9363. f. 252. s. d. 3 p. in-4º. — fr. 22222. f. 41. 1 p. 1/2 in-4º. Copies xviiiᵉ s. — Publiée par M. Gonod. 1846. p. 425.)

2020. — Le même. — *Let. orig. avec sig. aut. à Monsieur l'abbé Nicaise.* 24 décembre 1690.

Au sujet de M. de Santeuil : « Tout ce qui part de sa plume, mais particulièrement de son cœur, a un caractère qui frappe et qui plaist tout ensemble. »
(*Bibl. Nationale.* fr. 9363. f. 97. 2 p. 1/4 in-8º. Cachet brun aux armes de la Trappe. — Publiée par M. Gonod, 1846, p. 189.)

2021. — Le même. — *Let. orig. avec sig. aut. au même.* 1690.

Il le remercie d'un jeu qu'il lui a adressé et lui demande confidentiellement des renseignements sur un religieux profès de l'abbaye de Bonport, Dom Le Mareschal, qui aurait le désir d'entrer à la Trappe.
(*Bibl. Nationale.* fr. 9363. f. 91. 3 p in-12. — Publiée par M. Gonod. 1846. p. 179.)

2022. — Le même. — *Let. orig. avec sig. aut. au même.* 4 janvier 1691.

Sur deux de ses lettres, dont une touchant l'Ecriture Sainte, adressée à l'un de ses amis, qui sont devenues publiques.
(Bibl. Nationale, fr. 9363. f 99. 1 p. 1/2 in-8º. Cachet brun aux armes de la Trappe. — Publiée par M. Gonod. 1846. p. 191.)

2023. — Le même. — *Let. orig. avec sig. aut. à la R. Mère, abbesse des Clairets* (1). 4 janvier 1691.

Sur le mauvais état de sa santé.
(Arch. de la Grande-Trappe. 1 p. 1/2 in-8º. Cachet brun aux armes de la Trappe.)

2024. — Le même. — *Let. orig. avec sig. aut. à Monsieur l'abbé Nicaise.* 14 février 1691.

Réponse à une critique : « Un homme de guerre peut devenir un grand saint. »
(Bibl. Nationale. fr. 9363, f. 100. 2 p. 1/2 in-8º. Cachet brun aux armes de la Trappe. — Publiée par M. Gonod, 1846, p. 193.)

2025. — Le même. — *Let. orig. avec sig. aut. au même.* 7 mars 1691.

Au sujet des critiques dont il est l'objet.
(Bibl. Nationale. fr. 9363, f. 102. 2 p. 1/4 in-12. Cachet brun aux armes de la Trappe. — Publiée par M. Gonod, 1846. p. 195.)

2026. — Le même. — *Let. à Monsieur de Barillon.* 4 avril 1691.

Conseils.
(Arch. de la Grande-Trappe. Let. 138. 1 p. 1/4 in-4º. Copie XVIIIe s.)

2027. — Le même. — *Let. orig. avec sig. aut. à Monsieur l'abbé Nicaise.* 5 avril 1691.

Sur les poésies de M. de S[anteuil].
(Bibl. Nationale. fr. 9363. f. 104. 2 p. in-8º. — Publiée par M. Gonod. 1846. p. 196.)

---

(1) Françoise-Angélique d'Estampes de Valencé, fille de Dominique et de Louise-Marguerite de Montmorency, abbesse en 1687, morte en 1709.

2028. — Le même. — *Let. orig. non sig. avec date aut.* à la R. Mère Marie-Louise, religieuse de *l'Annonciade* (1). 19 mai 1691.

Conseils.

(Arch. de la Grande-Trappe. 2 p. 1/4 in-8º.)

2029. — Le même. — *Let. orig. avec sig. aut.* à Monsieur *l'abbé Nicaise.* 3 juin 1691.

Sur Mabillon :

« On attend avec impatience l'ouvrage du P. M[abillon] sur les *Etudes* ; je ne doute point qu'il n'y ait beaucoup d'érudition. On peut montrer que presque dans tous les tems, il y a eu des solitaires habiles et scavans, mais pour un de cette qualité, il y en a 50 mille qui ont vécu avec les seules connoissances qui convenoient à leur profession et qui estoient capables de les sanctifier. Je ne mérite point le bien que vous dites qu'il a écrit de moy ; il est cependant vray qu'il m'a toujours témoigné de la considération et que j'ay toujours rendu justice à sa piété et à son mérite dans les sciences. »

(Bibl. Nationale. fr. 9363. f. 105. 2 p. 1/4 in-8º. Cachet à froid aux armes de la Trappe. — Publiée par M. Gonod. 1846. p. 198.)

2030. — Le même — *Let. orig. avec par. et date aut.* à la R. Mère Marie-Louise, religieuse de *l'Annonciade* (2). 27 juin 1691.

Sur différentes personnes : M. Fieubet, Mᵉ de Chabot, M. Lasnier...

(Arch. de la Grande-Trappe. 2 p. 1/2 in-8º.)

2031. — Le même. — *Let. orig. avec par. et date aut.* à la même. 9 juillet 1691.

Au sujet de Madame de la Chancellière.

(Arch. de la Grande-Trappe. 1 p. in-8º.)

2032. — Le même. — *Let. orig. avec sig. aut.* à Monsieur *l'abbé Nicaise.* 18 juillet 1691.

Au sujet du livre de Mabillon sur les *Etudes Monastiques* :

« Quand les moines et les religieux solitaires de profession seront observateurs de leur règle et vivront dans l'esprit de

---

(1) Sa sœur.
(2) Sa sœur.

leurs instituteurs et de leurs Pères, ils n'ont que faire d'estude, si ce n'est de celle qui concerne leur profession. » Critiques que soulève la vie de Dom Muce.

(*Bibl. Nationale.* fr. 9363. f. 107. 2 p. 1/2 in-8º. Cachet à froid des armes de la Trappe. — Publiée par M. Gonod. 1846. p. 200.)

2033. — Le même. — *Let. orig. avec sig. aut. à Monsieur de Pomponne.* 30 juillet 1691.

Satisfaction qu'il éprouve des nouvelles marques d'estime et de bonté que M. de Pomponne vient de recevoir du Roi.

(*Bibl. de l'Arsenal.* 6039, f. 822, 1 p. 1/2 in-8º.)

2034. — Le même. — *Let. orig. avec sig. aut. à Monsieur l'abbé Nicaise.* 30 août 1691.

Retraite de M. Fi..... Conversion de M. de Santena. Le livre de Dom Mabillon.

(*Bibl. Nationale.* fr. 9363. f. 109. 1 p. 1/2 in-8º. — Publiée par M. Gonod. 1846. p. 202.)

2035. — Le même. — *Let. orig. avec sig. aut. à Monsieur l'abbé Favier, « à Rion, pour Thiers, par Paris ».* 3 septembre 1691.

Sur l'état de sa santé.

(*Bibl. de Clermont-Ferrand.* 344. f. 93. 2 p. 1/4 in-8º. Cachet détérioré. — Publiée par M. Gonod. 1846. p. 77.)

2036. — Le même. — *Let. orig. avec sig. aut. à Monsieur l'abbé Nicaise.* 4 octobre 1691.

Sur le livre de M. Nicaise : « Les Syrènes » (1).

(*Bibl Nationale.* fr. 9363. f. 110. 1 p. 1/2 in-8º. — Publiée par M. Gonod. 1846. p. 204.)

2037. — Le même. — *Let. orig. avec sig. aut. à Monsieur l'abbé Favier, « à Rion, en Auvergne, pour Thiers ».* 25 novembre 1691.

Sur le livre de la Vie monastique de Dom Muce. Sur la réception de ses sœurs à l'Annonciade.

(*Bibl. de Clermont-Ferrand.* 344. f. 95. 2 p. 1/2 in-8º. Cachet brun aux armes de la Trappe. — Publiée par M. Gonod. 1846. p. 79.)

(1) Sur les Syrènes, leurs figure et forme. Paris, 1691, in-4º.

2038. — Le même. — *Let. orig. avec sig. aut. à Monsieur l'abbé Nicaise.* 26 novembre 1691.

Il le félicite d'avoir pu arranger ses affaires.
(*Bibl. Nationale.* fr. 9363. f. 111. 1 p. 1/2 in-8º. Fragment de cachet aux armes de la Trappe. — Publiée par M. Gonod. 1846. p. 205.)

2039. — Le même. — *Let. orig. avec sig. aut. à* ..... 19 décembre 1691.

Lettre d'affaires.
(*Revue des autographes.* Mars 1893. 15 frs. 2 p. in-8º. — Collection H. Tournoüer)

2040. — Le même. — *Let. orig. avec sig. aut. à Monsieur l'abbé Nicaise.* 25 janvier 1692.

Sur la mort de l'abbé de Citeaux. Il repousse l'idée que M. Nicaise a de lui voir occuper cette place.
(*Bibl. Nationale.* fr. 9363. f. 112. 1 p. 1/2 in-8º. — Publiée par M. Gonod. 1846. p. 206.)

2041. — Le même. — *Let. orig. avec sig. aut. à Monsieur l'abbé Favier, « à Thiers, en Auvergne, par Paris ».* 4 février 1692.

Il s'intéresse à sa santé.
(*Bibl. de Clermont-Ferrand.* 344. f. 97. 2 p. in-8º. Cachet brun aux armes de la Trappe. — Publiée par M. Gonod. 1846. p. 81.)

2042. — Le même — *Let. orig. avec sig. et date aut. à la R. Mère Marie-Louise, religieuse de l'Annonciade* (1). 19 mars 1692.

Au sujet de l'un de ses ouvrages vivement combattu.
(*Arch. de la Grande-Trappe.* 2 p. in-8º.)

2043. — Le même. — *Let. orig. avec sig. aut. à Monsieur l'abbé Nicaise.* 22 mars 1692.

Réponse au traité de Dom Mabillon. Il le remercie d'une églogue qu'il lui a envoyée.
(*Bibl. Nationale,* fr. 9363. f. 113. 2 p. in-8º. Fragment de cachet brun aux armes de la Trappe. — Publiée par M. Gonod. 1846. p. 217, avec la date erronée du 21 mars.)

(1) Sa sœur.

2044. — Le même. — *Let. orig. avec sig. aut. au même.* 30 mars 1692.

    Au sujet de sa réponse à Dom Mabillon.
    (*Bibl. Nationale.* fr. 9363, f. 114. 3 p. in-8°. Cachet brun aux armes de la Trappe. — Publiée par M. Gonod, 1846, p. 209.)

2045. — Le même. — *Let. orig. avec sig. aut. au même.* 16 avril 1692.

    Sa réponse à D. Mabillon. L'abbesse du Puits d'Orbe et sa maison. Sur son « Anacréon ». Le nouvel abbé de Citeaux.
    (*Bibl. Nationale.* fr. 9363, f. 116. 3 p. in-8°. Cachet brun aux armes de la Trappe. — Publiée par M. Gonod, 1846. p. 211.)

2046. — Le même. — *Let. orig. avec sig. aut. à Monsieur l'abbé Nicaise.* 23 mai 1692.

    Envoi de l'association désirée par Madame du Puy d'Orbe. Le livre de M. l'abbé R.
    (*Bibl. Nationale.* fr. 9363, f. 118, 2 p. in-8°. — Publiée par M. Gonod, p. 213.)

2047. — Le même. — *Let. orig. avec sig. aut. à Monsieur l'abbé Favier, à Thiers,* « *à Rion, pour Thiers, par Paris* ». 24 mai 1692.

    Sur sa réponse au traité des *Etudes* de Dom Mabillon.
    (*Bibl. de Clermont-Ferrand.* 344. f. 99. 2 p. 1/4 in-8°. Cachet à froid aux armes de la Trappe. — Publiée par M. Gonod. 1846. p. 83.)

2048. — Le même. — *Let. à Madame de la Sablière.* 28 mai 1692.

    Conseils.
    (*Arch. de la Grande-Trappe.* Let 223. 1 p. 1/4 in-fol. Copie XVIIIe s.)

2049. — Le même. — *Let. orig. avec sig. aut. à Monsieur l'abbé Nicaise.* 19 juin 1692.

    Au sujet de l'agitation causée par la question des *Etudes monastiques*.
    (*Bibl. Nationale.* fr. 9363. f. 121. 2 p. in-8°. — Publiée par M. Gonod. 1846. p. 217.)

2050. — Le même. — *Let. orig. avec sig. aut. à la R. Mère Marie-Louise, religieuse de l'Annonciade* (1). 12 juillet 1692.

Au sujet de Mr Pinette et de sa visite à la Trappe.
(Arch. de la Grande-Trappe. 1 p. 1/2 in-8⁰.)

2051. — Le même. — *Let. orig. avec sig. aut. à Monsieur l'abbé Favier,* « *à Rion, pour Thiers, par Paris* ». 24 août 1692.

Sa réponse à D. Mabillon.
(Bibl. de Clermont-Ferrand. 344. f. 101. 2 p. in-8⁰. Cachet à froid aux armes de la Trappe détérioré. Le bas de la lettre est déchiré. — Publiée par M. Gonod. 1846. p. 84.)

2052. — Le même. — *Let. orig. avec sig. aut. à Monsieur l'abbé Nicaise.* 3 septembre 1692.

Sur la pensée de la vie future. Sa réplique à D. Mabillon.
(Bibl. Nationale. fr. 9363. f. 122. 3 p. in-8⁰. — Publiée par M. Gonod. 1846. p. 218.)

2053. — Le même. — *Let. orig. avec par. et date aut. à la R. Mère Marie-Louise, religieuse de l'Annonciade* (2). 11 septembre 1692.

Au sujet de Madame de R. Affaires diverses.
(Arch. de la Grande-Trappe. 2 p. 1/4 in-8⁰.)

2054. — Le même. — *Let. orig. avec sig. aut. à Monsieur l'abbé Nicaise.* 28 septembre 1692.

Sur différents écrits.
(Bibl. Nationale. fr. 9363. f. 124. 1 p. 1/4 in-8⁰. — Publiée par M. Gonod. 1846. p. 221.)

2055. — Le même. — *Let. orig. avec sig. aut. au même.* 30 octobre 1692.

La critique à la réponse au traité des *Etudes* de D. Mabillon.
(Bibl. Nationale. fr. 9363. f. 125. 2 p. in-8⁰. — Publiée par M. Gonod, 1846, p. 222.)

(1) Sa sœur.
(2) Sa sœur.

2056. — Le même. — *Let. orig. avec par. et date aut. à la R. Mère Marie-Louise, religieuse de l'Annonciade* (1). 29 décembre 1692.

Il y a peu d'amis sincères.
(*Arch. de la Grande-Trappe.* 2 p. 1/4 in-8º. Cachet avec monogramme.)

2057. — Le même. — *Let. orig. avec sig. et date aut. à la même.* 23 janvier 1693.

Sur M⁺ Pinette.
(*Arch. de la Grande-Trappe.* 1 p. 1/4 in-8º.)

2058. — Le même. — *Let. orig. avec par. et date aut. à la même.* 26 janvier 1693.

Sur le mauvais état de sa santé.
(*Arch. de la Grande-Trappe.* 1 p. 1/2 in-8º. Cachet brun aux armes de la Trappe.)

2059. — Le même. — *Let. orig. avec sig. aut. à Monsieur l'abbé Nicaise.* 28 janvier 1693.

Au sujet de la place qui est proposée à M. Nicaise à la Sainte-Chapelle. Le card. Barb.
(*Bibl. Nationale.* fr. 9363. f. 126. 2 p. in-8º. — Publiée par M. Gonod, 1846, p. 223.)

2060. — Le même. — *Let. orig. avec sig. aut. au même.* 7 février 1693.

L'association des religieuses de N.-D. du Tard. La question des *Etudes monastiques*.
(*Bibl. Nationale.* fr. 9363. f. 127. 3 p. in-8º. Cachet brun aux armes de la Trappe. — Publiée par M. Gonod, 1846, p. 225.)

2061. — Le même. — *Let. orig. avec sig. aut. au même.* 6 mars 1693.

Au sujet des attaques dont il est l'objet.
(*Bibl. Nationale.* fr. 9363. f. 129. 2 p. 1/4 in-8º. — Publiée par M. Gonod, 1846, p. 227.)

(1) Sa sœur.

2062. — Le même. — *Let. orig. avec sig. aut. au même.* 16 mars 1693.

Il le prie de transmettre une lettre à un religieux de Mézières qui désire entrer à la Trappe.

(*Bibl. Nationale.* fr. 9363. f. 131. 2 p. in-8º. — Publiée par M. Gonod. 1846. p. 229, avec la date erronée du 26 mars.)

2063. — Le même. — *Let. à Monsieur l'évêque de Meaux.* 16 mars 1693.

Sur la mort de Dom Dorothée.

(*Bibl. de l'Arsenal.* 5346, f. 239, 1 p. in-12. Copie XVIIIᵉ s. sur un manuscrit provenant de la succession de Monsieur l'abbé Carillon.)

2064. — Le même. — *Let. orig. avec par. et date aut. à la R. Mère Marie-Louise, religieuse de l'Annonciade* (1). 26 mars 1693.

Profit qu'elle doit tirer de la maladie qu'elle vient de subir.

(*Arch. de la Grande-Trappe.* 1 p. 1/2 in-8º. Cachet brun aux armes de la Trappe.)

2065. — Le même. — *Let. orig. avec sig. aut. à Monsieur l'abbé Nicaise.* 4 juin 1693.

Sur la visite de Dom Mabillon à la Trappe : « Le P. Mabillon est venu icy depuis sept ou huit jours seulement ; tout ce que je vous puis dire, c'est que l'entrevüe s'est passée comme elle devoit, je veux dire avec tous les témoignages possibles d'amitié et de charité et cela de tous les costez. Le principal est que la sincérité a eu dans cette occasion la part qu'on pouvait souhaiter. Il faut convenir qu'il est mal aisé de trouver tout ensemble plus d'humilité et plus d'érudition qu'il y en a dans ce bon père. »

(*Bibl. Nationale.* fr. 9363. f. 132. 2 p. in 8º. — Publiée par M. Gonod. 1846. p. 230.)

2066. — Le même. — *Let. orig. avec sig. aut. au même.* 10 juin 1693.

Même sujet.

(*Bibl. Nationale.* fr. 9363. f. 133. 1 p. 1/2 in 8º. Publiée par M. Gonod. 1846. p. 232, avec la date erronée du 20 juin.)

(1) Sa sœur.

2067. — Le même. — *Let. orig. avec sig. et date aut.* à la R. Mère Marie-Louise, religieuse de l'Annonciade (1). 13 juin 1693.

    Sur le mauvais état de sa santé.
    (*Arch. de la Grande-Trappe.* 1 p. in-8°.)

2068. — Le même. — *Let. orig. avec sig. aut.* à Monsieur l'abbé Nicaise. 29 juin 1693.

    Sur différentes personnes.
    (*Bibl. Nationale.* fr. 9363. f. 134. 1 p. 1/4 in-8°. — Publiée par M. Gonod. 1846. p. 233.)

2069. — Le même. — *Let. orig. avec sig. aut. au même.* 25 juillet 1893.

    Son entrevue avec D. Mabillon : « Ceux qui disent que je l'ay reçu indifféremment ne disent pas vray ; il n'y eut jamais d'entrevue plus cordiale, comme je vous l'ay déjà mandé ; il le publie de son côté et je l'ay dit à tous ceux qui m'en ont parlé. Cela est tellement répandu en tous ces païs-cy qu'on ne voudroit pas écouter ceux qui diroient le contraire. » Visite de M. Gerbais à la Trappe.
    (*Bibl. Nationale.* fr. 9363. f. 185. 2 p. in-12. — Publiée par M. Gonod. 1846. p. 234.)

2070. — Le même. — *Let. orig. avec sig. aut.* à Monsieur Jollain, docteur de Sorbonne. 23 août 1693.

    Au sujet de l'affaire de M. Bechamel et sur Mademoiselle Guignard.
    (*Bibl. de l'Arsenal.* 5172, f. 60. 2 p. in-8°.)

2071. — Le même. — *Let. orig. avec sig. aut.* à Monsieur Gerbais. 31 août 1693.

    Affaires de sa congrégation.
    (*Bibl. du Séminaire de Saint-Sulpice.* 3 p. in-4°.)

2072. — Le même. — *Let.* à Monsieur du Verger, « docteur agrégé de l'Université, proviseur du collège de Narbonne et directeur des religieuses de l'abbaye de Fabas, à Toloze ». 13 septembre 1693.

---

(1) Sa sœur.

« Sur l'origine de la dévotion de N.-D. de S. Bernard qui apparut il y a plus de 13 ans, dans un vallon, à un quart de lieue d'Alan, du diocèse de Comenge, à une petite bergère de 11 ou 12 ans, à présent religieuse professe bernardine. » (Note qui accompagne la lettre.)

(Bibl. Nationale. fr. 25557. f. 344. 4 p. in-12. Copie XVIIIe s.)

2073. — Le même. — Let orig. avec sig. aut. à Monsieur l'abbé Nicaise. 7 octobre 1693.

La question du riz comme nourriture. La mort de M. Ouvrard.

(Bibl. Nationale. fr. 9363. f. 186. 2 p. in-12. — Publiée par M. Gonod. 1846. p. 236.)

2074. — Le même. — Let. orig. avec sig. aut. au même. 26 octobre 1693.

Sur l'écrit des Chartreux dirigé contre lui.

(Bibl. Nationale, fr. 9363. f. 187. 2 p. in-8°. Cachet rouge aux armes de la Trappe. — Publiée par M. Gonod. 1846. p. 237.)

2075. — Le même. — Let. orig. avec par. et date aut. à la R. Mère Marie-Louise, religieuse de l'Annonciade (1). 14 novembre 1693.

Conseils.

(Arch. de la Grande-Trappe. 3 p. in-8°.)

2076. — Le même. — Let. orig. avec sig. aut. à Monsieur Gerbais. 23 décembre 1693.

Il se justifie de calomnies dont il est l'objet.

(Bibl. de l'Arsenal. 5172. f. 76. 3 p. in-8°. Cachet rouge aux armes de la Trappe.)

2077. — Le même. — Extrait de let. à........ 30 décembre 1693.

Il se déclare étranger à la réponse, que l'on doit publier, aux quatre lettres.

(Bibl. Nationale. fr. 9363. f. 83 v°. 1 p. in-8°. — Publiée par M. Gonod. 1846. p. 239.)

(1) Sa sœur.

2078. — Le même. — *Lettres orig. avec sig. aut. à S. A. R. Madame la Duchesse de Guise.* 1692-1693.

Ce recueil, formé par M. Hattingais, curé de la Ferté-sous-Jouarre, fut offert à « Madame (1) », ainsi que le témoigne la dédicace suivante :

« Madame,

« Je prens la liberté de vous offrir un présent qui ne peut manquer de vous être agréable : ce sont des lettres de piété. Elles ont pour autheur l'illustre pénitent dom Armand Jean Le Bouthillier de Rancé, abbé de la Trappe, et elles ont été écrites à la Vertueuse Duchesse de Guise, Elisabeth d'Orléans, fille de Gaston, frère de Louis XIII.

« Au travers de la simplicité qui caractérise ces lettres, Madame appercevra facilement l'homme de génie aux beautés naturelles qui coulent comme de source de la plume du sçavant abbé ; mais elle reconnoitra plus aisément encore l'homme religieux aux pieux sentimens qui l'animent et qu'il sçait si bien inspirer. Hé ! qui pouroit être meilleur juge en matière de génie et de piété qu'une Princesse qui est aussi pieuse qu'éclairée.

« Puisse le Seigneur accorder la conservation de Madame aux vœux ardents que forme chaque jour aux pieds des autels celui qui ose se dire avec la plus parfaite reconnoissance et le respect le plus profond,

« Madame,
« Votre très humble et très obéissant serviteur,

« HATTINGAIS, curé et doyen de la Ferté-sous-Jouarre, diocèse de Meaux.

« 1ᵉʳ janvier 1770. »

Voici l'énumération des vingt-sept lettres ainsi recueillies :

I. — 21 janvier 1672. — Qu'il ne faut pas compter sur les hommes. 4 p. in-4º.
II. — 4 février 1692. — De l'indulgence envers le prochain. 2 p. 1/4 in-4º.
III. — 24 février 1692. — Mort de M. de Nocey. 5 p. in-4º.
IV. — 3 mars 1692. — Sur la mort du Solitaire de la Trappe. 4 p. in-4º.
V. — 17 mars 1692. — Sur les sermons du P. Ser. qui prêche à la Cour. 4 p. in-4º.
VI. — 7 avril 1692. — Conseils. 3 p. 1/2 in-4º.
VII. — 23 avril 1692. — Conseils. 5 p. in-4º.

---

(1) Le titre de Madame était porté, croyons-nous, à cette date par Madame Marie-Clotilde, sœur de Louis XVI, qui épousa le prince de Piémont, depuis roi de Sardaigne. Bien qu'elle ne fût âgée que de 10 ans 1/2, lorsque le curé de la Ferté lui dédia son recueil, puisqu'elle naquit le 23 septembre 1759, il n'est pas impossible de lui reporter cet hommage, étant donnés les usages et la phraséologie du temps.

VIII. — 28 avril 1692. — Au sujet de sa dispute avec D. Mabillon. 3 p. 1/2 in-4º.
IX. — S. D. Incomplète et non sig. — Même sujet. 4 p. 1/2 in-4º.
X. — 30 mai 1692. — Sur l'attaque de Namur. 4 p. in-4º.
XI. — 9 juin 1692. — Sur la campagne de Flandres. 4 p. in-4º.
XII. — 26 juin 1692. — Sur la prise de Namur, l'évènement de Tunis, la triste situation du roi d'Angleterre. 4 p. in-4º.
XIII. — 8 juillet 1692. — Sur la lamentable situation des Irlandais. 4 p. in-4º.
XIV. — 1er janvier 1693. — Conseils. 4 p. 1/4 in-4º.
XV. — 3 janvier 1693. — Conseils. 3 p. 1/2 in-4º.
XVI. — 12 janvier 1693. — Sur la levée du siège de Rinfeld. 3 p. in-8º.
XVII. — 8 février 1693. — Sur M. P. 7 p. 1/4 in-8º.
XVIII. — 23 février 1693. — Sur le duc de Savoie. 5 p. in-8º.
XIX. — 16 mars 1693. — Conseils. 6 p. in-8º.
XX. — 12 avril 1693. — Sur la mort de la princesse..... 5 p. 1/4 in-8º.
XXI. — S. D. Incomplète et non sig. — 4 p. 1/4 in-8º.
XXII. — 25 juin 1693. — Conseils. 5 p. in-4º.
XXIII. — 23 août 1693. — Le card. de Bouillon à la Trappe. 4 p. in-4º.
XXIV. — 29 septembre 1693. — Conseils. 4. p. in-4º.
XXV. — 26 octobre 1693. — Sur ses travaux. 6 p. in-4º.
XXVI. — 2 novembre 1693. — Conseils. 4 p. in-4º.
XXVII. — 7 décembre 1693. — Conseils. 8 p. in-4º.

(*Bibl. Nat.* fr. 15172. 136 p. in-4º et in-8º, plus A-E préliminaires. — Publiées par M. Gonod. 1846. p. 287 à 337. Elles étaient alors conservées à la Bibliothèque de l'Ecole militaire de Saint-Cyr.)

2079. — Le même. — *Let. orig. avec sig. aut. à Monsieur Gerbais.* 28 janvier 1694.

Au sujet de l'ouvrage sur Citeaux du R. P. Le Nain.
(*Bibl. de l'Arsenal.* 5172, f. 86. 1 p. 1/4 in-12.)

2080. — Le même. — *Let. orig. avec sig. aut. à Monsieur l'abbé Nicaise.* 11 février 1694.

Sur un livre publié contre lui, intitulé : « *Guillelmus a sante amore heresiarcha redivivus in persona Armandi Joannis de Trappa.* »

« Ce livre, comme vous le voiez par le titre, est remply de calomnies atroces ; je ne l'ay point vu. Un religieux qui est passé par icy l'a vu à Citeaux et m'a dit qu'on le donnoit sous le manteau dans Dijon. Vous m'obligerez de vous en informer et de me faire scavoir ce qu'on vous en apprendra.

(*Bibl. Nationale.* fr. 9363. f. 188. 4 p. in-8º. — Publiée par M. Gonod, 1846, p. 240.)

2081. — Le même. — *Let. à*..... 11 février 1694.

Au sujet de ce qu'on écrit contre lui.

(*Bibl. Nationale.* fr. 9363. f. 82. 3 p. in-8º. Copie XVIIIᵉ s.)

2082. — Le même. — *Let. orig. avec par. et date aut. à la R. Mère Marie-Louise, religieuse de l'Annonciade* (1). 22 février 1694.

Sur la mort de Mʳ Pinette.

(*Arch. de la Grande-Trappe.* 3 p. in-8º. Cachet rouge aux armes de la Trappe.)

2083. — Le même. — *Let orig. avec sig. aut. à Monsieur l'abbé Nicaise.* 8 mars 1694.

La déception de M. Thiers qui n'a pu publier son ouvrage. Il s'inquiète peu de ce qu'on peut dire contre lui.

(*Bibl. Nationale.* fr. 9363, f. 190. 2 p. 1/2 in-8º. Cachet rouge aux armes de la Trappe.)

2084. — Le même. — *Let. orig. avec sig. aut. au même.* 5 mai 1694.

Sur Dom Muce. Suppression du livre de M. Thiers.

(*Bibl. Nationale.* fr. 9363. f. 192. 2 p. 1/4 in-8º. Cachet rouge aux armes de la Trappe.)

2085. — Le même. — *Let. orig. avec sig. aut. à Monsieur Gerbais (?)* 9 mai 1694.

Au sujet de l'ouvrage sur Citeaux du R. P. Le Nain.

(*Bibl. de l'Arsenal.* 5172. f. 88. 1 p. 1/4 in-8º.)

2086. — Le même. — *Let. orig. avec sig. aut. à Monsieur l'abbé Nicaise.* 6 juin 1694.

Sur un livre du P. Lamy, religieux de la Congrégation de Sᵗ-Maur, intitulé : *De la connoissance de soi-même.*

(*Bibl. Nationale.* fr. 9363. f. 194. 3 p. 1/4 in-8º.)

2087. — Le même. — *Let. orig. avec sig. aut. à Monsieur Gerbais.* 22 juin 1694.

Sentiments de reconnaissance.

(*Bibl. de l'Arsenal.* 5172, f. 90, 1 p. in-12.)

___

(1) Sa sœur.

2088. — Le même. — *Let. orig. avec sig. aut. à Monsieur l'abbé Nicaise.* 28 juin 1694.

    Le livre du P. Lamy.
    (Bibl. Nationale, fr. 9363. f. 196. 2 p. in-12.)

2089. — Le même. — *Let. orig. avec sig. aut. au même.* 18 juillet 1694.

    Le livre du P. Lamy.
    (Bibl. Nationale. fr. 9363. f. 198. 3 p. in-8º.)

2090. — Le même. — *Let. orig. avec sig. aut. à Monsieur le curé de St-Hilaire, à Paris.* 30 août 1694.

    Remerciements pour sa visite à la Trappe.
    (Bibl. de l'Arsenal. 5172. f. 98. 1 p. in-8º.)

2091. — Le même. — *Let. orig. avec sig. aut. à Monsieur Jolain, docteur de Sorbonne et supérieur du Refuge à Paris.* 30 août 1694.

    Lettre d'amitié.
    (Bibl. de l'Arsenal. 5172. f. 100. 1 p. in-16.)

2092. — Le même. — *Let. orig. avec sig. aut. à Monsieur.....* 30 août 1694.

    Remerciements pour l'intérêt qu'il prend à défendre la Trappe contre les calomniateurs. L'austérité qu'on y mène n'empêche pas certains adoucissements.
    (Bibl. de l'Arsenal. 5172. f. 102. 2 p. in-4º.)

2093. — Le même. — *Let. orig. avec sig. aut. à Monsieur l'abbé Nicaise.* 2 septembre 1694.

    Sur les attaques dirigées contre lui et la mort de M. Arnauld.
    (Bibl. Nationale. fr. 9363, f. 200. 3 p. in-12. Cachet à froid aux armes de la Trappe. — Publiée par M. Gonod, 1846, p. 245.)

2094. — Le même. — *Let. orig. avec sig. aut. à Monsieur Gerbais.* 12 septembre 1694.

    Sur la mort de M. de Fieubet. Justification de la vie que l'on mène à la Trappe, en réponse aux attaques de l'abbé de Citeaux. Sa visite aux Clairets. Libelle intitulé : « Le scandale de la Trappe. »
    (Bibl. de l'Arsenal. 5172. f. 103. 5 p. in-4º.)

2095. — Le même. — *Let. orig.* (1) *à Monsieur Gerbais.* 2 décembre 1694.

Au sujet de la mort de M. Talon.
(*Bibl. de l'Arsenal.* 5172. f. 108. 2 p. in-8°. Cachet rouge aux armes de la Trappe.)

2096. — Le même. — *Let. orig. à Monsieur l'abbé Nicaise.* 16 décembre 1694.

Sur l'état de sa santé. Il se plaint d'un rhumatisme à la main droite.
(*Bibl. Nationale.* fr. 9363. f. 204. 1 p. 1/4 in-8°. — Publiée par M. Gonod, 1846, p. 246.)

2097. — Le même. — *Let. orig. au même.* 18 décembre 1694.

Reproches qui lui sont adressés d'avoir écrit contre la personne et la mémoire de M. Arnauld.
(*Bibl. Nationale.* fr. 9363. f. 202. 1 p. in-12. Cachet rouge aux armes de la Trappe. — Publiée par M. Gonod, 1846, p. 247.)

2098. — Le même. — *Let. orig. à Monsieur Gerbais.* 20 décembre 1694.

Il le charge d'être son intermédiaire auprès de M. de Cîteaux pour le remercier de ses bontés à son égard.
(*Bibl. de l'Arsenal.* 5172. f. 110. 3 p. in-12. Cachet rouge aux armes de la Trappe.)

2099. — Le même. — *Projet de let. à Monsieur de Tillemont.* [1694].

Justification de sa conduite à l'égard de M. Arnauld. Ses relations avec l'évêque d'Alet. Raisons qui l'ont éloigné des Jansénistes.

A la fin se trouve la note suivante :

« Je certifie que ce projet de lettre à M. de Tillemont que feu notre père, l'ancien abbé, mon prédécesseur, n'a pas jugé à propos de lui envoyer, est véritablement de luy. Fait le 15 novembre 1702. » Signé : « Fr. Jacques, abbé de la Trappe. »

(*Bibl. de la ville d'Angers.* 1084. tome Ier. f. 404 à 409, pièce 62. — *Bibl. Nationale.* fr. 23497. 11 p. in-4° et fr. 24123. f. 76. 6 p. 1/2 in-fol. — *Bibl. de Lyon.* 1187. 11 p. in-4° et 1181. 19 p. 1/2 in-4°. — Copies XVIIIe s. — Publiée en 1704 dans le recueil intitulé : « Lettre de Monsieur de Tillemont... » Voir Documents imprimés, n° 272.)

---

(1) A partir de cette époque, l'abbé de Rancé, ayant perdu l'usage de sa main, ne signe plus ses lettres. Son secrétaire habituel, M. Maisne, se contente de les terminer par un paraphe.

2100. — Le même. — *Let. orig. à Monsieur Gerbais.* 3 janvier 1695.

    Remerciements pour M. de Citeaux.
    (Bibl. de l'Arsenal. 5172. f. 116. 3 p. in-12.)

2101. — Le même. — *Let. orig. à Monsieur l'abbé Nicaise.* 12 janvier 1695.

    Sur une lettre de violents reproches du P. Quesnel à propos de la mort de M. Arnauld.
    (*Bibl. Nationale.* fr. 9363. f. 205. 3 p. in-8º. Cachet rouge aux armes de la Trappe. — Publiée par M. Gonod, 1846, p. 248.)

2102. — Le même. — *Let. orig. au même.* 30 janvier 1695.

    Des attaques dont il est l'objet, toujours à l'occasion de la mort de M. Arnauld.
    (*Bibl. Nationale.* fr. 9363. f. 207. 2 p. in-12. Fragment de cachet rouge aux armes de la Trappe. — Publiée par M. Gonod, 1846, p. 250.)

2103. — Le même. — *Let. orig. à Monsieur Gerbais.* 10 mars 1695.

    Il lui demande son approbation pour la relation de la mort du fr. Palémon, qu'il vient d'écrire et qu'il lui a adressée par M. Lefranc, avocat au Parlement.
    (Bibl. de l'Arsenal. 5172. f. 118. 2 p. in-12. Cachet rouge aux armes de la Trappe.)

2104. — Le même. — *Let. orig. à Monsieur l'abbé Nicaise.* 20 mars 1695.

    Il prend une vive part au mauvais état de sa santé.
    (*Bibl. Nationale.* fr. 9363. f. 209. 2 p. in-12. Cachet rouge aux armes de la Trappe. — Publiée par M. Gonod, 1846, p. 251.)

2105. — Le même. — *Let. orig. à Monsieur Gerbais.* 31 mars 1695.

    Envoi de « l'Association ».
    (Bibl. de l'Arsenal. 5172. f. 124. 1 p. 1/2 in-12.)

2106. — Le même. — *Let. orig. à Monsieur l'abbé Nicaise.* 11 avril 1695.

    Il lui prêche la patience en ses maux.

« La fluxion que j'ay à la main, qui me continue toujours, m'empesche de signer. »
(*Bibl. Nationale.* fr. 9363. f. 211. 2 p. 1/2 in-12. Cachet brun aux armes de la Trappe. — Publiée par M. Gonod, 1846, p. 252.)

2107. — Le même. — *Let. orig. à Monsieur Gerbais.* 11 avril 1695.

Au sujet des attaques dont il est l'objet.
(*Bibl. de l'Arsenal.* 5172. f. 126. 2 p. 1/4 in-12. Cachet rouge aux armes de la Trappe.)

2108. — Le même. — *Let. orig. au même.* 30 avril 1695.

Remerciements pour les remarques qu'il lui a adressées sur son manuscrit de la vie du fr. Palémon.
(*Bibl. de l'Arsenal.* 5172. f. 128. 2 p. 1/4 in-12. Cachet rouge aux armes de la Trappe.)

2109. — Le même. — *Let. orig. au même.* 12 mai 1695.

Au sujet de l'histoire de Citeaux par Dom Le Nain.
(*Bibl. de l'Arsenal.* 5172. f. 130. 1 p. 1/4 in-12. Cachet rouge aux armes de la Trappe.)

2110. — Le même. — *Let. orig. au même.* 12 juin 1695.

Il apprend l'impression de la vie du fr. Palémon.
(*Bibl. de l'Arsenal.* 5172. f. 132. 1 p. in-12. Cachet rouge aux armes de la Trappe.)

2111. — Le même. — *Let. orig. au même.* 30 juin 1695.

Remerciements pour l'ardeur qu'il a mise à défendre la Trappe.
(*Bibl. de l'Arsenal.* 5172. f. 136. 2 p. in-12. Cachet rouge aux armes de la Trappe.)

2112. — Le même. — *Let. orig. à Monsieur l'abbé Nicaise.* 11 juillet 1695.

Nouvelles de sa santé. Il espère le voir bientôt à la Trappe.
(*Bibl. Nationale.* fr. 9363. f. 213. 1 p. 1/2 in-12. — Publiée par M. Gonod, 1846, p. 254.)

2113. — Le même. — *Let. orig. à Monsieur Gerbais.* 14 juillet 1695.

Il lui témoigne sa joie de le voir venir à la Trappe.
(*Bibl. de l'Arsenal.* 5172. f. 140. 1 p. in-8º. Cachet rouge aux armes de la Trappe.)

2114. — Le même. — *Let. orig. au même.* 12 août 1695.
Au sujet de la mort de l'archevêque de Paris (1).
(*Bibl. de l'Arsenal.* 5172. f. 142. 1 p. 1/4 in-8°. Cachet rouge aux armes de la Trappe.)

2115. — Le même. — *Let. orig. au même.* 18 octobre 1695.
Sur l'admission de religieux à la Trappe.
(*Bibl. de l'Arsenal.* 5172. f. 148. 2 p. 1/2 in-8°. Cachet rouge aux armes de la Trappe.)

2116. — Le même. — *Let. orig. au même.* 3 novembre 1695.
Envoi de relations de vie de plusieurs religieux de la Trappe, qu'on le presse de faire paraître.
(*Bibl. de l'Arsenal* 5172. f. 153, 1 p. 1/4 in-8°. Cachet rouge aux armes de la Trappe.)

2117. — Le même. — *Let. orig. au même.* 21 novembre 1695.
Envoi de « relations de vie ».
(*Bibl. de l'Arsenal.* 5172. f. 157. 2 p. in 8°.)

2118. — Le même. — *Let. orig. au même.* 26 novembre 1695.
Même sujet.
(*Bibl. de l'Arsenal.* 5172. f. 159. 2 p. in-8°.)

2119. — Le même. — *Let. orig. au même.* 14 décembre 1695.
Il lui demande son avis sur les « relations » qu'il lui a envoyées.
(*Bibl. de l'Arsenal.* 5172 f. 155. 1 p. in-12. Cachet rouge aux armes de la Trappe.)

2120. — Le même. — *Let. orig. au même.* 18 décembre 1695.
Même sujet,
(*Bibl. de l'Arsenal.* 5172. f. 161. 1 p. in-8°. Cachet rouge aux armes de la Trappe.)

2121. — Le même. — *Let. orig. au même.* 5 janvier 1696.
Même sujet.
(*Bibl. de l'Arsenal.* 5172. f. 165. 2 p. in-8°. Cachet rouge aux armes de la Trappe,)

(1) François de Harlay de Champvallon, mort à Paris le 6 août 1695.

2122. — Le même. — *Let. orig. à Monsieur l'abbé Nicaise.* 19 janvier 1696.

> Des attaques dont il est l'objet. De la remise qu'il a faite de son abbaye au Roi et de la nomination du nouvel abbé (1).
> (*Bibl. Nationale.* fr. 9363, f. 214, 2 p. in-8°. Fragment de cachet brun aux armes de la Trappe. — Publiée par M. Gonod, 1846, p. 255.)

2123. — Le même. — *Let. orig. au même.* 13 mars 1696.

> Mort du nouvel abbé de la Trappe.
> (*Bibl. Nationale.* fr. 9363. f. 215. 1 p. 1/4 in-8°. Cachet à froid aux armes de la Trappe. — Publiée par M. Gonod, 1846, p. 257.)

2124. — Le même. — *Let. orig. à Monsieur Gerbais.* 17 mars 1696.

> Même sujet.
> (*Bibl. de l'Arsenal.* 5172, f. 167. 1 p. in-4°. Cachet rouge aux armes de la Trappe.)

2125. — Le même. — *Let. orig. à Monsieur l'abbé Nicaise.* 12 mai 1696.

> Nomination d'un abbé régulier de la Trappe (2).
> (*Bibl. Nationale.* fr. 9363. f. 216. 2 p. in-12. — Publiée par M. Gonod, 1846, p. 258.)

2126. — Le même. — *Let. orig. à Monsieur Gerbais.* 14 juin 1696.

> Au sujet de la publication des vies de ses religieux.
> (*Bibl. de l'Arsenal.* 5172. f. 171. 1 p. in-8°.)

2127. — Le même. — *Let. orig. à Monsieur l'abbé Nicaise.* 15 juillet 1696.

> Sur le P. Ch. et le cardinal Barberigo qui a écrit à M. l'abbé Nicaise à son sujet.
> (*Bibl. Nationale.* fr. 9363. f. 218. 1 p. 1/4 in-8°. — Publiée par M. Gonod, 1846, p. 259.)

(1) Dom Zozime, élu abbé le 2 mai 1695, prit possession le 28 décembre suivant, fut béni par l'évêque de Séez le 22 janvier 1696 et mourut le 3 mars de la même année.
(2) Armand-François Gervaise, nommé abbé le 29 mars 1696.

2128. — Le même. — *Let. orig. à Monsieur Gerbais.* 22 septembre 1696.

Relative à la publication des vies de ses religieux. Il se soumet entièrement au jugement de l'abbé Gerbais.

(*Bibl. de l'Arsenal.* 5172. f. 175. 2 p. in-4º. Cachet rouge aux armes de la Trappe.)

2129. — Le même. — *Let. orig. à Monsieur l'abbé Nicaise.* 18 octobre 1696.

Il regrette de ne pouvoir ouvrir ses portes à un chartreux qui désirerait se faire trappiste. — Le P. Abbé a pris possession hier de l'abbaye. — Affaire du sr Boivin qui a acheté une terre relevant de la Trappe.

(*Bibl. Nationale.* fr. 9363. f. 219. 2 p. in-8º. — Publiée par M. Gonod, 1846, p. 261.)

2130. — Le même. — *Let. orig. au même.* 6 novembre 1696.

Du mauvais état de sa santé.

(*Bibl. Nationale.* fr. 9363. f. 220. 2 p. in-8º. Cachet rouge aux armes de la Trappe. — Publiée par M. Gonod, 1846, p. 263.)

2131. — Le même. — *Let. orig. au même.* 12 novembre 1696.

Affaire du sr Boivin. — Eloge de son successeur.

(*Bibl. Nationale.* fr. 9363. f. 221. 2 p. in-8º. Fragment de cachet à froid aux armes de la Trappe. — Publiée par M. Gonod. 1846. p. 264.)

2132. — Le même. — *Let. orig.* (1) *à Bossuet, évêque de Meaux.* Mars 1697.

Au sujet du livre de Fénelon intitulé : *Explication des maximes des Saints sur la vie intérieure.* (Paris. 1697. in-12.)

(*Catalogue de lettres aut. Laverdet.* Vente du 21 juin 1855, 15 fr. 50. — Vente du 24 avril 1862, 22 fr. — Vente du 29 mars 1888. Cabinet de M. Dubrunfant-Et-Charavay, 10 fr. — Vente du 28 décembre 1889, id., id. — Il existe plusieurs copies du xviiiº s. de cette lettre : *Bibl. Nationale.* fr. 24123. f. 64. 1 p. in-folio, et fr. 9363, f 81, 2 p. in-8º. — *Bibl. de l'Arsenal.* 4852. f. 27. 1 p. 1/4 in-12. — Publiée par M. Gonod, 1846, p. 397, et dans les Œuvres de Bossuet, édit. Tours, 1863, p. 538, édit. Versailles, XL, p. 279.)

---

(1) Cette lettre, dont nous n'avons pu retrouver l'original, est indiquée dans les catalogues de vente comme autographe signée, mais il est peu probable que Rancé ait pu, même par exception, apposer sa signature à cette date.

2133. — Le même. — *Let. au même.* 14 avril 1697.
Même sujet.
(*Bibl. Nationale.* fr. 9363. f. 84. 2 p. in-8º. — *Bibl. de l'Arsenal.* 4852. f. 27 vº. 1 p. 1/2 in-12. Copies XVIIIᵉ s. — Publiée par M. Gonod, 1846, p. 399, et dans les Œuvres de Bossuet, édit. Tours, 1862. X, 541, édit. Versailles, XL, 291.)

2134. — Le même. — *Let. à Monsieur l'évêque, comte de Noyon* (1). 7 juillet 1697.
Réponse à sa lettre sur le Quiétisme.
(*Bibl. Mazarine.* 4335. f. 96. 4 p. in-8º. — *Bibl. Nationale.* fr. 24123. f. 65. 1 p. in-fol. avec la date du 8 juillet. — *Bibl. de Grenoble.* 1335, nº 3591, 1 p. in-fol. avec la date du 8 juillet. — *Bibl. d'Aix-en-Provence.* 818, nº 33. 3 p. in-4º avec la date du 8 juillet. — Copies XVIIIᵉ s.)

2135. — Le même. — *Let. orig. à Monsieur l'abbé Nicaise.* 3 août 1697.
Visite de M. de Santeuil à la Trappe. Sur les livres que l'on imprime de lui, entre autres un de maximes chrétiennes.
(*Bibl. Nationale.* fr. 9363. f. 224. 3 p. in-12. Cachet brun au monogramme L. G. — Publiée par M. Gonod, 1846, p. 269.)

2136. — Le même. — *Let. orig. au même.* 3 octobre 1697.
Sur la mort de M. de Santeuil.
(*Bibl. Nationale.* fr. 9363. f. 226. 2 p. in-8º. — Publiée par M. Gonod, 1846, p. 271.)

2137. — Le même. — *Let. orig. à Monsieur Gerbais.* [1697].
Regrets de n'avoir pu recevoir la personne qu'il lui a adressée. Lamentable état de sa santé :
« Je ne puis apprendre sans douleur que nous serons privez cette année d'une consolation que vous m'aviez fait espérer, qui étoit de vous embrasser et de vous dire à Dieu pour la dernière fois. Mon mal est considérable et ne me donne aucune relâche ni les jours ni les nuits et ma vie n'est qu'une souffrance continuelle. Je vous suplie de demander à Dieu qu'il me donne la patience dont j'ay besoin pour faire un saint usage de l'estat où il lui plaist de me mettre. »
(*Bibl. de l'Arsenal*, 5172. f. 196. 2 p. 1/4 in-12. Cachet rouge aux armes de la Trappe.)

---

(1) François de Clermont-Tonnerre, év. de Noyon, du 2 octobre 1661 au 15 février 1701.

2138. — Le même. — *Let. orig. à Monsieur l'abbé Nicaise.* 8 janvier 1698.

Sur la traduction de la « Componction de S Ephrem », de Bosquillon. — M. Thiers à la Trappe.
(Bibl. Nationale. fr. 9363. f. 229. 3 p 1/4 in-8. — Publiée par M. Gonod, p. 1846, p. 273.)

2139. — Le même. — *Let. orig. au même.* 17 avril 1698.

L'affaire du Quiétisme. M. Thiers.
(Bibl. Nationale. fr. 9363. f. 238. 1 p. 1/2 in-8º. Fragment de cachet rouge aux armes de la Trappe. — Publiée par M. Gonod, 1846, p. 275.)

2140. — Le même. — *Let orig. au même.* 5 juin 1698.

Lettre confidentielle sur M. de C[ambrai].
(Bibl. Nationale. fr. 9363. f. 239. 2 p. in-12. — Publiée par M. Gonod, 1846, p. 277.)

2141. — Le même. — *Let. orig. au même.* 18 août 1698.

Sur le Quiétisme.
(Bibl. Nationale. fr. 9363. f. 241. 1 p. 1/2 in-12. Fragment de cachet rouge aux armes de la Trappe. — Publiée par M. Gonod. 1846. p. 278.)

2142. — Le même. — *Let. orig. avec sig. aut. à Monsieur de Noailles* (1). 23 novembre 1698.

Il parle de son successeur probable, D. Malachie, et le défend contre toute imputation de jansénisme.
Au bas : « Cette lettre a esté dictée et signée par le très R. Père ancien abbé de la Trappe. F. Maur, secrétaire. » L'abbé de Rancé a simplement signé des initiales F. A. J. A la suite sont les signatures de F. Robert et F. Pierre.
(Bibl. Ste-Geneviève. 1175. f. 112. 4 p. in-8º.)

2143. — Le même. — *Let. orig. à Monsieur l'abbé Nicaise.* [1698].

Sur différentes personnes.
(Bibl. Nationale. fr. 9363. f. 85. 2 p. in-8º. — Publiée par M. Gonod, 1846, p. 243.)

---

(1) Louis Antoine, card. de Noailles, archevêque de Paris, du 13 septembre 1695 au 4 mai 1729.

2144. — Le même. — *Let. orig. au même.* 14 janvier 1699.
    Sur les ouvragés de M. de M[eaux]. — Nomination d'un abbé régulier de la Trappe (1).
    (*Bibl. Nationale.* fr. 9363. f. 245. 2 p. in-8º. Cachet rouge aux armes de la Trappe. — Publiée par M. Gonod, 1846, p. 279.)

2145. — Le même. — *Let. orig. au même.* 12 mars 1699.
    Sur l'abbesse du Tard et M. de Cambrai.
    (*Bibl. Nationale.* fr. 9363. f. 242. 2 p. in-8º. Cachet rouge aux armes de la Trappe. — Publiée par M. Gonod, 1846, p. 281.)

2146. — Le même. — *Let. orig. à Monsieur Tafoureau, évêque d'Alet.* 23 mars 1699.
    Au sujet de son sacre.
    (*Arch. de la Grande-Trappe.* Let. de piété 9, 2º série. 3 p. 1/4 in-4º. Copies XVIIIº s.)

2147. — Le même. — *Let. orig. à Monsieur l'abbé Nicaise.* 30 juin 1699.
    Sur Monsieur de Cîteaux. — Affaire du Quiétisme.
    (*Bibl. Nationale.* fr. 9363. f. 247. 2 p. 1/2 in-8º. — Publiée par M. Gonod, 1846, p. 283.)

2148. — Le même. — *Let. orig. au même.* 9 août 1699.
    Du mauvais état de sa santé. — Les Quiétistes.
    (*Bibl. Nationale.* fr. 9363. f. 240. 2 p. in-8º. — Publiée par M. Gonod, 1846, p. 284.)

2149. — Le même. — *Let. à Monsieur.....* [1699].
    Sur la mort de Monsieur d'Albergotti (2).
    (*Bibl. Nationale.* fr. 24123. f. 73. 2 p. 1/4 in-fol. Copie XVIIIº s.)

2150. — Le même. — *Let. orig. à Monsieur l'abbé Nicaise.* 4 mars 1700.
    Il le remercie d'un livre qu'il lui a envoyé de la part de Mme Joly.
    (*Bibl. Nationale.* fr. 9363. f. 246. 1 p. in-12. — Publiée par M. Gonod, 1846, p. 286.)

---

(1) Jacques de Lacour, nommé abbé le 7 décembre 1698, fut béni le 22 juin 1699.

(2) Le colonel d'Albergotti, retiré à la Trappe sous le nom de Frère Achille.

LETTRES NON DATÉES

2151. — Le même. — *Let. orig. à Monsieur l'abbé Nicaise.* S. d.
>Il s'associe à ses maux.
>(*Bibl. Nationale.* fr. 9363. f. 90. 1 p. in-8º.)

2152. — Le même. — *Let. orig. à Monsieur.....* S. d.
>Lettre d'affaires.
>(*Bibl. Nationale.* fr. 24123. f. 66. 1 p. 1/4 in-8º.)

2153. — Le même. — *Let. orig. à.....* S. d.
>Sur le bonheur de la solitude.
>(*Bibl. Nationale.* fr. 25080. f. 72. 7 p. 1/4 in-8º.)

2154. — Le même. — *Let. orig. à......* S. d.
>Au sujet de la pluralité des bénéfices.
>(*Bibl. Nationale.* fr. 25080. f. 98 4 p. in-4º.)

2155. — Le même. — *Let. au R. Père.....* S. d.
>Conseils.
>(*Bibl. Nationale.* fr. 25080. f. 48. 7 p. in-4º. Copie xviiiᵉ s.)

2156. — Le même. — *Let. à un religieux d'Allemagne.* S. d.
>Conseils.
>(*Bibl. Nationale,* fr. 23497. f. 32 et 35. 6 p. et 8 p. 1/2 in-4º.
>Copies xviiiᵉ s. — Publiée par M. Gonod, 1846, p. 418.)

2157. — Le même. — *Let. à M.....* S. d.
>Règle et conduite dans le monde.
>(*Bibl. Nationale.* fr. 23497. f. 40. 6 p. in-4º. Copie xviiiᵉ s
>— Publiée par M. Gonod, 1846, p. 407.)

2158. — Le même. — *Let. à une religieuse.* S. d
>Sur le changement d'observance.
>(*Bibl. Nationale.* fr. 23497. f. 48. fragment. 2 p. 1/4 pet. in-fol. Copie xviiiᵉ s. — Imp. dans les Lettres de piété choisies... Paris, 1702, tome II, p. 54.)

2159. — Le même. — *Let. à sa sœur, religieuse aux Clairets.* S. d.

Sur les moyens de se préparer à la mort.
(*Bibl. Nationale.* fr. 23497. 7 p. in-4º. Copie XVIIIᵉ s. — Publiée par M. Gonod, 1846, p. 412.)

2160. — Le même. — *Let. à M.....* S. d.

Sur les obligations de la vie religieuse.
(*Bibl. Nationale.* fr. 23497. f. 53. 3 p. petit in-fol. Copie XVIIIᵉ s.)

2161. — Le même. — *Let. à.....* S. d.

Conseils à une personne qui voulait se retirer à l'Oratoire.
(*Bibl. Nationale.* fr. 23497. f. 55. 3 p. 1/4 pet. in-fol. Copie XVIIIᵉ s.)

2162. — Le même. — *Let. à une religieuse.* S. d.

Dieu doit être entièrement le maître de nos personnes et de nos conduites.
(*Bibl. Mazarine.* 1214. let. 9. — *Bibl. Sᵗᵉ-Geneviève.* D. f. 49. let. 9. 2 p. 1/4 in-8º. Copie XVIIIᵉ s.)

2163. — Le même. — *Let. à une religieuse.* S. d.

De sa résolution à suivre son dessein, malgré le jugement des hommes.
(*Bibl. Mazarine.* 1214. let. 11. — *Bibl. Sᵗᵉ-Geneviève.* D. f. 49. let. 11. 1 p. in-8º. Copie XVIIIᵉ s.)

2164. — Le même. — *Let. à une religieuse.* S. d.

Du détachement et du mépris qu'il a pour le monde.
(*Bibl. Mazarine.* 1214. let. 12. — *Bibl. Sᵗᵉ-Geneviève.* D. f. 49. let. 12. 1 p. 1/2 in-8º. Copie XVIIIᵉ s.)

2165. — Le même. — *Let. à une religieuse.* S. d.

Du dégagement des créatures dans lequel une religieuse doit vivre et du bonheur des personnes que Dieu emploie aux œuvres de charité
(*Bibl. Mazarine.* 1214. let. 26. — *Bibl. Sᵗᵉ-Geneviève.* D. f. 49. let. 26. 1 p. in-8º. Copie XVIIIᵉ s.)

2166. — Le même. — *Let. à une supérieure.* S. d.

Sur l'état de ses affaires.
(*Bibl. Mazarine.* 1214. let. 41. — *Bibl. Sᵗᵉ-Geneviève.* D. f. 49. let. 42. 1 p. 1/4 in-8º. Copie XVIIIᵉ s.)

2167. — Le même. — *Let. à une religieuse.* S. d.

Il l'exhorte à s'avancer dans la voie de Dieu et à persévérer dans l'éloignement du monde.
(*Bibl. Mazarine.* 1214. let. 42. — *Bibl. Ste-Geneviève.* D. f. 49. let. 43. 1/2 p. in-8°. Copie xviii° s.)

2168. — Le même. — *Let. à une supérieure.* S. d.

Il lui marque sa soumission à Dieu dans l'embarras de ses affaires.
(*Bibl. Mazarine.* 1214. let. 43. — *Bibl. Ste-Geneviève.* D. f. 49. let. 44. in-8°. Copie xviii° s.)

2169. — Le même. — *Let. à une religieuse.* S. d.

Il lui marque de quelle façon on doit regarder la vie et la mort.
(*Bibl. Mazarine.* 1214. let. 52. — *Bibl. Ste-Geneviève.* D. f. 49. let. 53. 1 p. 1/2 in-8°. Copie xviii° s.)

2170. — Le même. — *Let. à une religieuse.* S. d.

Conseils.
(*Bibl. Mazarine.* 1214. let. 62. — *Bibl. Ste-Geneviève.* D. f. 49. let. 63. 2 p. 1/2 in-8°. Copie xviii° s.)

2171. — Le même. — *Let. à une religieuse de Cîteaux.* S. d.

Il lui donne d'excellentes instructions pour remplir les devoirs de sa profession.
(*Bibl. Mazarine.* 1214. let. 90. — *Bibl. Ste-Geneviève.* D. f. 49. let. 91. 8 p. in-8°. Copie xviii° s.)

2172. — Le même. — *Let. à une supérieure.* S. d.

Il lui parle de la manière dont il se conduit à l'égard d'une de ses religieuses qui avait confiance en lui.
(*Bibl. Mazarine.* 1214. let. 97. — *Bibl. Ste-Geneviève.* D. f. 49. let. 98. 2 p. in-8°. Copie xviii° s.)

2173. — Le même. — *Let. à une religieuse.* S. d.

Il la console dans ses peines.
(*Bibl. Mazarine.* 1213. let. 101. — *Bibl. Ste-Geneviève.* D. f. 49. let. 102. 2 p. 1/4 in-8°. Copie xviii° s.)

2174. — Le même. — *Let. à la R. Mère..... abbesse de Gif* (1) S. d.

> Conseils.
> (*Bibl. de l'Arsenal.* 2106. f. 159. 13 p. 1/2 in-4º. Copie XVIIIᵉ s.)

2175. — Le même. — *Let. aut. à la R. M. Marie-Louise, religieuse de l'Annonciade* (2). S. d.

> Renoncement au monde
> (*Arch. de la Grande-Trappe.* 2 p. in-12. Cachet rouge aux armes de la Trappe.)

2176. — Le même. — *Let. orig. à la même.* S. d.

> Sur le mauvais état de sa santé.
> (*Arch. de la Grande-Trappe.* 2 p. 1/2 in-8º.)

2177. — Le même. — *Let. orig. avec par. et date aut. à la même.* 13 juin.....

> Visite de Monsieur Masson à la Trappe.
> (*Arch. de la Grande-Trappe.* 1 p. in-8º.)

2178. — Le même. — *Let. orig. à la même.* 17 novembre.....

> Sur le mauvais état de sa santé.
> (*Arch. de la Grande-Trappe.* 2 p. in-8º. Cachet rouge aux armes de la Trappe.)

2179. — Le même. — *Let. à la même.* S. d.

> Conseils.
> (*Arch. de la Grande-Trappe.* 1 p. 1/2 in-12. Copie XVIIIᵉ s.)

2180. — Le même. — *Let. au R. Père..... chanoine régulier.* S. d.

> Il l'encourage à se retirer à la Trappe.
> (*Arch. de la Grande-Trappe.* 2 p. 1/2 in-12. Copie XVIIIᵉ s.)

2181. — Le même. — *Let. à Monsieur Herman, docteur de Sorbonne, chanoine de l'église de Beauvais.* S. d.

> Il le remercie de l'envoi d'un livre.
> (*Arch. de la Grande-Trappe.* 1 p. 1/4 in-12. Copie XVIIIᵉ s.)

---

(1) Cette lettre est la même que celle que nous avons indiquée sous le numéro 1137, à la date de 1676.

(2) Sa sœur.

2182. — Le même. — *Let. à la R. Mère Agnès de Bellefonds, prieure des Carmélites du faubourg Saint-Jacques.* S. d.
    Considérations pieuses.
    (*Arch. de la Grande-Trappe.* in-12. Copie xviiie s.)

2183. — Le même. — *Let. à la même.* S. d.
    Du bruit qui court que le maréchal de Bellefonds aurait rompu d'amitié avec lui.
    (*Arch. de la Grande-Trappe.* 2 p. 1/4 in-12. Copie xviiie s.)

2184. — Le même. — *Let. au R. Père.....* S. d.
    Sur la mort de Monsieur de Châlons. De la piété de Monsieur de Grenoble.
    (*Arch. de la Grande-Trappe.* 3 p. in-12. Copie xviiie s.)

2185. — Le même. — *Let. à Monsieur Compagnon.* S. d.
    Sur la profession de son fils à la Trappe.
    (*Arch. de la Grande-Trappe.* 1 p. in-12. Copie xviiie s)

2186. — Le même. — *Let. à Monseigneur.....* S. d.
    Il le remercie d'avoir parlé de lui à Monsieur l'abbé Savary.
    (*Arch. de la Grande-Trappe.* 1 p. 1/2 in-8°. Copie xviiie s.)

2187. — Le même. — *Let. à.....* S. d.
    Sur la mort de Dom Paul Hardi.
    (*Arch. de la Grande-Trappe.* 5 p. in-8°. Copie xviiie s.)

2188. — Le même. — *Let. à la R. Mère.....* S. d.
    De la vanité du monde.
    (*Arch. de la Grande-Trappe.* 1 p. 1/2 in-4°. Copie xviiie s.)

2189. — Le même. — *Let. à la R. Mère.....* S. d.
    De la pensée de l'Eternité.
    (*Arch. de la Grande-Trappe.* 1 p. 1/2 in-4°. Copie xviiie s.)

2190. — Le même. — *Let. à la R. Mère.....* S. d.
    Il faut avancer dans la voie de Dieu et persévérer dans l'éloignement du monde.
    (*Arch. de la Grande-Trappe.* 1 p. in-4°. Copie xviiie s. — Publiée dans les *Lettres de piété.* 1701. I. 113.)

2191. — Le même. — *Let. à Monsieur Hamon.* S. d.
>   Il le remercie de son intérêt.
>   (*Arch. de la Grande-Trappe.* 2 p. in-12. Copie xviiie s.)

2192. — Le même. — *Let. à la R. Mère....* S. d.
>   Sur la règle de S. Benoit.
>   (*Arch. de la Grande-Trappe.* Let. 2. 1re série. 8 p. in-fol. Copie xviiie s.)

2193. — Le même. — *Let à Monsieur.....* S. d.
>   Il l'exhorte à quitter le monde.
>   (*Arch. de la Grande-Trappe.* Let. 3. 1re série. 3 p. 1/4 in-fo. Copie xviiie s.)

2194. — Le même. — *Let. à une religieuse.* S. d.
>   Conseils.
>   (*Arch. de la Grande-Trappe.* Let 13. 1re série. 2 p. 1/2 in-fo. Copie xviiie s.)

2195. — Le même. — *Let. au R. Père....., abbé de l'Ordre.* S. d.
>   Conseils pour la direction de son monastère.
>   (*Arch. de la Grande-Trappe.* Let. 23. 1re série. 3 p. in-fo. Copie xviiie s.)

2196. — Le même. — *Let. à Monsieur le maréchal de Bellefonds.* S. d.
>   Pieuses réflexions sur la vie dans le monde.
>   (*Arch. de la Grande-Trappe.* Let. 25. 1re série. 4 p. in-fo. Copie xviiie s.)

2197. — Le même. — *Let. à sa nièce.* S. d.
>   Conseils.
>   (*Arch. de la Grande-Trappe.* Let. 26. 1re série. 3 p. 1/4 in-fo. Copie xviiie s.)

2198. — Le même. — *Let. à Monsieur....., commandeur de Malte.* S. d.
>   Sur les devoirs des Chevaliers de Malte.
>   (*Arch. de la Grande-Trappe.* Let. 27. 1re série. 11 p. 1/2 in-fo. Copie xviiie s.)

2199. — Le même. — *Let. à une religieuse de la Visitation.* S. d.

    Conseils.

    (*Arch. de la Grande-Trappe.* Let. 31. 1re série. 8 p. in-fo. Copie xviiie s.)

2200. — Le même. — *Let. à Monsieur l'Evêque de Grenoble.* S. d.

    Réflexions pieuses.

    « Il est vray, Monseigneur, qu'il est mal aisé de scavoir ce que deviendra la Trappe après ma mort, je dois croire que celuy qui me succédera fera beaucoup mieux et y servira Dieu avec plus de fidélité que moy; cependant, si j'étendois mes pensées et mes soins sur l'avenir, je ne serois pas exempt d'inquiétude. Le bien qu'il a plu à Dieu d'établir dans le monastère est peu considérable et sans y mesler mon indignité personnelle, je vois tant de justes raisons par où Dieu se peut abandonner aux mauvais desseins des hommes et en permettra la destruction que j'ay peine à croire qu'il ayt quelque durée ; mais il faut demeurer en paix et abandonner le cours des choses à sa Providence. »

    (*Arch. de la Grande-Trappe.* Let. 41. 1re série. 6 p. 1/2 in-fo. Copie xviiie s.)

2201. — Le même. — *Let. à la R. Mère*..... S. d.

    Conseils.

    (*Arch. de la Grande-Trappe.* Let. 43. 1re série. 10 p. in-fo. Copie xviiie s.)

2202. — Le même. — *Let. à Mademoiselle de*..... S. d.

    Conseils.

    (*Arch. de la Grande-Trappe.* Let. 52. 1re série. 4 p. in-fo. Copie xviiie s.)

2203. — Le même. — *Let. à une religieuse.* S. d.

    Conseils.

    (*Arch. de la Grande-Trappe.* Let. 56. 1re série. 2 p. in-fo. Copie xviiie s.)

2204. — Le même. — *Let. à la R. Mère*..... *abbesse de*..... S. d.

    Sur l'observation de la règle.

    (*Arch. de la Grande-Trappe.* Let. 57. 1re série. 3 p. in-fo. Copie xviiie s.)

2205. — Le même. — *Let. à Messieurs....., gentilshommes huguenots.* S. d.

    Il les exhorte à quitter leur hérésie.
    (*Arch. de la Grande-Trappe.* Let. 58. 1re série. 3 p. in-fo. Copie xviiie s.)

2206. — Le même. — *Let. à une religieuse.* S. d.

    Conseils.
    (*Arch. de la Grande-Trappe.* Let. 59. 1re série. 3 p. 1/2 in-fo. Copie xviiie s.)

2207. — Le même. — *Let. à la R. Mère.....* S. d.

    Conseils.
    (*Arch. de la Grande-Trappe.* Let. 65. 1re série. 6 p. in-fo. Copie xviiie s.)

2208. — Le même. — *Let. au R. Père.....* S. d.

    Conseils.
    (*Arch. de la Grande-Trappe.* Let. 66. 1re série. 4 p. in-fo. Copie xviiie s.)

2209. — Le même. — *Let. à une religieuse.* S. d.

    Conseils.
    (*Arch. de la Grande-Trappe.* Let. 69. 1re série. 3 p. in-fo. Copie xviiie s.)

2210. — Le même. — *Let. à un évêque.* S. d.

    Il lui demande de renvoyer dans leur monastère deux religieux qui sont de son diocèse.
    (*Arch. de la Grande-Trappe.* Let. 89. 1re série. 2 p. in-fo. Copie xviiie s)

2211. — Le même. — *Let. au R. Père.....* S. d.

    Il l'engage à exécuter son dessein d'entrer à la Trappe.
    (*Arch. de la Grande-Trappe.* Let 90. 1re série. 2 p. in-fo. Copie xviiie s.)

2212. — Le même. — *Let. à Monsieur le maréchal de Bellefonds.* S. d.

    Pieuses réflexions.
    (*Arch. de la Grande-Trappe.* Let 91. 1re série. 1 p. in-fo. Copie xviiie s.)

2213. — Le même. — *Let. à la R. Mère*..... S. d.
   Pieuses réflexions.
   (*Arch. de la Grande-Trappe*. Let. 92. 1re série, 2 p. in-fol. Copie xviiie s.)

2214. — Le même. — *Let. au R. Père*..... S. d.
   De la mort.
   (*Arch. de la Grande-Trappe*. Let. 111. 1re série. 3 p. 1/2 in-fol. Copie xviiie s.)

2215. — Le même. — *Let. à Monsieur*..... S. d.
   Réponse pour une personne qui voulait se défaire d'un bénéfice et qui lui demandait avis à ce sujet.
   (*Arch. de la Grande-Trappe*. Let. 112. 1re série. 1 p. in-fol. Copie xviiie s.)

2216. — Le même. — *Let. à Monsieur*..... S. d.
   Réponse à un avis qui lui est demandé.
   (*Arch. de la Grande-Trappe*. Let. 113. 1re série. 2 p. in-fol. Copie xviiie s.)

2217. — Le même. — *Let. à une religieuse de Saint-Jean des Vignes de Soissons*. S. d.
   Sur la pluralité des charges.
   (*Arch. de la Grande-Trappe*. Let. 114. 1re série. 1 p. in-fol. Copie xviiie s.)

2218. — Le même. — *Let. à Monsieur l'abbé*..... S. d.
   Sur les abbés commendataires.
   (*Arch. de la Grande-Trappe*. Let. 115. 1re série. 1 p. 1/4 in-fol. Copie xviiie s.)

2219. — Le même. — *Let. à Monsieur l'abbé de Sazilly*. S. d.
   Sur le roi d'Angleterre Jacques II.
   (*Arch. de la Grande-Trappe*. Let. 121. 1re série. 3 p. in-fol. Copie xviiie s.)

2220. — Le même. — *Let. à Monsieur*..... S. d.
   Sur des lettres où il justifiait le roi d'Angleterre.
   (*Arch. de la Grande-Trappe*. Let. 122. 1re série. 1 p. in-fol. Copie xviiie s.)

2221. — Le même. — *Let. à Monsieur l'abbé*..... S. d.
>Les pécheurs ne doivent pas être exclus des monastères.
>(*Arch. de la Grande-Trappe*. Let. 124. 1re série. 1 p. in-fol. Copie XVIIIe s.)

2222. — Le même. — *Let. à Monsieur Pinette*. S. d.
>Au sujet du P. Eloy qui avait fait vœu de se retirer à la Trappe.
>(*Arch. de la Grande-Trappe*. Let. 150. 1re série. 3 p. in-12. Copie XVIIIe s.)

2223. — Le même. — *Let. à Monsieur*..... S. d.
>Au sujet des attaques dont il est l'objet.
>(*Arch. de la Grande-Trappe*. Let. 171. 1re série. 1 p. in-fol. Copie XVIIIe s.)

2224. — Le même. — *Let. à Monsieur le maréchal de Bellefonds*. S. d.
>Il s'humilie à ses yeux et le félicite de la vie qu'il mène.
>(*Arch. de la Grande-Trappe*. Let. 1. 2e série. 3 p. in-fol. Copie XVIIIe s.)

2225. — Le même. — *Let. au R. Père....., abbé d'Orval*. S. d.
>Sur la réforme des ordres et en particulier d'un monastère des Pays-Bas.
>(*Arch. de la Grande-Trappe*. Let. 3. 2e série. 2 p. 1/2 in-fol. Copie XVIIIe s.)

2226. — Le même. — *Let. à une religieuse*. S. d.
>Conseils.
>(*Arch. de la Grande-Trappe*. Let. 4. 2e série. 3 p. in-fol. Copie XVIIIe s.)

2227. — Le même. — *Let. à Mademoiselle de Vertus*. S. d.
>Conseils.
>(*Arch. de la Grande-Trappe*. Let. 5. 2e série. 2 p. in-fol. Copie XVIIIe s.)

2228. — Le même. — *Let. à Madame*..... S. d.
>Réflexions pieuses.
>(*Arch. de la Grande-Trappe*. Let. 6. 2e série. 1 p. 1/2 in-fol. Copie XVIIIe s.)

2229. — Le même. — *Let. à Monsieur*..... S. d.
   Il l'exhorte à la retraite.
   (*Arch. de la Grande-Trappe.* Let. 7. 2ᵉ série. 2 p. in-fol. Copie xviiiᵉ s.)

2230. — Le même. — *Let. à Monsieur....., gentilhomme retiré dans les bois de la Trappe, à un quart de lieue du monastère.* S. d.
   Règles pour la vie solitaire.
   (*Arch. de la Grande-Trappe.* Let. 8. 2ᵉ série. 1 p. 1/2 in-fol. Copie xviiiᵉ s.)

2231. — Le même. — *Let. à Monsieur le Prince d'Harcourt.* S. d.
   Conseils sur son désir de s'engager dans l'état ecclésiastique.
   (*Arch. de la Grande-Trappe.* Let. 10. 2ᵉ série. 2 p. in-fol. Copie xviiiᵉ s.)

2232. — Le même. — *Let. à Mademoiselle de Vertus.* S. d.
   Conseils.
   (*Arch. de la Grande-Trappe.* Let. 11. 2ᵉ série. 2 p. 1/2 in-fol. Copie xviiiᵉ s.)

2233. — Le même. — *Let. à la R. Mère*..... S. d.
   Conseils.
   (*Arch. de la Grande-Trappe.* Let. 12. 2ᵉ série. 3 p. 1/4 in-fol. Copie xviiiᵉ s.)

2234. — Le même. — *Let. au R. Père*..... S. d.
   Avis pour ceux qui défendent les intérêts de la religion.
   (*Arch. de la Grande-Trappe.* Let. 14. 2ᵉ série. 1 p. in-fol. Copie xviiiᵉ s.)

2235. — Le même. — *Let. à une religieuse.* S. d.
   Eloges du roi et de la reine d'Angleterre.
   (*Arch. de la Grande-Trappe.* Let. 15. 2ᵉ série. 1 p. 1/2 in-fol. Copie xviiiᵉ s.)

2236. — Le même. — *Let. à Monsieur l'abbé*..... S. d.
   Du désir d'obtenir un bénéfice.
   (*Arch. de la Grande-Trappe.* Let. 16. 2ᵉ série. 1/2 p. in-fol. Copie xviiiᵉ s.)

2237. — Le même. — *Let. à Monsieur l'abbé......* S. d.
 Sur la jouissance des biens ecclésiastiques et des bénéfices.
 (*Arch. de la Grande-Trappe.* Let. 18. 2ᵉ série. 1 p. in-fol.
 Copie xviiiᵉ s.)

2238. — Le même. — *Let. à Monsieur le maréchal de Bellefonds.* S. d.
 Sur un voyage qu'il avait fait à la Grande Chartreuse.
 (*Arch. de la Grande-Trappe.* Let. 19. 2ᵉ série. 1 p. 1/2 in-fol.
 Copie xviiiᵉ s.)

2239. — Le même. — *Let. au même.* S. d.
 Réflexions pieuses.
 (*Arch. de la Grande-Trappe.* Let. 20. 2ᵉ série. 2 p. in-fol.
 Copie xviiiᵉ s.)

2240. — Le même. — *Let. au R. Père....., prieur de.....* S. d.
 Obligations des supérieurs.
 (*Arch. de la Grande-Trappe.* Let. 21. 2ᵉ série. 1 p. in-fol.
 Copie xviiiᵉ s.)

2241. — Le même. — *Let. à Monsieur......* S. d.
 Conseils.
 (*Arch. de la Grande-Trappe.* Let. 22. 2ᵉ série. 3 p. in-fol.
 Copie xviiiᵉ s.)

2242. — Le même. — *Let. au R. Père.....* S. d.
 Conseils.
 (*Arch. de la Grande-Trappe.* Let. 27. 2ᵉ série. 1 p. in-fol.
 Copie xviii s.)

2243. — Le même. — *Let. à Monsieur l'abbé....., chanoine de.....* S. d.
 Soumission à la règle.
 (*Arch. de la Grande-Trappe.* Let. 28. 2ᵉ série. 1 p. in-fol.
 Copie xviiiᵉ s.)

2244. — Le même. — *Let. à la R. Mère....., abbesse de.....* S. d.
 Conseils.
 (*Arch. de la Grande-Trappe.* Let. 29. 2ᵉ série. 1 p. 1/2 in-fol. Copie xviiiᵉ s.)

2245. — Le même. — *Let à la R. Mère*..... S. d.

Conseils.

(*Arch. de la Grande-Trappe*. Let. 30. 2ᵉ série. 2 p. in-fol. Copie xviiiᵉ s.)

2246. — Le même. — *Let. à une religieuse*. S. d.

Conseils.

(*Arch. de la Grande-Trappe*. Let. 33. 2ᵉ série. 2 p. in fol. Copie xviiiᵉ s.)

2247. — Le même. — *Let. à la R. Mère*..... S. d.

Conseils.

(*Arch. de la Grande-Trappe*. Let. 36. 2ᵉ série. 2 p. 1/4 in-fol. Copie xviiiᵉ s.)

2248. — Le même. — *Let. à la R. Mère*..... S. d.

Conseils.

(*Arch. de la Grande-Trappe*. Let. 44. 2ᵉ série. 1 p. 1/2 in-fol. Copie xviiiᵉ s.)

2249. — Le même. — *Let. à Madame*..... S. d.

Conseils.

(*Arch. de la Grande-Trappe*. Let. 45. 2ᵉ série. 1 p. in-fol Copie xviiiᵉ s.)

2250. — Le même. — *Let. à la R. Mère*....., *abbesse de*..... S. d.

Conseils.

(*Arch. de la Grande-Trappe*. Let. 49. 2ᵉ série. 1 p. 1/4 in-fol. Copie xviiiᵉ s.)

2251. — Le même. — *Let. à Monsieur*..... S. d.

Sur son « Explication de la règle de Sᵗ-Benoit ». Il se justifie des bruits qui courent à ce sujet. Il n'a écrit ce livre que sur les instances des « abbés, visiteurs et vicaires généraux de son Observance ». S'il a traité avec Josse et Muguet pour l'impression au prix de 600 livres d'or, c'est afin « d'employer cet argent pour les pauvres et de faire un établissement certain d'un maître et d'une maîtresse d'école dans un lieu où les garçons et les jeunes filles n'ont pas plus d'instruction que s'ils étoient en païs barbare ».

(*Arch. de la Grande-Trappe*. Let. 56. 2ᵉ série. 1 p. 1/2 in-fol. Copie xviiiᵉ s.)

2252. — Le même. — *Let. à Madame de Bellefonds, supérieure de*..... S. d.
   Contre les religieux et religieuses qui vont aux eaux.
   (*Arch. de la Grande-Trappe*. Let. 59. 2e série. 1 p. 1/4 in-fol. Copie xviiie s.)

2253. — Le même. — *Let. aux religieuses des Clairets*. S. d.
   Instructions.
   (*Arch. de la Grande-Trappe*. Let. 60. 2e série. 1 p. 1/2 in-fol. Copie xviiie s.)

2254. — Le même. — *Let. à Monsieur*..... S. d.
   Il l'engage à vivre dans la retraite.
   (*Arch. de la Grande-Trappe*. Let. 61. 2e série. 8 p. in-4o. Copie xviiie s.)

2255. — Le même. — *Let. à Madame la comtesse de*..... S. d.
   Conseils.
   (*Arch. de la Grande-Trappe*. Let. 63. 2e série. 1 p. 1/2 in-fol. Copie xviiie s.)

2256. — Le même. — *Let. à une religieuse*. S. d.
   Conseils.
   (*Arch. de la Grande-Trappe*. Let. 91. 2e série. 1 p. 1/2 in-fol. Copie xviiie s.)

2257. — Le même. — *Let. à une religieuse*. S. d
   Au sujet des bruits qui courent à son sujet.
   (*Arch. de la Grande-Trappe*. Let. 92. 2e série. 1 p. 1/4 in-fol. Copie xviiie s.)

2258. — Le même. — *Let. à Monsieur*..... S. d.
   Conseils.
   (*Arch. de la Grande-Trappe*. Let. 93. 2e série. 1 p. 1/2 in-fol. Copie xviiie s.)

2259. — Le même. — *Let. à Monsieur*..... S. d.
   Conseils.
   (*Arch. de la Grande-Trappe*. Let 94. 2e série. 1 p. 1/2 in-fol. Copie xviiie s.)

2260. — Le même. — *Let. à un ecclésiastique, directeur d'un Séminaire.* S. d.

Conseils.
(*Arch. de la Grande-Trappe.* Let. 96. 2e série. 1 p. 1/4 in-f°. Copie XVIIIe s.)

2261. — Le même. — *Let. à Monsieur.....* S. d.

Règles pour ceux qui ont embrassé la profession des armes.
(*Arch. de la Grande-Trappe.* Let. 97. 2e série. 2 p. in-fol. Copie XVIIIe s.)

2262. — Le même. — *Let. à un religieux d'un Ordre relâché de Flandres qui avait fait vœu d'entrer à la Trappe et qui, à deux reprises différentes, ne put y rester.* S. d.

Il l'autorise à revenir une troisième fois à la Trappe.
(*Arch. de la Grande-Trappe.* Let. 108. 2e série. 1 p. in-f°. Copie XVIIIe s.)

2263. — Le même. — *Let. à.....* S. d.

Réponse à des difficultés de conscience.
(*Arch. de la Grande-Trappe.* Let. 112. 2e série. 2 p. in-fol. Copie XVIIIe s.)

2264. — Le même. — *Let. à une religieuse.* S. d.

Conseils.
(*Arch. de la Grande-Trappe.* Let. 114. 1 p. 1/2 in-fol. Copie XVIIIe s.)

2265. — Le même. — *Let. à une religieuse.* S. d.
Conseils.
(*Arch. de la Grande-Trappe.* Let. 115. 1 p. 1/2 in-fol. Copie XVIIIe s.)

2266. — Le même. — *Let. à une religieuse.* S. d.

Conseils.
(*Arch. de la Grande-Trappe.* Let. 122. 1 p. 1/2 in-fol. Copie XVIIIe s.)

2267. — Le même. — *Let. à Madame.....* S. d.

Sur la mort de son mari.
(*Arch. de la Grande-Trappe.* Let. 123. 1 p. 1/2 in-fol. Copie XVIIIe s.)

2268. — Le même. — *Let. à une religieuse.* S. d.
Conseils.
(*Arch. de la Grande-Trappe.* Let. 124. 1 p. in-fol. Copie xviiie s.)

2269. — Le même. — *Let. à la Marquise de.....* S. d.
Conseils.
(*Arch. de la Grande-Trappe.* Let. 125. 1 p. 1/2 in-fol. Copie xviiie s)

2270. — Le même. — *Let. à Madame.....* S. d.
Conseils.
(*Arch. de la Grande-Trappe.* Let. 126. 2 p. 1/2 in-f°. Copie xviiie s.)

2271. — Le même. — *Let. à la R. Mère....., supérieure de l'Ordre de St-Augustin.* S. d.
Conseils.
(*Arch. de la Grande-Trappe.* Let. 127. 2 p. in-fol. Copie xviiie s.)

2272. — Le même. — *Let. à la R. Mère....., abbesse de.....* S. d.
Conseils.
(*Arch. de la Grande-Trappe.* Let. 128. 1 p. in-fol. Copie xviiie s.)

2273. — Le même. — *Let. à Madame.....* S. d.
Conseils.
(*Arch. de la Grande-Trappe.* Let. 129. 1 p. 1/2 in-f°. Copie xviiie s.)

2274. — Le même. — *Let. à la R. Mère.....* S. d.
Conseils.
(*Arch. de la Grande-Trappe.* Let. 130. 2 p. in-fol. Copie xviiie s.)

2275. — Le même. — *Let. à la R. Mère.....* S. d.
Conseils.
(*Arch. de la Grande-Trappe.* Let. 131. 1 p. 1/4 in-f°. Copie xviiie s.)

2276. — Le même. — *Let. à la R. Mère*..... S. d.
Conseils.
(*Arch. de la Grande-Trappe.* Let. 132. 1 p. in-fol. Copie xviiie s.)

2277. — Le même. — *Let. au R. Père*....., *abbé de l'Ordre*. S. d.
Affaires de l'Etroite Observance. Etat de la Trappe. Il désire être déchargé de la dignité d'abbé.
(*Arch. de la Grande-Trappe.* Let. 133. 3 p. in-4º. Copie xviiie s.)

2278. — Le même. — *Let. à Madame*..... S. d.
Conseils.
(*Arch. de la Grande-Trappe.* Let. 135. 2 p. in-4º. Copie xviiie s.)

2279. — Le même. — *Let. au Maréchal de Bellefonds.* S. d.
Réflexions pieuses.
(*Arch. de la Grande-Trappe.* Let. 136. 1 p. in-fol. Copie xviiie s.)

2280. — Le même. — *Let. à une religieuse.* S. d.
Conseils.
(*Arch. de la Grande-Trappe.* Let. 139. 2 p. in-4º. Copie xviiie s.)

2281. — Le même. — *Let. à une religieuse.* S. d.
Conseils.
(*Arch. de la Grande-Trappe.* Let. 142. 1/2 p. in-fol. Copie xviiie s.)

2282. — Le même. — *Let. à Monsieur*..... S. d.
Conseils.
(*Arch. de la Grande-Trappe.* Let. 184. 1 p. 1/4 in-fol. Copie xviiie s.)

2283. — Le même. — *Let. au Maréchal de Bellefonds.* S. d.
Réflexions pieuses.
(*Arch. de la Grande-Trappe.* Let. 193. 2 p. in-fol. Copie xviiie s.)

2284. — Le même. — *Let. à la R. Mère*..... S. d.
　　　Conseils.
　　　(*Arch. de la Grande-Trappe*. Let. 221. 1 p. in-fol. Copie xviiie s.)

2285. — Le même. — *Let. à Monsieur*..... S. d.
　　　Conseils.
　　　(*Arch. de la Grande-Trappe*. Let. 222. 1 p. 1/2 in-fol. Copie xviiie s.)

2286. — Le même. — *Let. à Madame de S. Loup*. S. d.
　　　Conseils.
　　　(*Arch. de la Grande-Trappe*. Let. 224. 1 p. 1/4 in-fol. Copie xviiie s.)

2287. — Le même. — *Let. à la R. Mère*..... *abbesse de*..... S. d.
　　　Il approuve le dessein qu'elle a de se démettre de son abbaye.
　　　(*Arch. de la Grande-Trappe*. Let. 225. 1 p. 1/4 in-fol. Copie xviiie s.)

2288. — Le même. — *Let. à Madame la Comtesse de*..... S. d.
　　　Conseils.
　　　(*Arch. de la Grande-Trappe*. Let. 227. 1 p. in-fol. Copie xviiie s.)

2289. — Le même. — *Let. à une religieuse*. S. d.
　　　Conseils.
　　　(*Arch. de la Grande-Trappe*. Let. 228. 1 p. in-fol. Copie xviiie s)

2290. — Le même. — *Let. au Maréchal de Bellefonds*. S. d.
　　　Réflexions pieuses.
　　　(*Arch. de la Grande-Trappe*. Let. 229. 1 p. 1/4 in-fol. Copie xviiie s.)

2291. — Le même. — *Let. à une religieuse*. S. d.
　　　Conseils.
　　　(*Arch. de la Grande-Trappe*. Let. 230. 1 p. 1/4 in-fol. Copie xviiie s.)

2292. — Le même. — *Let. à Madame*..... S. d.
Conseils.
(*Arch. de la Grande-Trappe*. Let. 232. 1 p. in-fol. Copie xviii⁰ s.)

2293. — Le même. — *Let. à Monsieur*..... S. d.
Des ecclésiastiques qui ont vécu dans la retraite.
(*Arch. de la Grande-Trappe*. Let. 233. 1 p. in-fol. Copie xviii⁰ s.)

2294. — Le même. — *Let. au Maréchal de Bellefonds*. S. d.
Raisons qui l'ont porté à composer ses « Eclaircissements ».
(*Arch. de la Grande-Trappe*. Let. 235. 1 p. in-fol. Copie xviii⁰ s.)

2295. — Le même. — *Let. à Madame*..... S. d.
Conseils.
(*Arch. de la Grande-Trappe*. Let. 237. 1/2 p. in-fol. Copie xviii⁰ s.)

2296. — Le même. — *Let. à Monsieur l'abbé*..... S. d.
Conseils.
(*Arch. de la Grande-Trappe*. Let. 238. 1 p. in-fol. Copie xviii⁰ s.)

2297. — Le même. — *Let. à la R. Mère*..... S. d.
Conseils.
(*Arch. de la Grande-Trappe*. Let. 239. 1 p. 1/4 in-fol. Copie xviii⁰ s.)

2298. — Le même. — *Let. à Monsieur l'abbé de*..... S. d.
Conseils.
(*Arch. de la Grande-Trappe*. Let. 240. 1 p. 1/4 in-fol. Copie xviii⁰ s.)

2299. — Le même. — *Let. à la R. Mère*..... S. d.
Conseils.
(*Arch. de la Grande-Trappe*. Let. 241. 1 p. in-fol. Copie xviii⁰ s.)

2300. — Le même. — *Let. à une religieuse*. S. d.
Conseils.
(*Arch. de la Grande-Trappe*. Let. 242. 1 p. in-fol. Copie xviii⁰ s.)

2301. — Le même. — *Let. au R. Père....., de l'Ordre.* S. d.
 De l'humilité.
 (*Arch. de la Grande-Trappe.* Let. 243. 1 p. in-fol. Copie XVIIIe s.)

2302. — Le même. — *Let. à une religieuse.* S. d.
 Conseils.
 (*Arch. de la Grande-Trappe.* Let. 244. 1 p. in-fol. Copie XVIIIe s.)

2303. — Le même. — *Let. à sa nièce, religieuse.* S. d.
 Conseils.
 (*Arch. de la Grande-Trappe.* Let. 245. 1 p. 1/4 in-fol. Copie XVIIIe s.)

2304. — Le même. — *Let. à la R. Mère....* S. d.
 Conseils.
 (*Arch. de la Grande-Trappe.* Let. 246. 1 p. 1/4 in-fol. Copie XVIIIe s.)

2305. — Le même. — *Let. à une religieuse.* S. d.
 Conseils.
 (*Arch. de la Grande-Trappe.* Let. 247. 1/2 p. in f°. Copie XVIIIe s.)

2306. — Le même. — *Let. à une religieuse.* S. d.
 Conseils.
 (*Arch. de la Grande-Trappe.* Let. 248. 1 p. in-fol. Copie XVIIIe s.)

2307. — Le même. — *Let à Monsieur.....* S. d.
 Conseils.
 (*Arch. de la Grande-Trappe.* Let. 256. 1 p. 1/2 in-fol. Copie XVIIIe s.)

2308. — Le même. — *Let. à Monsieur.....* S. d.
 Réflexions sur la mort de Monsieur de.....
 (*Arch. de la Grande-Trappe.* Let. 257. 1 p. in-fol. Copie XVIIIe s.)

2309. — Le même. — *Let. à une religieuse.* S. d.
　　Conseils.
　　(*Arch. de la Grande-Trappe.* 7ᵉ cahier, 2ᵉ série, 1 p. in-f°.
　　Copie xviiiᵉ s.)

2310. — Le même. — *Let. au R. Père....., abbé.....* S. d.
　　Il le dissuade de quitter son abbaye.
　　(*Arch. de la Grande-Trappe.* 7ᵉ cahier, 2ᵉ série, 1 p. 1/2 in-f°.
　　Copie xviiiᵉ s.)

2311. — Le même. — *Let. à Madame.....* S. d.
　　Conseils.
　　(*Arch. de la Grande-Trappe.* 7ᵉ cahier, 2ᵉ série, 1 p. in-f°.
　　Copie xviiiᵉ s.)

2312. — Le même. — *Let. à Monsieur Arnauld, évêque d'Angers.* (1). S. d.
　　Au sujet d'un religieux qu'il lui avait envoyé.
　　(*Arch. de la Grande-Trappe.* Let. à imp., fol. 301, 1 p. in-4°.
　　Copie xviiiᵉ s.)

2313. — Le même. — *Let. à la R. Mère....., abbesse de Leyme.* S. d.
　　Conseils pour le rétablissement de l'ordre dans sa maison.
　　(*Arch. de la Grande-Trappe.* Let. à imp., fol. 317, 11 p. 1/2.
　　in-4°. Copie xviiiᵉ s.)

2314. — Le même. — *Let. à Monsieur de la Madeleine, abbé.* S. d.
　　De la vie de retraite.
　　(*Arch. de la Grande-Trappe.* Let. à imp., fol. 411, 1 p. in-4°.
　　Copie xviiiᵉ s.)

2315. — Le même. — *Let. à Monsieur de P....., secrétaire d'État.* S. d.
　　Consolations pour la perte d'un ami.
　　(*Arch. de la Grande-Trappe.* Let. à imp., fol. 457, 1 p. 1/2
　　in-4°. Copie xviiiᵉ s.)

_____
(1) Henri Arnauld, év. d'Angers du 29 juin 1650 au 8 juin 1692.

2316. — Le même. — *Let. à Monsieur l'évêque de Tournay* (1). S. d.

Des attaques dont sont l'objet les véritables serviteurs de Dieu.
(*Arch. de la Grande-Trappe.* Let. à imp., fol. 477, 2 p. in-4°. Copie XVIII° s.)

2317. — Le même. — *Let. à la R. Mère....., religieuse de Gif.* S. d.

Conseils.
(*Arch. de la Grande-Trappe.* Let. à imp., fol. 481, 1 p. 1/2 in-4°. Copie XVIII° s.)

2318. — Le même. — *Let. à la Sœur Anne-Marie de Jésus, carmélite.* S. d.

Conseils.
(*Arch. de la Grande-Trappe.* Let. à imp., fol. 485, 4 p. in-4°. Copie XVIII° s.)

2319. — Le même. — *Let. à Monsieur l'évêque de Tournay.* S. d.

Au sujet d'un religieux qui avait quitté son monastère pour entrer à la Trappe.
(*Arch. de la Grande-Trappe.* Let. à imp., fol. 503, 3 p. 1/2 in-4°. Copie XVIII° s.)

2320. — Le même. — *Let. à Bossuet, évêque de Condom.* S. d.

Sur M. J. qui vient de recevoir l'habit à la Trappe.
(*Arch. de la Grande-Trappe.* Let. à imp., fol. 559, 2 p. in-4°. Copie XVIII° s.)

2321. — Le même. — *Let. à la R. Mère...., abbesse de Gif.* S. d.

Conseils.
(*Arch. de la Grande-Trappe.* Let. à imp., fol. 1.082, 1 p. 1/2 in-4°. Copie XVIII° s.)

2322. — Le même. — *Let. à M.....* S. d.

---

(1) Furent évêques de Tournai du temps de l'abbé de Rancé : Gilbert de Choiseul, de 1671 au 31 déc. 1689, et François de Caillebot de la Salle, de mai 1690 à mars 1705.

Au sujet de brefs accordés à la Trappe.
(*Arch. de la Grande-Trappe.* Let. à imp., fol. 1.267, 2 p. in-4°. Copie xviiie s.)

2323. — Le même. — *Discours de la pureté d'intention.* Paris. 1684.
(*Bibl. de l'Institut*, n° 42. Copie xviiie s. 121 p. in-8°. Provient « ex-bibl. Ant. Moriau, proc. et adv. regis et urbis ».)

2324. — Le même. — *De la sainteté et des devoirs de la vie monastique.*
(*Bibl. d'Orléans.* 373 (anc. 320). Copie xviiie s. 537 p. et 64 f. bl. in-4°. Rel. veau, dos orné. Provient « ex-libris monast. Sti Benedicti Floriacensis ».)

2325. — **Religieux de la Trappe.** — *Let. anon. à Monsieur Ragobert.* 18 juillet 1672.
De la joie qu'il éprouve d'avoir embrassé la vie religieuse. Il fera sa profession le 20 du mois prochain. Il a été baptisé le 19 juillet 1619, mais n'en est pas sûr, et prie M. R. de lui confirmer cette date.
(*Bibl. de l'Arsenal.* 1145, f. 6, 2 p. in-12.)

2326. — Le même. — *Let. anon. à Monsieur.....* 11 juin 1682.
Sur la préparation d'une vie de l'abbé de la Trappe.
(*Bibl. de l'Arsenal.* 2106, f. 107 v., 2 p. 1/4 in-4°.)

2327. — Le même. — *Let. anon. aux dames Caterines.* 1686.
Sur la mort de Dom Arsène.
(*Bibl. de l'Arsenal.* 1145, f. 11, 1 p. 1/2 in-12. « Copie sur l'original demeuré entre les mains des dames Caterines, rue St-Martin, proche St-Julien-des-Menestriers, du même côté que l'église au-dessus d'un horloger, tirant vers St-Médéric. »)

2328. — Le même. — *Let. anon. à.....* 12 juillet 1692.
Récit de la conversion du Comte de Santena, entré à la Trappe sous le nom de frère Palémon.
(*Collection H. Tournoüer.* 4 p. 3/4 in-4°. — *Bibl. de Lyon*, 1177, let. 19, f. 28 v°, 3 p. 1/2 in-4°. Copies xviie s.)

2329. — *Requête adressée par l'abbé et les religieux de la Trappe au diocèse de Sées, aux membres de l'Assemblée du clergé A de France. 29 août 1766.*

L'abbé et les religieux demandent à être déchargés, comme par le passé, de l'imposition des décimes. La taxe de leur maison s'est trouvée doublée dans les dernières années (elle a été portée à 750 l., y compris 150 l. pour le droit d'oblat), et leurs charges n'ont fait qu'augmenter : le nombre des religieux et du personnel s'est accru, leurs ressources sont toujours les mêmes, de plus « la Trappe est située dans un canton de la province du Perche qui doit passer sans contredit pour l'un des plus misérables et des plus stériles du royaume entier et, en conséquence de cette position, la porte de ce monastère est sans cesse assiégée par une foule de pauvres du voisinage qui viennent avec confiance y chercher des soulagemens dans leur indigence, des secours dans leurs nécessités et des remèdes dans leurs maladies. Cette abbaye fournit d'ailleurs la table et le logement à tous les étrangers qui la visitent, ou par dévotion, ou par curiosité, et le nombre de ces hôtes, sans compter les pauvres paysans, monte à quatre ou cinq mille par an ». Signé par f. Malachie, abbé de la Trappe; f. Pierre, sous-prieur ; f. Joseph, prêtre célérier ; f. Ignace, président ; f. Théodore, religieux, procureur et secrétaire.

(*Arch. Nat.* G8* 2495, f. 435, 2 p. in-f°.)

2330. — **Saint-Simon (duc de)**. — *Let. au R. P. abbé de la Trappe, dom Isidore.* 1er juin 1718.

Il lui fait part des entretiens qu'il avait eus avec l'abbé de Rancé touchant le jansénisme.

(*Arch. des Affaires Etrangères.* France 78, f. 267, 5 p. 1/4 in-f°. Copie xviii° s.)

2331. — **Tertre (Hervé du)**. — *Relation de la visite de l'abbaye de la Trappe par frère Hervé du Tertre, abbé de N.-D. de Prières, de l'étroite observance de Citeaux.* 7 février 1676.

(*Bibl. Nat.*, fr. 23497, 3 p. 1/4.)

2332. — **Tétu (l'abbé)**. — *Let. à M.....* 1697.

Sur les deux lettres de l'abbé de Rancé touchant le livre de M. de Cambrai et celui de M. de Meaux.

(*Arch. des Affaires Etrangères.* France 1044, f. 233, 8 p. in-4°. Copie xviii° s.)

2333. — **Théodore (Dom).** — *Let. aut. sig. du frère Théodore, abbé de la Trappe, à M. de la Barre.* 29 mai 1773..

Il lui envoie des titres pour servir à la généalogie de M. du Buat.

(*Bibl. Nat.* Collect. Chérin, 41, gén. du Buat, 1 p. in-12.)

2334. — **Tillemont (de).** — *Let. à Monsieur l'abbé de la Trappe.* 1694.

Au sujet de la mort de M. Arnaud.

(*Arch. des Affaires Etrangères.* France 1028, f. 43, 15 p. in-f°. — *Bibl. de Lyon.* 1181, p. 438, 30 p. in-4°. Copies XVIII° s. — Publiée en 1704. V. Documents imprimés, n° 272.)

2335. — **Tralage (J.-N. de)** — *Portrait en vers de M. l'abbé de la Trappe.* 1692.

> Estre moine sans dépendance,
> Et solitaire sans silence,
>

(*Bibl. de l'Arsenal*, 6541, f. 312, 1 p. in-8°. — Recueil de Jean-Nicolas de Tralage. — Pièce satirique.)

2336. — **Zozime (le P.).** — *Let. aut. sig. à Monsieur Gerbais.* 29 décembre 1695.

Lettre de nouvel an.

(*Bibl. de l'Arsenal*, 5172, f. 163. Sceau de l'abbaye figurant la Vierge et l'Enfant Jésus. En exergue : *Sigil. conv. B. Mariæ de Trappa.* 1 p. in-8°.)